河北省休闲农业
实践与探讨

河北省农业环境保护监测站 编

中国农业出版社

图书在版编目（CIP）数据

河北省休闲农业实践与探讨／河北省农业环境保护
监测站编. —北京：中国农业出版社，2017.12
　　ISBN 978-7-109-23387-4

　　Ⅰ．①河… 　Ⅱ．①河… 　Ⅲ．①观光农业 – 研究 – 河北
Ⅳ．①F327.22

中国版本图书馆CIP数据核字（2017）第231418号

中国农业出版社出版
（北京市朝阳区麦子店街18号楼）
（邮政编码 100125）
责任编辑　张　利　郭银巧

中国农业出版社印刷厂印刷　　新华书店北京发行所发行
2017年12月第1版　　2017年12月北京第1次印刷

开本：787mm×1092mm　1/16　印张：14
字数：337千字
定价：120.00元
（凡本版图书出现印刷、装订错误，请向出版社发行部调换）

《河北省休闲农业实践与探讨》
编 写 人 员

编委会主任　张保强

编委会副主任　张秋生

主　　　编　张秋生　吴鸿斌　刘　莉

副　主　编　韩景豹　李明慧　朱哲江

编　　　委（按姓氏笔画排序）

王兆义　王建伟　王彦平　尹红珍

古东月　仝少杰　朱世言　任立杰

刘宝会　刘荣和　刘艳明　刘艳新

刘振中　齐力学　闫春雷　孙延斌

陈学湛　杜彩君　杨金洗　杨艳华

李恩元　吴英杰　宋立学　张益德

张　琳　周彦忠　赵洪波　赵海涛

段培姿　贾毅辉　高玉静　康　青

韩　丁　韩玉红　韩庆海　鲁　婧

焦和平　霍保安

前　言

　　河北省拥有丰富多样的自然资源、历史悠久的农耕文明、绚丽多彩的民俗文化、热情好客的风土人情、融合发展的现代农业。随着城乡居民收入和消费水平的提高，城乡一体化进程的加快，城里人到乡村"养眼洗肺、解乏去累"的愿望更加强烈，休闲农业和乡村旅游发展面临难得的历史机遇。近年来，全省农业系统认真贯彻落实"创新、协调、绿色、开放、共享"的发展理念，紧紧抓住历史机遇，明确发展定位、创新发展方式、打造发展特色，开创了休闲农业和乡村旅游发展新局面。

　　全省各地按照"以农耕文化为魂、以美丽田园为韵、以生态农业为基、以创新创造为径、以古朴村落为形"的发展思路，从规范引导、品牌打造、宣传推介、人才培养等方面强力推进，各地涌现出了一大批形式多样、特色鲜明、效益突出的典型模式。截至2016年底，全省共创建全球重要农业文化遗产1处、中国重要农业文化遗产3处，全国休闲农业和乡村旅游示范市1个、示范县13个、示范点21个、中国最美休闲乡村18个、中国美丽田园4处，全国休闲农业星级企业84家；创建省级休闲农业示范县19个、示范点44个、河北美丽休闲乡村42个、河北美丽田园31处、休闲农业星级企业125家、星级采摘园66家、精品线路67条，为城乡居民提供了"看山、望水、忆乡愁"的好去处，为推进农业供给侧结构性改革，促进农业增效、农

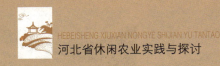

民增收发挥了重要作用。

　　本书分典型模式、示范创建和研究探讨三篇。在典型模式篇中介绍了休闲农庄、特色小镇、农事景观、农业公园等11种休闲农业典型模式，对其中的经营机制、经营特色、经营项目等方面进行了分析总结和梳理；在示范创建篇中介绍了全国及省级休闲农业和乡村旅游示范县、示范点、美丽休闲乡村和星级休闲农业园区等创建情况；在研究探讨篇中介绍了各级各地发展休闲农业的经验和做法。

　　希望本书能为各级休闲农业管理者、休闲农业从业人员、广大城乡居民推动工作、经营管理、休闲观光提供一定的帮助。由于编者水平有限，如有错误和疏漏，敬请批评指正。

编　者

2017年10月

目 录

前言

第一篇　典型模式篇

休闲农庄模式 / 2

农业科技园模式 / 6

采摘园模式 / 10

观光休闲模式 / 13

农事景观模式 / 16

亲水渔趣园模式 / 19

农耕文化古村落模式 / 23

休闲酒庄模式 / 28

农业公园模式 / 31

特色小镇模式 / 36

现代农业庄园模式 / 39

第二篇　示范创建篇

承德市：规划引领　典型示范带动

　　　　休闲农业全域可持续发展 / 42

藁城区："农业+文化"休闲农业发展模式 / 45

栾城区："三苏"文化故里　现代田园城市 / 47

平山县：最美河北　休闲圣地 / 49

元氏县：千年古县　美丽元氏 / 52

崇礼区：冬奥新城　天然氧吧 / 54

怀来县：中国葡萄和葡萄酒之乡 / 56

宣化区：京西第一府　休闲农业游 / 58

承德县：吃住游一体化产业链　助推休闲农业发展 / 61

宽城满族自治县：抓机遇　树品牌　打造休闲农业与

乡村旅游示范县 / 63

滦平县：全力打造环首都休闲农业产业带 / 65

双滦区：科学规划　创新机制　打造休闲农业与

乡村旅游示范区 / 67

双桥区：青山无墨美画卷　馨锤雄峰迎宾客 / 70

围场满族蒙古族自治县：挖掘满蒙文化　创建特色品牌 / 72

兴隆县：山水休闲小镇　助推绿色崛起 / 74

昌黎县：多彩昌黎　美酒飘香 / 76

青龙满族自治县：发展休闲农业　建设美丽青龙 / 78

迁安市：魅力水城　绿色迁安 / 81

迁西县：诗意山水　画境栗乡 / 83

丰南区：实施旅游活区战略　大力发展休闲农业与

乡村旅游 / 86

博野县：休闲福地　最美乡镇 / 88

临城县：山水洞天　清新临城 / 90

邢台县：守敬故里　醉美田园 / 92

馆陶县：特色小镇等您来 / 94

涉县：山水绿城　打造冀南休闲旅游胜地 / 96

第三篇　研究探讨篇

培育新产业新业态　加快休闲农业发展 / 101

河北省休闲农业现状及发展方向 / 106

京津冀休闲农业协同发展的理论与模式 / 110

畅游浓情肃宁　体验生态乡韵 / 114

大厂回族自治县休闲农业发展实践与探讨 / 118

大城县休闲农业实践与探讨 / 123

大力发展休闲农业　创建生态美丽饶阳 / 126

定州市休闲农业发展状况与对策 / 128

独具匠心　打造平原特色小镇 / 133

发展都市农业　推进新农村建设 / 137

发展廊坊休闲农业与乡村旅游产业的调查与思考 / 141

发展休闲旅游　助推农业发展 / 146

发展休闲农业必须做好养殖污染治理工作 / 149

固安县休闲农业发展概况 / 153

唐山市加强休闲农业园区产品品牌化建设浅析 / 157

邯郸市休闲农业发展现状与对策 / 160

河间市休闲农业实践与探讨 / 163

怀来县休闲农业发展规划及建议 / 167

黄骅市休闲农业实践与探讨 / 169

京津冀协同发展背景下保定休闲农业研究 / 171

京津廊休闲农业与乡村旅游考察报告 / 174

如何提升张家口休闲农业的竞争力 / 179

深度发掘优势资源　打造京西休闲游品牌 / 181

探析县域休闲农业发展的现状 / 184

唐山市休闲农业发展现状、存在问题及对策 / 187

献县发展休闲农业初见成效 / 191

休闲农业发展中的技术支撑体系探究 / 193

盐山县休闲农业现状分析及发展对策 / 197

永年区休闲观光农业发展现状和发展设想 / 202

整合优势资源　突出地域特色　全力建设休闲农业与
乡村旅游强市 / 206

遵化市休闲农业发展研究 / 210

第一篇
典型模式篇

　　河北省休闲农业与乡村旅游相对于南方部分省份起步较晚，起步于20世纪90年代初，大体可以分为4个发展阶段：一是自我发展阶段。从90年代初到末期，随着城市居民到农村休闲需求的增加，利用农户自家条件，纷纷创办"农家乐"。二是转型发展阶段。2000年以后，一些经营得比较好的"农家乐"转变为休闲农业企业，创办休闲农庄。同时，一些从事建筑、农产品加工的企业和其他行业的工商资本积极投资兴办休闲农庄。三是规范发展阶段，从2009年，农业部开始提出发展休闲农业，陆续出台一些文件和组织各类品牌的评定工作，河北省积极落实农业部部署，开始从全省范围内推动休闲农业工作。四是快速发展阶段。2014年后，随着中央1号文件多次提出发展休闲农业，并伴随着人们消费能力的不断提升，到农村休闲度假的需求增长迅速，全省休闲农业企业规模、数量呈现快速增长之势、河北省休闲农业进入快速发展阶段。目前，河北省休闲农业发展的主要模式有11种类型。

休闲农庄模式

　　以农业庄园为背景，综合食宿、会议、娱乐等多种功能的休闲农业。以良好的自然环境、独特的田园景观为重点，为游客提供丰富的农产品、特色的餐饮和住宿，让游客既能欣赏田园风光、观看农业生产活动、品尝和购置安全农产品，又能享受到较高水平的休闲服务。休闲农庄既能满足人们休憩娱乐的精神需要，又能满足尝鲜品味的物质需要，还能满足谈商会友的社会需要，是休闲农业投资者的首选模式。

丝瓜长廊

滑雪场

【案例1】

秦皇岛北戴河集发生态农业观光园

—— 全国休闲农业与乡村旅游五星级企业/全国休闲农业与
乡村旅游示范点/全国休闲农业十佳农庄

　　集发生态农业观光园坐落在驰名中外的风景区北戴河，是在蔬菜生产基地的基础上发展高效农业整体规划创办的。园区以"绿色文化、花园农业"为宗旨，不断充实生态农业内容，提高观赏性和娱乐性，最终形成了看、玩、吃、购、娱一条龙的生态农业观光园。园区划分为特种蔬菜种植示范区、名贵花卉种植示范区、特种畜禽养殖示范区和休闲餐饮娱乐区4个区域，突出体现"市场供应、示范推广、旅游观光、素质教育"4个主要功能。

冬欢节

南瓜王聚会

水培蔬菜

【案例2】

邯郸市广府农业产业园

——河北省四星级休闲农业园

广府农业产业园位于永年县广府古城东。园区以"农业观光体验产品"为核心,把农业生产、农产品销售和休闲娱乐结合起来。在休闲娱乐、品尝农家美食、体会农业生产采摘乐趣等方面整体规划,注重人文资源和农业资源的开发,形成一种综合性的观光园区。广府农业产业园区已建成甘露寺百花园、甘露寺荷花园、冰雕艺术展、民俗展、无公害蔬菜区、全国垂钓休闲基地等项目,现代农业设施达3.3万米^2,既体现了模式多样化、功能全面化的要求,又达到了科学性、实用性和效益性的统一。

广府会馆之生态大厅

冰雕艺术展

民俗展

邯郸永年广府甘露寺

邯郸永年广府彩灯艺术展

农业科技园模式

由高科技农业园区对外开放、拓展功能发展而来，是在农业科研基地的基础上，利用科研设施作吸引物，以高新农业技术为内容，向游客展示新技术、新品种，使游客学习农业技术知识的休闲活动，是集农业生产、科技示范、科研教育为一体的新型科教农业园。高科技园区直观地展现农业高新技术在农业生产中的应用，让人们在休闲活动的同时切实体会高科技带给农业的变化，非常受广大游客特别是青少年学生的欢迎。

【案例3】

乐亭丞起现代农业发展有限公司

——河北省五星级休闲农业园/全国休闲农业与
乡村旅游五星级企业

乐亭丞起现代农业发展有限公司是集农业科技新品种引进推广、农业新技术展示、绿色蔬菜种植、农艺体验、观光采摘、科普教育为一体的现代农业产业园区。高标准日光育苗温室24栋，新品种试验示范棚室37栋，简易温室9栋，标准生产车间及配送中心等设施齐全。坚持"高标准建设、高效能管理、高水平发展"的工作方针，充分发挥龙头企业作用。

赏牡丹芍药

热带雨林景色

大樱桃栽培现场会

富硒草莓

农艺新科技展示

西瓜立体栽培

园区大门

【案例4】

新苑阳光环京津安全农产品产业园

——全国休闲农业与乡村旅游四星级企业/河北省休闲农业与 乡村旅游示范点

新苑阳光安全农产品产业园建设智能温室、连栋大棚、砖墙及土墙日光温室等农业设施建设面积达240万米^2，露地标准化种植区1 000余亩*，以现代都市农业为基础，建设一个融现代农业科技展示推广基地、循环农业示范展示基地、工厂化现代育苗基地、安全农产品冷链物流仓储基地、生态旅游度假休闲基地、青少年科普教育基地、新型农民培训基地、节水灌溉水利风景区为一体的新型现代农业示范园区。园区特色景点主要有中央景观水系工程、景观木屋、集装箱展厅、集装箱酒店、沼气工程、光伏区养殖等。

现代农业综合示范展示中心

高效安全生产区——露地蔬菜

---

* 亩为非法定计量单位，1亩≈667米^2。——编者注

科技成果展示区——无土栽培　　　　　　科技成果展示区——生态采摘

采摘园模式

　　采摘是休闲农业一个非常重要的体验活动,采摘园也是最为传统的休闲农业经营业态,收益直接,因此分布最广、数量最多。市民通过参加采摘活动,亲自收获新鲜质优的蔬菜瓜果,接触实际的农业生产、农耕文化和特殊的乡土气息,从中体验自摘、自食、自取生活的田园乐趣。

【案例5】

石家庄紫藤庄园

——全国休闲农业与乡村旅游四星级企业/河北省休闲农业与乡村旅游示范点

　　石家庄紫藤庄园由紫藤葡萄庄园和紫藤西山庄园组成,由石家庄紫藤农业技术开发有限公司开发建设,总占地面积450余亩,系河北省农业科技园区、河北省科普示范基地,是集葡萄采摘、农业观光、休闲度假、科普宣传等为一体的农业观光旅游园区。

酒　窖　　　　　　　　　　　　　　　　鲜果采摘

紫藤园区

【案例6】

石家庄佐美庄园

——全国休闲农业与乡村旅游四星级企业

　　佐美庄园为石家庄"菜篮子"工程定点生产基地，连续三年被评为"石家庄市级蔬菜标准示范园"。在园内25栋绿色果蔬大棚及占地1 000亩露地采摘区内，您可以亲身采摘品尝美味馨香的健康果蔬，体会收获的乐趣。佐美垂钓园四周绿树成荫，池内水质清新，爽心悦目，在垂钓时享受世外桃源的垂钓乐趣。

廊　桥

生态草莓采摘

佐美餐厅

佐美拓展训练

百米长廊

园　区

观光休闲模式

利用农村优美自然景观、奇异山水、绿色森林、静荡湖水、生态湿地，通过规划、设计与施工，发展观山、赏景、登山、森林浴、滑水等休闲旅游活动，吸引游客前来观赏、习作、体验、休闲、度假。观光休闲依托当地独特的自然资源，能够形成独特景观。

【案例7】

平山县沕沕水生态风景区

——河北省休闲农业与乡村旅游示范点/河北省五星级休闲农业园/全国休闲农业与乡村旅游四星级企业

沕沕水生态风景区位于河北省平山县北冶乡，经过十多年的建设，已成为集休闲农业、自然风光、人文景观、红色旅游、宗教文化、古人类遗址于一体的旅游景区。观光园依托秀丽的自然风光、淳朴的乡土风情，已经形成林果种植采摘区、特色养殖区、高效农业区、休闲服务区等多个功能板块，形成了绿色与乡村的完美组合，成为沕沕水生态风景区重要的收入来源及当地乡村脱贫致富的重要支柱。

水 潭

瀑 布

【案例8】

永清县天圆山庄

——河北省五星级休闲农业园/全国休闲农业与
乡村旅游四星级企业

天圆山庄位于廊坊市永清县曹家务乡南戈奕村，南临廊霸线、北接廊涿公路，交通极为便利。山庄占地面积约380亩，设有圆山饭店、天圆养生苑、仿古四合院、热带植物园、奇异果园、高科技设施农业等旅游景点，是一家集特色餐饮、休闲娱乐、商务会议、乡村体验于一身的生态休闲度假胜地，2010年荣获国家AAA级旅游景区。此外，山庄内还建成了人工湖、篝火广场、网球场、休闲小木屋、农家风情园及青峰台、青云洞等多处景点，可供游人在欣赏美景的同时，尽享美食、雅居、泡汤、采摘、垂钓的无穷乐趣。

四合院

餐厅

垂钓园

温泉

梨　园　　　　　　大　门

垂钓园

农事景观模式

　　利用当地资源环境、现代农业设施、农业经营活动、农业生产过程、优质农产品等，以大田农业和果林业为重点，开发特色果园、菜园、茶园、花圃等，让游客观看绿色景观，亲近美好自然。景观农业是在保证正常农业生产的同时进行的休闲农业活动，面积规模较大、游客的季节性较强。张家口的"天路"属于这种模式。

【案例9】

内丘百果庄园

——河北省四星级休闲农业采摘园

　　内丘百果庄园是国家AAA级景区、农业旅游示范点、科普教育基地，享有"树上超市，人间仙境"美誉。园内有165个名、优、特、稀果树品种，37万多株果树，园区依势而建，有67个果园和23个温室大棚有机果蔬区、亚洲最大的假山——万寿山、钓鱼池、游乐场、水上乐园、园林楼阁等观光休闲区，及农家乡野特色美食配套区。

百果庄园——水上娱乐

百果庄园——赏梨花

百果庄园——入口

石　榴

百果庄园——吊桥

【案例10】

柏乡县汉牡丹花卉开发有限责任公司

——全国休闲农业与乡村旅游四星级企业

汉牡丹园隶属于柏乡县汉牡丹花卉开发有限责任公司，位于河北省邢台市柏乡县，2012年被命名为"中国汉牡丹文化之乡"。汉牡丹园占地面积530亩。是集牡丹、芍药、四季花卉旅游观光、苗木繁殖、牡丹错季开花培育销售、果蔬种植采摘于一体的多功能园区。

汉牡丹园门楼

镜花苑

锦鲤湖

紫云廊

亲水渔趣园模式

　　利用渔业自然环境和渔业生产的场地、渔具、渔业产品、渔业生产过程、水生生物及渔村人文资源，让游客参与水上娱乐及对渔村、渔业的体验活动，发挥水资源与渔业的休闲旅游功能。休闲渔业让人们从原来的捕鱼、养鱼的生产活动转到钓鱼、赏鱼的精神娱乐，既提高了经济效益，又保护了环境和资源，市场潜力巨大。但是渔业生态系统脆弱，河北省的水资源及近岸海域又饱受污染威胁，因此需要极高的维护成本。

【案例11】

秦皇岛渔岛景区

——全国休闲农业与乡村旅游五星级企业

　　秦皇岛渔岛位于中国最美的八大海岸之一河北昌黎黄金海岸中部，居国家级海洋类

秦皇岛渔岛景区

型自然保护区中心位置。因其盛产鱼虾参贝，以鱼为主故名渔岛。渔岛具有沙细、滩缓、水清、潮平的沙质海岸浴场，还有来自千米以下岩层的温泉泳池，12个沙湖遍布整个景区，清澈见底的湖水处处可欣赏海洋生物的生存状态。乘坐木质客船进入景区，可观赏到两岸自然生态美景和沙雕作品。景区以原始生态自然景观为主，设有孩子们喜欢的水上乐园、年轻人喜欢的沙滩足球和沙滩排球。景区还建有海景别墅客房、水上海鲜餐厅等，为游客营造一个原生态旅游环境。

秦皇岛渔岛

渔岛·温泉　　　　　　　　　　　　　　　渔岛·双人飞天

【案例12】

平山县东方巨龟苑

—— 全国首批农业旅游示范点/河北省四星级休闲农业园

东方巨龟苑位于平山县东南部，太行偎依，冶河环绕。景区总面积6千米²，水域面积3千米²，由全国劳模、平山农民范海庭在13年科学养殖甲鱼的基础上利用当地独特的自然及历史文化资源，个人投巨资2.5亿元所开发，景区包含有万吨巨龟和跨世纪献礼牌楼两项吉尼斯世界纪录，有"红、绿、古、新"景点81处。目前已形成了集旅游观光度假、水上休闲、生态农业养殖、爱国科普教育及健康美食娱乐等为一体的大型综合性旅游区，先后被评为国家AAAA级景区、首批全国农业旅游示范点、百姓最喜爱的河北魅力景区、河北省科普示范基地、爱国主义教育基地、河北国防教育基地、河北十佳工农业旅游景区等代表河北旅游的30张名片等。温家宝、杨汝岱等党和国家领导人曾至此视察指导，原全国人大常委会副委员长费孝通参观后亲笔题赠"东方巨龟苑"。

万吨巨龟

巨龟苑春游

荷花谷

野 河

南瓜长廊

摘　梨

世纪龙庭

花生采摘

农耕文化古村落模式

　　依托农耕文化、农村习俗、农业文明和古村落等资源，为游客提供体验浓郁乡土风情和了解传统民俗文化等服务，开展农业文化休闲。高层次的文化旅游已经成为经济时代的新热点和新潮流，因此要对自身的人文优势和自然优势进行深度挖掘，应用本地区独特的条件创造性地开发新的农耕文化休闲产品，农耕文化园才有广阔的前景。

【案例13】

涉县王金庄一街村

——中国最美休闲乡村

王金庄位于涉县县城东北部，距县城15千米。沿线共有11个行政村，其中王金庄村为一个自然村和五个街组成。现有1300多户，4600多口人，近5000亩耕地。2007年，王金庄被河北省命名为"历史文化名村"。2012年被国家建设部、文化部、财政部命名为"中国传统村落"及"中国民俗文化村"。2014年以王金庄一街村为核心的"河北涉县旱作梯田系统"被农业部评为"中国重要农业文化遗产"。

古板街

新民居

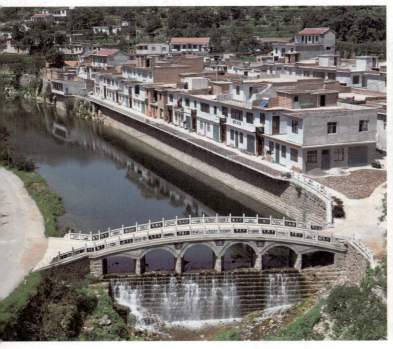

村落一角

老房子

王金庄一街村旱作梯田

摘花椒

月亮湾

【案例14】

蔚县暖泉镇西古堡村

——中国最美休闲乡村

　　闻名遐迩的西古堡是蔚县近800座古堡中的典型古堡，风格独特，古建筑保护完好，被誉为"河北民俗文化第一村"，素有"中华第一堡"的美称。西古堡俗称"寨堡"，东临壶流河，西接山西大同广灵县。始建于明代嘉靖年间，扩建、续建于明末清初，集"古城堡、古民居、古寺庙、古戏楼"四大文化奇观于一体，为国家重点文物保护单位，有着重要的历史文化价值、民俗研究价值和建筑艺术价值。

暖泉古镇西古堡

暖泉古镇地藏寺

古街道

【案例15】

迁西县太阳峪满族民俗休闲旅游度假村

——全国休闲农业与乡村旅游四星级企业

唐山市迁西县汉儿庄乡太阳峪满族民俗休闲旅游度假村是太阳峪村办企业。2007年，太阳峪立足满族民俗、青山绿水这两大优势，提出"板栗立村、渔业富村、旅游强村"的发展思路，以"体验民俗风情、游览青山绿水、品尝生态美食、感受画境栗乡"为主题，发展乡村旅游，打造门前种鲜花、河沟鱼戏虾、炕上农家饭、八旗玩嘎啦、院内鸡和鸭、村头葫芦架、栈道连满家、垂钓月亮湖八大景点，该村被称为"生态漂亮宁静的村庄"。

八旗广场凉亭　　　　　　　　　　　　　　　　　　　　太阳峪

四合院 　　　　　　　　　　　广 场

休闲酒庄模式

　　休闲酒庄是以酿酒原料（如葡萄、谷子等）的种植、观光、酿造、酒文化展示汇聚一体，通过建设酿酒作坊、酒窖、酒庄展馆、餐厅、乡间旅馆等，形成生产、体验、休闲相结合的休闲形式。每个酒庄都需要靠自身的独特魅力去吸引游客，提升自己的品牌形象。尽管每个酒庄的功能特点不完全相同，但至少有两点是所有酒庄都要努力做到的：一是拥有个性化的美酒，二是有吸引人的自然环境、生产方式或酒文化。

农家院

【案例16】

定州市黄家葡萄酒庄

——全国休闲农业与乡村旅游四星级企业

　　定州市黄家葡萄酒庄是一个集种植示范、科技推广、加工酿造、休闲观光为一体的农业生态园。多次被省政府确定为"农业产业化重点龙头企业"。2005年被河北省评为乡村旅游示范点，2007年被国家旅游局评为AAA级旅游景区，2016年被农业部命名为"全国休闲农业与乡村旅游四星级企业"，酒庄始终坚持以科学发展观搞好旅游基础建设，坚持人文环境和自然环境相结合的发展之路，发展具有自己特色的农业生态观光园。

黄家的春天

黄家酒堡

黄家愚公门

黄家酒庄人工湖

黄家酒庄迎宾路

温室葡萄

【案例17】

张家口怀来瑞云酒庄
——全国休闲农业与乡村旅游四星级企业

瑞云酒庄位于八达岭长城脚下，美丽的官厅湖畔，素有酒城之称的怀来沙城。公司占地面积500多亩，总投资1亿多元，建有400亩的标准化葡萄园，种植多种进口的酿酒葡萄品种。占地100多亩的酒庄全部用石头建设打造，具有鲜明的特点，吸引了大批的北京游客前去休闲度假。

酿造葡萄

庄园外景

品酒会

驻唱乐队

农业公园模式

农业公园是近年来乡村休闲度假和农业观光的综合体，涵盖了园林化的乡村景观、生态化的郊野田园、景观化的农耕文化、产业化的组织形式、现代化的农业生产，是一个更能体现和谐发展模式、浪漫主义色彩、简约生活理念、返璞归真追求的现代农业园林景观与休闲、度假、游憩、学习的规模化休闲农业与乡村旅游综合体。

【案例18】

邢台县前南峪

——中国农业公园

前南峪中国农业公园由十大景区组成，其中开发供游客游览面积为38千米^2，由抗大观瞻区、生态观光区、化山揽胜区组成，区内有人文景观和自然景观180多处，是一处集传统教育、科学考察、生态观光、消夏避暑、回归自然、休闲度假为一体的综合景区。曾荣获"全球五百佳"提名奖、全国造林绿化千佳村、国家水土保持示范小流域、国家科普示范教育基地、国家AAAA级旅游景区等荣誉称号。

抗大纪念馆

前南峪景区大门

前南峪景区万亩珍果园

洗砚池

游客采摘

前南峪新农村

【案例19】

易县于家庄

——中国农业公园

于家庄中国农业公园由易县狼牙山中凯大酒店集团有限公司承建，位于狼牙山休闲农业园的核心区，总面积约55千米²。主要包括生态乡村景观、万亩花海、农村文化展示、现代休闲农业和历史文物保护等。目前，园区已建成了1 000亩牡丹园、3 000亩玫瑰园、6 000亩油菜园、千亩葵花园和500亩百花园。

向日葵

油菜花

玫 瑰

牡 丹

花海狼牙山

游乐场

特色小镇模式

　　特色小镇指以某种根植于当地、具有极强发展潜力的特色主导产业的核心环节为主体，以领军型团队、创新型人才和高端创业要素集聚为核心，以地域人文底蕴演化形成的创业创新文化氛围为纽带，以完善的公共服务、优美的宜居环境、精致的建设风貌为外在表现的，具有特色产业导向、景观旅游和居住生活功能的村镇。

【案例20】

武强县周窝音乐小镇

——中国美丽休闲乡村

　　武强县周窝音乐小镇由武强县政府和北京璐德文化艺术中心联合打造。通过对周窝村进行包装改造，将小镇内沿街店铺承租，统一包装，新建音乐吧、咖啡屋、音乐饰品屋、专家别墅、音乐制作室等娱乐休闲场所，吸引国内外音乐家长驻周窝。同时，通过每年固定时间组织开展国内、国际音乐交流活动，如麦田音乐节、吉他文化节等，带动音乐人才输出、音乐创作、乐器销售、餐饮酒店等相关产业发展。

入　口

街　景

提琴体验馆

茶餐厅

文化墙

【案例21】

馆陶县粮画小镇寿东村

寿东村以粮画为支撑，设立"粮画基地""粮画博物馆""全国粮食画研究会""互联网＋乡村旅游制作室"等不同类型的产业空间，并流转旧院落打造文创工作室、手工体验室等项目，建设了游客中心、停车场、旅游厕所、标示标牌等旅游公共服务设施，打造具有"乡村风情、城市品质"的"粮画小镇"，一跃成为"国家AAA级旅游景区""中国十大最美乡村""第四届全国文明村镇""河北省美丽乡村""河北省文明村"。

国际范儿的粮画小镇

咖啡屋

农家餐厅

粮画小镇的姑娘们在作粮食画

现代农业庄园模式

现代农业庄园是在具备独立法人资格的国有农场基础上，以现代化农业生产为基础，依托庄园自然和人文资源，深度开发的旅游观光、休闲度假、健康养老、科普文化等多种功能，并形成多种形态的旅游产业集聚区和旅游综合体。现代农业庄园创建工作由国家旅游局和农业部于2016年底启动，将在全国国有农场范围内组织开展国家现代农业庄园创建工作，计划到2020年建成100个。

【案例22】

文安鲁能领秀庄园

文安鲁能领秀庄园是文安县国有界围农场和山东鲁能集团共同打造的，总占地9 389亩，作为河北省政府与国家电网公司战略合作项目，也是百家央企进河北项目之一。该项目秉持"生态优先，绿色发展"理念，立足文安洼典型湿地风情特色，以世界著名庄园为蓝本，规划建设了2 000亩湖泊水岸、度假酒店、葡萄酒堡、温泉中心、文化小镇、生态农场、景观牧场、休闲运动、健康疗养、田园花海等，打造集休闲、养生、微度假功能于一体的大型综合园区。

天鹅湖

夜　色

第二篇
示范创建篇

为加快休闲农业与乡村旅游发展，推进农业功能拓展、农村经济结构调整、社会主义新农村建设和促进农民就业增收，2010年开始，农业部和国家旅游局在全国范围内开展休闲农业与乡村旅游示范县创建工作。2014年，根据河北省实际，河北省农业厅和河北省旅游局决定开展省级休闲农业与乡村旅游示范县创建工作。经过几年的创建，截止到2016年，河北省共创建全国休闲农业与乡村旅游示范市1个、示范县13个；省级休闲农业与乡村旅游示范县19个。

承德市：规划引领　典型示范
带动休闲农业全域可持续发展

承德地处河北省东北部，南临京津、北依辽蒙，具有一市连五省的区位优势，承德拥有5 000多年红山文化、300多年山庄文化，文物古迹荟萃，自然风光独特，素有"紫塞明珠"之美誉。近年来，承德充分利用独特的地理位置优势、资源禀赋优势、产业文化优势和京津冀协同发展的机遇，休闲农业产业快速发展。2016年全市休闲农业接待人数达到902万人次，营业收入超过24亿元，已成为首批"全国休闲农业和乡村旅游示范市"。我们的主要做法是：

一、强化组织领导

为推动全市休闲农业快速发展，市政府成立以主管农业副市长为组长，相关部门为成员的承德市休闲农业和乡村旅游工作领导小组，领导小组下设办公室，办公室设在市农牧局，主要职责是做好综合、协调、统筹、服务等工作。各县区成立相应的领导组织，负责协调各单位共同促进休闲农业和乡村旅游发展，处理本地日常性事务；重点乡镇成立乡村服务组织，承担自我管理、自我服务、自我教育等职能。全市形成了市、县、乡、村合力推进的良好工作机制，为休闲农业产业发展提供强有力的组织保障。

二、科学编制规划

为进一步提升承德市休闲农业发展水平，市政府安排专门资金，邀请资深的休闲农业规划设计公司为我市深入谋划编制《承德市休闲农业和乡村旅游发展规划（2016—2020年）》（以下简称《规划》）。《规划》结合我市实际，将我市休闲农业定位为"皇家风韵，山水田园""京津冀首选农业休闲旅游度假中心"，总体布局为"一带六区"。规划全面、详实、站位高、落地性强，为加

坝上风光

速我市一二三产业融合进程，促进农业结构优化升级，打造京津冀水源地休闲农业"金字招牌"提供强有力的支撑。

雾灵山金雕崖秋色

三、完善扶持政策

市委、市政府将休闲农业作为全市现代农业发展的重要产业，出台了《关于加快推进全市休闲农业和乡村旅游发展的意见》，要求各级各部门通力配合，对休闲农业发展进行重点支持，为落实财政税收、金融保险、土地流转等提供了政策支持，并利用现代农业园区建设、一二三产业融合等项目资金向休闲农业产业倾斜，促进休闲农业健康发展。

四、规范行业管理

规范的管理是产业发展的必由之路，为此，市农牧局组织出台了《承德市休闲农业和乡村旅游星级企业评定办法》，以生产经营情况、基础设施建设、自身特色、食宿条件和服务条件5个方面作为评星依据，对我市达到标准的经营主体进行审核定级，有效提高整个行业的服务水平。联合51家休闲农业经营主体，筹备成立承德市休闲农业产业联盟，计划通过开展规范行业管理，建立自律与诚信体系等工作，提升承德市休闲农业整体服务水平。

五、示范带动发展

目前，承德市被认定为全国首批"休闲农业和乡村旅游示范市"，全国获此殊荣的仅承德市、成都市、银川市等六家。承德市还拥有7个国家级和省级休闲农业与乡村旅游示范县、4个国家级和省级休闲农业与乡村旅游示范点、6个国家级和省级最美休闲乡村、4个国家级和省级美丽田园、17个国家级和省级休闲农业和乡村旅游星级示范企业。通过示范带动，全市休闲农业整体服务水平大幅提升，产业规模进一步扩大，产业类型更加丰富，可持续发展势头强劲。

雨后彩虹

六、加强宣传推介

　　承德市根据自身优势，打造以"农业、农村、农事"为特色的高品质休闲农业精品线路20余条，通过网站、报纸、杂志、广播等媒体及各种会议、论坛进行了广泛宣传推介，其中2条在2016年全国的精品线路评选中，获得网络投票全省第一名，承德市热河风情休闲农业线路被评为河北省休闲农业精品线路。同时，我们通过申请休闲农业微信公众号，编制休闲农业宣传图册等形式，进一步拓展了宣传推介渠道，效果显著。

　　下一步，承德市将充分利用相关政策，大力进行招商引资，完善休闲农业基础设施，使休闲农业产业成为促进承德市农民增收的重要途径，满足居民休闲需求的民生产业，可持续发展的承德市现代农业重要支柱产业。

（承德市农牧局　朱世言　刘艳新）

玉兔望月

天桥山

武烈河

藁城区："农业+文化"休闲农业发展模式

藁城区是河北省省会东大门，面积836千米²，人口79.4万，耕地77.7万亩，辖15个乡镇区、239个行政村。近年来，藁城区转方式，调结构，加快发展都市休闲农业，2016年获得河北省休闲农业示范县称号。

一、模式简介

（一）**特色**。藁城是全国现代农业示范区和文化先进县，休闲农业融合"农业、文化"两大优势，体现了"采鲜果、探科技、尝宫面、赏宫灯、游梨园、听故事"的特色。藁城农业优势突出，有"专用粮食、绿色蔬菜、优质果品、畜牧养殖"四大主导产业。藁城历史悠久，农耕文明底蕴深厚，台西商代遗址出土了7项世界第一的文物，现存有春秋古肥子国旧址，拥有国家级非物质文化遗产1项、省级6项，宫面、宫灯、宫酒闻名省内外。

（二）**线路**。重点打造四条线路。一是"农业科普修学游"线路，以世纪大道为重点，串联农业高科技园、优质麦产业园、番茄小镇、肥晶国庄园、军姐田园等节点，突出科技探秘、美丽乡村、菜园体验、观光采摘主题；二是"滨河田园怡情游"线路，以滹沱河为重点区域，串联旅投观光园、特色林果带、设施蔬菜产业带、三洼园林小镇、国大御温泉、九门清真美食等节点，突出温泉养生、花果采摘、滹沱观光、

杜村生态采摘园全景图

垂钓戏水、清真美食主题；三是"乡村民俗体验游"线路，以定魏线、衡井线为重点区域，串联宫面产业园、常安庄园、梨园小镇、故事小镇、宫灯小镇、富硒产业园等节点，突出听故事、尝宫面、游梨园、赏宫灯、购富硒产品主题；四是"特色农庄风情游"线路，以正无公路以北为重点区域，串联采摘农庄、菊花庄园、创意田园、生态农庄等节点，突出特色菊园、瓜果采摘、生态农庄主题。

庄园南门

众生源

（三）园区。以园区建设为载体，建成科技园、生态园、观光园等30余个园区，培育特色主导产业，认定星级农业园区（采摘园）6个。农业高科技园区以精品蔬菜为主，建成我区高新农业科技输出、农业高新技术企业孵化的平台；肥晶国庄园以肥子国文化为基础，创建AAAA级景区；杜村打造番茄主题小镇；优质麦产业园打造强筋麦全产业链模式；常安庄园建成有机果品生产及采摘园区；旅投观光园做精景观农业和休闲度假农业；军姐田园建成设施果蔬采摘和休闲观光园区；宫面产业园建设国内最大手工宫面生产基地。

杜村现代农业观光园　　　　游客到园区温室采摘草莓

（四）产品。重点开发三大项，一是梨花节、宫酒节、灯光节、风车节等节庆活动；二是樱桃、草莓、葡萄、哈密瓜、桑葚、桃、杏等采摘鲜品；三是手工宫面、富硒米面、宫酒、宫灯等旅游产品。

二、主要做法

（一）**规划引领，树立两高标准。**立足高标准、高起点，编制《藁城区现代都市农业发展规划（2016—2020年）》，为休闲农业发展树立大框架。指导重点园区编制规划，提升规划档次，明确发展方向和功能定位。

（二）**组织推动，创新工作机制。**政府成立领导小组，制定出台相关政策，实行奖补措施，营造发展环境和氛围。成立休闲观光农业协会，强化行业管理。

（三）**完善设施，提升整体形象。**抓好"五化"工程，硬化道路，绿化环境，美化建筑，净化卫生，亮化景观。

三、下一步发展谋划

以《藁城区现代都市农业发展规划（2016—2020年）》为框架，发挥资源禀赋优势，加快农特产品、休闲旅游产品、非遗文化产品的开发，力争通过3~5年努力，建设100个现代农业园区，其中千亩以上10个，创建1个AAA级及以上旅游景区，休闲农业和乡村旅游接待人次和经营收入分别达200万人次、5亿元，创建国家级休闲农业示范县。

栾城区："三苏"文化故里　现代田园城市

一、简介

　　栾城区位于太行山东麓、省会石家庄东南部，全区辖4镇3乡173个行政村，总面积约322千米²，人口31.54万。在石家庄市现代都市农业发展布局中属于东南部现代设施农业板块，已建成省会石家庄环城游憩带上的休闲农业与乡村旅游高地，是全国绿化先进区、全国优美小城镇、全国园林城，2014年被评为河北省休闲农业与乡村旅游示范县。

二、休闲农业发展概况

　　近年来，全区立足实际，因地制宜、分类指导，推动休闲农业与乡村旅游向深度和广度发展。制定了《关于加快发展休闲农业与乡村旅游的若干意见》《栾城区乡村旅游定点管理办法》《栾城区农家乐接待户评定标准》《栾城区乡村旅游服务质量标准》《栾城区引客入栾旅游奖励办法》等一系列政策措施和奖励办法。在推进现代都市农业发展的过程中，大力发展生态观光园区等一批集旅游、示范、休闲、教育、科研为一体的复合型现代农业园区，栾城范台草莓采摘节暨"三苏"文化旅游节已成功举办了15届。

园区大门

三、总体目标

　　立足资源和产业基础，抓住旅游业发展机遇，实施产业结构战略性调整，加快产业融合，建设精品化的观光、体验、休闲、度假旅游项目，打造不同主题的深度体验农业旅游综合体项目，构建集约型、高效型的现代农业产业体系和旅游休闲产业体系，做大休闲农业、做强乡村旅游，构建和谐互动的产业格局，开发丰富多彩的旅游产品，形成不同特色的美丽乡村，塑造绿色生态的城市品牌，将栾城区打造成省会后花园、现代田园城市、旅游新市镇、河北省休闲农业与乡村旅游示范区。

餐厅

小木屋

四、发展模式及经验

三农依托：栾城地处华北平原腹地，境内地势平坦、土沃水丰，是河北省首批粮食生产基地、蔬菜生产基地和养殖基地，依托农田、农村、农园积极发展休闲农业和乡村旅游。

三产联动：栾城将产业功能、旅游功能融为一体，由资源出售模式转为资源参与型的旅游产业联动发展模式，采取多产业组合战略，通过农业与旅游服务业结合、农业与文化创意产业结合、文化与旅游业结合、畜牧业与旅游业结合、工业与旅游业结合、旅游业和地产业结合，促进传统产业转型升级，带动旅游商贸、休闲度假、节事会展等现代服务业发展，实现三产联动发展，区域社会经济环境水平全面提升。

三围突破：栾城属于传统旅游资源非优区，必须找准切入点，围绕现代旅游开发三大主要影响因素——市场、交通、特色寻找突破，才能形成吸引力和竞争力。围绕市场就要抓住省会这个核心市场，迎合其旅游休闲需求，大力发展城郊乡村旅游；围绕交通就是要发挥衡井线、栾故线、太行大街等交通干线的串联作用，沿途发展旅游休闲带；围绕特色就是要从"三苏"、草莓等特色点入手进行创意化开发，形成独一无二的旅游产品，吸引游客反复前来体验。

三气汇聚：栾城要以观光聚人气，以休闲造名气，以度假出财气，通过开发大众观光采摘产品和节庆产品迅速聚集人气，通过丰富休闲娱乐产品吸引游客反复前来、树立旅游品牌，通过高端休闲度假产品、会所俱乐部产品提升整体品位和品质，做到三类产品均衡发展，打好组合拳，保障兼顾人气、名气和可持续发展。

九绿崛起：栾城要发挥其生态农业大区的优势，落实党的十八大对生态文明建设的要求，根据省委指示坚定不移地走绿色崛起之路，构建绿色产业布局，策划绿色核心项目，开发绿色旅游产品，建设绿色交通网络，推进绿浪示范工程，形成绿色风情品牌，培育绿色产业集群，构建绿堤保障，实现全境绿色发展，建成河北省绿色崛起示范区。

平山县：最美河北　休闲圣地

一、简介

平山县位于河北省西部，太行山东麓，东邻省会石家庄，西与山西省五台县、盂县接壤。平山是全国五大革命圣地之一，是河北省综合性旅游大县，历史文化悠久，自然风光优美，旅游资源得天独厚。境内有四大风景、五大名胜、六大古迹，集"红、绿、古、温、特"于一体，被誉为"红色经典，山水太行"。

二、休闲农业发展概况

平山县建成了景区带动型、特色基地型、观光农业型、休闲农家型等多形态休闲农业与乡村旅游景点，形成了点线相连具有特色的休闲农业与乡村旅游带。尤其是随着现代农业示范园区建设及美丽乡村活动开展，平山整体乡村旅游水平大大提高，已形成春夏秋冬一年四季皆宜旅游的产品体系，可满足不同人群的多种旅游需求。域内很多景点有采摘、烧烤、野营、漂流等体验活动，可以开展拓展训练、夏令营、CS等惊险刺激户外健身运动，可以吃到营里烙饼、水渣沟腌肉面等农家美食。更有巨龟苑的华夏历史园浮雕、生态谷的传统农耕文化展示，"新中国从这里走来——西柏坡村"及"中央统战部旧址所在地——李家庄村"等特色民俗村品牌，为平山旅游业平添了更多魅力。2015年被评为省级休闲农业与乡村旅游示范县，2016年被评为全国休闲农业与乡村旅游示范县。

野河漂流

浮桥

三、经验做法

水上滑梯

一是强化组织领导，健全管理机构。依据河北省市有关职能分工，县政府明确县农业畜牧局为平山县休闲农业与乡村旅游工作主管部门，具体做好休闲农业行业管理、项目安排、日常监督检查等工作。

二是科学制定规划，明晰发展方向。结合农村面貌提升及美丽乡村活动开展，专门制定了"平山县旅游发展总体规划"和"平山县休闲农业与乡村旅游发展规划"。规划着力强调创新、协调、绿色、开放、共享的发展理念，对平山休闲产业发展定位、总体布局等进行了详尽研究。

三是拓宽融资渠道，完善扶持政策。县财政列支专项经费每年不低于2 000万元，引导和扶持休闲旅游景区、园区、企业、农庄完善基础设施、提高服务能力，并着力整合项目，用活涉农资金，将农业开发资金、农民培训资金、扶贫开发资金、阳光工程的专项资金向休闲农业倾斜。

四是加强行业管理，提升服务质量。按农业观光、休闲采摘、农家乐、美丽乡村4种类型，对各景点进行了分类划分，并对照各类型建立了相应的行业标准和管理制度。

五是强化宣传推介，打造文化品牌。紧紧围绕平山得天独厚的生态优势，努力打好"山水生态牌"；围绕中国核桃之乡等特色农业，打好"特色产品牌"；围绕中山古国和革命圣地，打好"历史文化牌"，三牌齐驱，提升平山县休闲农业与乡村旅游发展水平。同时引导各景区积极开展特色乡村旅游文化，打造独有的文化品牌。例如沕沕水生态观光

滑　草

高空滑索

园举办摄影大赛、征文大赛、低碳骑行、红叶节、冰瀑旅游文化节等节庆活动吸引游客，佛光山生态观光园先后开展了"佛光山民俗旅游文化节""佛光山首届民俗文化大庙会"，起到了宣传品牌、提高知名的作用。

六是强化基础建设，提高旅游品位。近年以新农村建设、农村面貌提升、美丽乡村建设为抓手，扎实推进乡村旅游配套设施建设，改善和优化乡村旅游环境。重点解决交通干道、重点旅游景区到乡村旅游点的道路交通建设，加强农村环境污染综合防治，加大旅游乡村改水改厕及周边环境垃圾和污水处理，优化乡村旅游环境。

七是以创新的机制，助推休闲农业与乡村旅游发展。近几年来，平山不断创新理念，积极探索、创新与实践休闲农业与乡村旅游发展的体制、机制，推动休闲农业与乡村旅游建设又好又快发展。

民俗表演

在平山各方共同努力下，休闲农业产业发展迅速，现已拥有休闲农业与乡村旅游景点103个，涉及全县90%以上的乡镇区域，成规模有一定知名度的15个，有效地促进了一二三产业融合，为今后休闲农业更加规范、健康的发展奠定了良好的基础。

冰雪乐园——滑冰

元氏县：千年古县　美丽元氏

一、简介

元氏县历史悠久，战国初期赵国封公子元于此，故名元氏。西汉初设置为县，迄今已有两千余年，元氏县属典型近郊县，交通路网四通八达，交通作为休闲农业与乡村旅游发展的"推进器"作用十分明显。现辖15个乡镇、1个省级开发区，总面积666.4千米²，共有208个行政村，总人口44万。

元氏县常山路

二、休闲农业发展概况

元氏县2014年被评为全国休闲农业与乡村旅游示范县，按照《元氏县休闲农业与乡村旅游规划》的要求，以发展休闲农业与乡村旅游、创造农业农村发展新优势为目标，重点工作求突破、特色工作上台阶，实现了大农业和大旅游的互促共赢。截至2017年6月底，全县已创建国家级休闲农业星级企业2家，省级休闲农业星级企业4家。

目前，全县集食宿、农耕体验、采摘、农产品加工、观光旅游于一体的市级现代农业园区3家、县级现代农业园区有17家。全县除农业园区外，各种农业休闲庄园有100余家，建设了81个景美、人美、文化美的乡村旅游景点，并建设34个集生态、文化、生产、科技为一体的农业旅游观光示范点。截至目前，各园区入驻企业共计投资20.73亿元，总产值3.15亿元。2016年全县休闲农业与乡村旅游游客量超过150万人次，直接收入9 000万元。

白石山

白果寺

元氏县以休闲、观光、采摘为特色的园区主要有：以康丰牧业有限公司为龙头的奶牛养殖、温室果蔬种植；以"轩鑫农业生态有限公司""兴农种植专业合作社"为主，以温室火龙果、葡萄、五彩茄子、露地特色林果采摘、农家餐饮为主要特色的红旗大街休闲观光农业园区；以"米莎贝尔""元丰现代农业园""兴丰农庄"为代表，集儿童教育、娱乐、特色餐饮、农耕体验、养老、林果采摘、农产品加工销售于一体的107国道特色农业园区；以"田康农业开发有限公司""民兴种植专业合作社"为骨干，以优质红薯、紫薯种植及加工和销售为一体的苏阳乡红薯、紫薯种植加工园区；以西部山区西岭底核桃园、白石山生态园、彩虹溪生态园、龙华山庄、华嘉生态园、九龙山庄、石榴山庄、无极山寨、杏花峪观光园、大峪寺生态园等休闲农业与乡村旅游庄园为主，形成了元氏县休闲农业与乡村旅游发展的基本轮廓。

三、以项目和特色产业带动休闲农业大发展

（一）以精品的项目，带动休闲农业与乡村旅游发展。近年来，元氏县以大项目的聚集储备休闲农业和乡村旅游发展后劲，呈现出"全面起势、多点开花"的发展局面。

1.总投资5 600万元的无极山寨生态园滑雪场项目，已于2016年8月22日开工建设。一期工程于12月中下旬完工，二期工程于2018年初完工。

2.白石山生态园、五里庄生态园总投资700万元的游客接待中心均已开工建设，计划于10月竣工。

3.投资1 000多万元的蔬语生态园（恐龙谷）暨石家庄侏罗纪公园投入运营，为石家庄市及周边的小朋友新添了游玩的好去处。

4.元氏县林外林生态园、又见南山休闲生态农场总投资350万元的生态餐厅、民俗馆已于2017年5月投入使用。

5.米莎贝尔农产品深加工体验园以绿色营养健康为理念，结合元氏当地优势资源，形成原料基地—馅料基地—生产加工—市场销售的米莎贝尔高效农业产业链，带动元氏县休闲农业产业结构升级。

（二）以特色的品牌，支撑休闲农业与乡村旅游发展。一是依托米莎贝尔食品加工、苏阳甘薯紫薯深加工、轩鑫生态园火龙果种植、国富恒联净菜加工等"农"字号龙头企业的辐射带动，全力打造集绿色环保、生态观光、科技示范于一体的高效农业示范区。二是建设特色产业旅游观光示范点。依托特色石榴、大枣、大红袍柿子、西岭核桃、高效畜牧和生态果蔬优势特色产业，建设了一批特色农业旅游观光示范点。三是开展宣传推介活动。成功举办了"元氏县山花节""休闲旅游文化节""甜杏葡萄采摘节""时家庄石榴节"等大型活动，提高了元氏县休闲农业和乡村旅游的知名度。

崇礼区：冬奥新城　天然氧吧

一、简介

　　崇礼区位于河北省西北部，地处内蒙古高原与华北平原过渡地带，全区总面积2 334千米^2，海拔从814米延伸到2 174米，辖2镇8乡211个行政村，总人口12.6万人。境内80%为山地，森林覆盖率达到52.38%。夏季平均气温19℃，空气中负离子浓度10 000个/厘米^3，PM2.5平均值优于国家一级标准，是养生避暑的天然氧吧。

二、休闲农业发展现状

　　近年来，我区在充分发挥区位资源优势的基础上，积极引导和培育休闲农业与乡村旅游，取得了显著的成效，2016年崇礼区有1家企业被评为国家四星级休闲农业园，10家企业被评选为星级"河北省休闲农业园"和"河北省休闲农业采摘园"；"油菜花景观"被评选为"河北美丽田园"。2015年、2016年崇礼区先后被认定为"河北省休闲农业与乡村旅游示范县"和"全国休闲农业与乡村旅游示范区"。

三、经验与启示

　　（一）强化政策扶持，推动休闲农业和乡村旅游规模发展。

　　1. 加大财政资金投入、拓宽融资渠道。区政府有关部门、各乡镇人民政府加大对休闲农业和乡村旅游发展的投入。积极引导社会资金投资开发休闲农业和乡村旅游项目，区农行、信用联社等金融机构，也加强对休闲农业和乡村旅游开发项目的信贷投入。

　　2. 实行用地优惠。根据省政府《关于加快乡村旅游发展的实施意见》，可通过招、拍、挂的方式获得乡村旅游项目建设用地，鼓励在荒山、荒坡、荒滩进行乡村旅游开发，支持村民在自己承包的果园、林地、草地或者宅基地上开展民俗旅游。

　　3. 创新发展模式。鼓励和支持崇礼区民营企业参与休闲农业和乡村旅游经营；鼓励和支持村民以股份制等形式组成专业旅游公司，实施"公司+农户"、"公司+旅游点"模式；积极引导大集团、大公司投资开发休闲农业和乡村旅游，推动乡村旅游向集约化、规模化方向发展。

　　（二）科学编制规划，引领休闲农业和乡村旅游多元发展。坚持先规划后开发的原

滑　雪

蒙古包

云顶乐园

则。区农牧局为做好"2016全国休闲农业与乡村旅游示范县"申报工作，特聘清河北建筑工程学院为我区编写了《张家口市崇礼区休闲农业与乡村旅游规划（2016—2020年）》，规划以现代农业和美丽乡村建设为载体，以旅游为手段，把崇礼区建设成全国休闲农业与乡村旅游示范区。

（三）完善工作体系，保证休闲农业和乡村旅游健康发展。

1. 成立领导机构。为切实加强对全区休闲农业与乡村旅游发展工作的领导，区政府专门成立了领导小组，重点乡镇由政府牵头并设立工作部门，协调解决乡村旅游发展各方面问题，并将休闲农业和乡村旅游发展作为干部绩效考核重要内容。

2. 实施奖励政策。鼓励休闲农业和乡村旅游点创建全国、省农业旅游示范点和国家A级景区，鼓励乡村旅游发展较快的乡镇和村庄创建国家级、省级乡村旅游示范点和旅游型村镇。对评定为全国农业旅游示范点、国家AAA级以上景区或国家级旅游村镇的可给予一定奖励，并积极争取上级政府及旅游主管部门的专项扶持。

3. 编制规划规范。在《崇礼区乡村旅游规划》基础上，编制了《张家口市崇礼区休闲农业与乡村旅游建设规划》，进一步促进全县休闲农业与乡村旅游健康稳定发展。

4. 加强宣传力度。充分发挥电视、报纸、微信、微博等媒体的宣传作用，对游客的听觉、视觉形成强有力的冲击，激发其来崇礼观赏的欲望。让崇礼的特色旅游产品以及精品线路在游客的心中牢牢扎根。

采 摘

5. 规范行业管理。为加强行业规范管理，根据省旅游局出台的《河北省乡村旅游服务规范》，对发展乡村旅游的农家乐、休闲农庄、休闲农业园、休闲农业采摘园和民俗村实行统一挂牌、统一检查指导，严格规范乡村旅游经营市场秩序。

（四）完备基础设施，实现休闲农业和乡村旅游稳定发展。基础设施建设稳步推进，水、电、路、讯等基础设施和环境卫生条件日益改善。

（张家口市崇礼区农牧局　刘雅祯）

怀来县：中国葡萄和葡萄酒之乡

一、简介

镇边城新貌

怀来县东临京津、西接晋蒙，区位独特、交通便捷；历史悠久，文化底蕴深厚；物产丰富，是中国葡萄之乡、中国葡萄酒之乡、中国水果百强县、国家园林县城、首都重要水源地。县城沙城距北京德胜门105千米，辖17个乡镇、279个行政村，总人口36.5万人，总面积1 801千米^2。2014年，怀来县被河北省农业厅、河北省旅游局认定为全省休闲农业与乡村旅游示范县，休闲农业方面取得省级以上荣誉称号9个，名列张家口市第一。初步形成了春赏花、夏观景、秋采摘、浴冬泉的休闲旅游格局。

二、休闲农业发展现状

近年来，怀来以打造环首都绿色休闲度假基地和距首都最近的葡萄（酒）品游大区为着力点，充分发挥区位、资源优势，优化资源配置，树立旅游形象，积极寻求与京津地区旅游资源优势和客源市场走向的互补，全力推动怀来旅游产业持续健康发展。主要旅游景点包括历史文物遗迹类（世界名驿鸡鸣驿、道教圣地老君山、蜿蜒起伏的古长城等）、红色旅游革命历史遗址类（全国著名战斗英雄董存瑞纪念馆、平津战役新保安战场旧址）、生态旅游资源类（1949年后修建的第一座大型水库——官厅水库，环绕官厅湖南北两岸的卧牛山旅游区、省级森林公园黄龙山庄等）、温泉资源类（怡馨苑温泉、大唐温泉、帝曼温泉）。截至目前，全县已创建休闲农业与乡村旅游景点106个，培育葡萄酒庄、

采摘园

海棠花

酒堡、生态园37家，乡村农家乐350多户，果蔬采摘园12家，惠及乡村旅游服务从业人员36 000人以上，全县建成旅游景区（点）24处，其中AA级以上景区景点5处；星级饭店5家，旅行社3家，游客中心3个。2014年被评为河北省休闲农业与乡村旅游示范区，完成旅游投入26.43亿元。

三、发展休闲农业的重要举措

（一）完善旅游规划，强化顶层设计指引。怀来县坚持因地制宜、发挥优势、统筹兼顾，突出重点工作思路，出台了《关于加快乡村旅游发展的实施意见》（怀政〔2007〕12号），完成了《怀来县旅游总体规划》《怀来县葡萄酒文化休闲旅游区专项规划》《怀来县休闲农业实施意见》等主要规划和意见。

采摘葡萄

（二）举办节庆活动，创建地域特色品牌。从2012年开始，重点策划和培育旅游节庆文化，提升"中国·怀来葡萄（酒）节"和"中国·怀来海棠花节"等一批节庆活动的品牌影响力，通过旅游节庆的举办不断宣传带动我县休闲农业与乡村旅游发展。

（三）发挥媒体优势，加速旅游信息传播覆盖。充分发挥电视、报纸等媒体的宣传作用，对游客的听觉、视觉形成了强有力的冲击，激发其来怀实地观瞻的欲望。我县景区在央视、北京卫视及省、市、县电视台都不定期地开办怀来县旅游宣传片专栏；在河北日报、张家口日报、怀来报宣传报道我县旅游动态和旅游景区广告，让我县的特色旅游产品以及精品线路在游客的心中牢牢扎根。

（四）制定标准、奖扶先进。鼓励乡村旅游点创建全国农业旅游示范点、国家A级景区和休闲农业星级荣誉称号，鼓励乡村旅游发展较快的乡镇和村庄创建国家级、省级乡村旅游示范点和旅游型村镇。对评定为全国工农业旅游示范点、国家AAA级以上景区或国家级旅游村镇的可给予一定奖励，并争取上级部门的专项扶持。

（五）实行用地、税收优惠政策。一是根据省政府《关于加快乡村旅游发展的实施意见》，乡村旅游项目建设用地，鼓励在荒山、荒坡、荒滩进行乡村旅游开发，支持村民在自己承包土地上开展农家风情和民俗旅游。二是对新办的乡村旅游企业，经由县旅游局认定，报经主管税务机关批准，可免征企业所得税1年。特殊贫困地区新办的乡村旅游企业，经主管税务机关批准后，可免征企业所得税3年。

（怀来县农牧局　张利霞　张存利）

官厅湖

宣化区：京西第一府　休闲农业游

一、简介

　　宣化位于河北省西北部，北依明长城，南跨桑干河，腹穿洋河与京包铁路。全区总面积2 327千米^2，辖9镇8乡，7个街道办事处，356个行政村，48个社区居委会，常驻人口66.7万人。

二、休闲农业发展概况

　　近年来，宣化区休闲农业和乡村旅游产业规模迅速崛起，不断壮大。截至2016年底，全区休闲农业科技园、观光园达到26家，农家乐65家。区域内的宣化假日绿岛生态农业文化旅游观光园等休闲园区，先后被授予"全国休闲农业与乡村旅游示范点""全国休闲农业和乡村旅游四星级企业""河北美丽田园"等荣誉称号，2016年被评为河北省休闲农业示范县。2016年以来，全区各景区共接待游客100余万人次，完成旅游投入6.8亿元，实现综合旅游收入10亿元，初步显现出休闲农业的蓬勃活力和巨大发展潜力。

辽墓壁画

柏林寺

像光洞

立体栽培

金科有机蔬菜园

刘家窑西瓜

有机产品认证证书

小慢岭草莓

三、经验与启示

（一）加强组织领导，坚持规划先行。2016年6月成立"张家口市宣化区休闲农业与乡村旅游协会"，由假日绿岛董事长、张家口旅游协会副会长刘爱东任会长，相关休闲农业园区为成员单位。同时，成立休闲农业发展领导小组，区政府主要领导任组长，相关副区长任副组长，相关部门为成员。

碾子沟景区

假日绿岛休闲园区

（二）抓住机遇，依托资源优势发展休闲农业。

1. 历史文化优势——历史悠久，积淀深厚。目前，全区境内文物保护单位多达231处，拥有宣化古城、下八里辽代壁画墓群、察哈尔省民主政府旧址、砖雕五龙壁、立化寺塔、直隶省立第十六中学礼堂等。

2. 区位交通优势——宣化区是连接东部经济带和西部资源区的纽带。境内有110、112两条国道，宣大、京藏等5条高速，京包、大秦等6条铁路，距张家口机场仅20分钟

蕙农草园

车程，形成了集公路、铁路、航空于一体的现代立体综合交通体系。

3. 自然资源优势——宣化盆地四周群山环抱，属温带大陆性季风气候，空气清新，四季分明，农产品品质优良，现代农业发展后发优势明显，发展潜力大。

4. 特色农业优势——主要有宣化牛奶葡萄、羊坊路口蔬菜、刘家窑西瓜、塔儿村香瓜、小慢岭草莓等。

5. 投资环境优势——宣化区物产丰富，交通便利，投资环境良好，先后建起了河北宣化经济开发区、东山园区、南山园区等产业园区7个，规划总面积130千米²。

（三）加强引进建设一批重点项目推动休闲农业的发展。

1. 普甜食品50万头地方品种猪生产基地项目。构建集"黑猪养殖、屠宰加工、鲜肉冷藏、物流配送、产品销售"为一体的产业集群，打造全区50万头地方品种猪保护基地。

2. 上禾油料牡丹产业基地项目。重点建设牡丹育苗、休闲旅游、科技研发等牡丹产业基地；积极开发牡丹精油、牡丹软胶囊、牡丹花蕊茶等系列产品，实现生产、科研、休闲农业同步发展，形成牡丹产业链集群。

3. 成瑞光伏现代农业综合示范项目。重点实施奥运食品生产、第六产业示范和光伏农业示范3个项目，着力探索光伏发电与现代农业高效结合的新模式，产生应有经济效益的同时，将吸引大批游客前来观光游览。

4. 福井药材种植基地项目。主要种植黄芩、黄芪、知母等中药材。

（四）打造主题鲜明的文旅节和品牌建设，提升休闲农业的知名度。借鉴假日绿岛乡村摇滚音乐节、灯光节成功举办的经验，深层挖掘我区节庆活动与历史文化、民俗风情、产业特征和自然风光等旅游要素，以节庆活动为载体，引导消费，拓展市场，以政府主导，社会参与，市场化运作为组织形式，充分体现旅游、文化和休闲农业的有机结合。

加快推进假日绿岛、黄羊山文化园、普甜地方品种猪等一批品牌，整合盘活全区的休闲农业、乡村旅游及其他文化旅游资源，充分利用报刊、电视、网络、微博、微信等传统媒体和新媒体，加大策划、包装、宣传、推介力度，叫响"京西第一府，农业休闲游"休闲农业文化品牌，提升宣化休闲农业的知名度、美誉度和品牌影响力。

（宣化区农牧局　郭维洁）

承德县：吃住游一体化产业链　助推休闲农业发展

承德县地处河北省东北部，东临平泉县，北部与隆化接壤，西部与滦平、兴隆相邻，三面环抱承德市。县域面积3 376千米²，人口41万，其中农业人口38.3万，耕地总面积45.1万亩，果树面积14.21万亩，果品专业村25个，优质果园40多个；蔬菜种植面积14万亩；建立蔬菜、果品专业合作社（协会）30多个，持续发展的果品基地规模，为发展采摘、观光、休闲旅游创造了必要条件。

一、休闲农业发展概况

承德县的自然资源、区位资源、产业资源和人文资源均很丰富。以朝梁子按语碑公园、唐家湾水库丹霞旅游风景区和新杖子、八家等14个乡镇为重点的赏花和采摘为主的休闲农业已成雏形，吃、住、行、游、购、娱特色鲜明。中部石灰窑、六沟等乡镇为重点的省级现代农业科技示范园区、南部休闲果品为主及北部高效设施农业两个市级示范园区，一二三产业融合发展，为休闲农业发展提供良好的资源保障。

承德县全力打造以"进农家院、吃农家饭、摘农家果、住农家房、享农家乐"为特色的乡村旅游休闲项目，形成集吃、住、游等于一体的产业链。目前，休闲农业经营主体34家，从业人数1 685人，带动农户573户，其中农副产品销售收入686万元。正在建设的省级现代农业示范园区1个，市级2个，县级10个。省级美丽乡村66个。全县建成精品采摘园68个、精品渔业园20个，形成精品旅游线路11条。2016年被评为"河北省休闲农业示范县"。

承德县着眼于休闲旅游业发展的最新态势，以积聚产业要素、实施梯级开发的发展思路，谋划承德县休闲农业产业发展。以"农业生产""娱乐参与""游览观光"为主题营造生态环境，种植特色果品蔬菜，开发有经济效益的特色产品和服务，在增加经济效益的同时，达到保护生态环境，美化自然景观的目的。紧紧围绕生物链、生态链、文化链构景分区，形成良性发展系统。

唐家湾水库

天门山

二、经验与启示

（一）以科学的规划引领休闲农业的发展。承德县以"大旅游、大产业、大发展"为指导，确立了"以山为脉，以水为魂，以树为景，以果为媒"的主基调，按照"立足果品特色，做实生态休闲，发展沟域经济，打造花果新居"的总体发展方向，融"山青、水秀、树茂、果香"于一体，承德县休闲农业与乡村旅游发展的总体功能确立为：采摘体验、观光旅游、休闲度假。先后出台了《关于扶持农村主导产业快速发展促进农民可持续增收的意见》和《承德县创建乡村旅游示范户实施方案》，并出台了用地、用电、财政等优惠政策，推进了休闲农业和乡村旅游产业的发展步伐。委托专业机构编制了《承德县休闲农业和乡村旅游发展规划（2016—2025）》。

（二）政府搭台，企业"唱戏"，破解融资难。经过几年的发展，以新杖子镇苇子峪村为代表的春季赏花、秋季采摘、四季观光旅游、休闲养生的农家游精品村已成规模，每年都吸引大批游客前来。为破解资金短缺的难题，乡政府招商引进第三方做为投资方成功举办了2017年新杖子乡苇子峪村第三届赏花节，一方面减轻了乡镇和村财政压力，另一方面更好地发挥了专业团队组织引导的能力，以"梨园雅集"为主题，在上两届赏花节的基础上，拓展了票友大赛、摄影大赛、现场书画等系列活动。将"赏花节"打造为承德县乡村旅游品牌，带动周边区域连片发展。

（三）通过项目带动发展。突出区域特色，重点开发乡村旅游示范带，抓项目促发展。以项目建设带动乡村旅游发展，重点抓好景区综合开发。

以承德县被列为河北省现代农业园区为抓手，将实施农业园区项目与休闲农业有机结合，从2014年开始，先后实施了新杖子生态农业旅游、柳河水上项目、承德县现代农业园区项目、承德县光伏发电项目等，有效促进了休闲农业与乡村旅游的发展。

（承德县农牧局　辛海军）

春季赏花节文艺演出

梨王（500年树龄）

宽城满族自治县：抓机遇　树品牌
打造休闲农业与乡村旅游示范县

宽城满族自治县位于河北省东北部、素有"中国板栗之乡""河北桑蚕之乡""河北金都"之称。宽城按照"转型升级、绿色崛起、统筹城乡、全面发展"总要求，通过旅游产业向农村、农业延伸，充分利用农业农村资源优势、水体资源和历史人文资源，大力发展休闲农业与乡村旅游。

一、依托优势，科学规划，抢抓休闲农业与乡村旅游发展机遇

2014年经县政府批准，聘请承德世代峰景旅游规划设计有限公司编制《宽城满族自治县休闲农业与乡村旅游总体规划》。按照规划将宽城建设成为京津唐秦城市圈最具魅力和特色的休闲农业与乡村旅游基地和绿色花园，形成"京东湖山胜景、满乡宽心之旅"休闲农业与乡村旅游品牌。

菁润喷泉

菁润花卉观光

二、立足产业，彰显特色，夯实休闲农业与乡村旅游发展基础

（一）全力打造现代农业发展格局。按照"品种高端、技术高端、装备高端、管理高端、产品高端"的要求，强化资源要素聚集，加快现代农业园区建设，目前宽城满族自治县有省级现代农业园区1个，市级园区2个，县级园区7个。在打造现代农业园区的同时，加强农产品品牌建设，提高产品的知名度和市场竞争力，目前宽城板栗传统栽培系统被认定为全国重要农业文化遗产，宽城苹果被认定为全国最受欢迎的十大区域公用品牌。神栗板栗基地被评为国家级有机板栗综合标准化示范区，板栗、山楂、栗蘑被国家质检总局批准为国家生态原产地域保护产品，神栗公司被评为河北省工农业旅游示范点，神栗系列食品被评为河北旅游品牌和省、市十佳旅游商品。"孟乡"核桃、"硒富"苹果、

"宽诚"玉米种子、"喜峰"水产等多个农产品品牌，均在市场享有盛誉。

（二）全力构建两大生态休闲旅游景区。抓住京津冀旅游一体化有利机遇，积极与京津等地旅游投资商对接，加大招商引资力度，整体开发建设蟠龙湖和都山两大景区，力争将蟠龙湖打造成为国家AAAAA级旅游景区。

三、创新理念，突出主题，提升休闲农业与乡村旅游发展水平

坚持生态本底、山水交融、农游结合、打造品牌的发展理念，依托都山、蟠龙湖、黄崖寺、喜峰口、王厂沟、千鹤谷等资源优势和地处京津唐承秦都市圈区位优势，大力发展休闲观光农业与乡村旅游产业。突出"生态、民俗、红色"的特色，打造"满韵清风、水墨宽城"旅游品牌。建设"一城两区一带"旅游空间格局。建设一批以垂钓采摘、农事渔业体验、游泳滑冰、户外拓展、满族风情为特色的乡村旅游景点。目前，全县已有旅行社4家，旅游船队1家，星级旅游酒店2家，星级乡村旅游示范户155家，形成了"吃、住、行、游、购、娱"综合配套的接待能力。

四、加大投入，广泛宣传，增强休闲农业与乡村旅游发展动力

按照《宽城满族自治县休闲农业与乡村旅游总体规划》等，县政府出台了《宽城满族自治县休闲农业与乡村旅游业奖励扶持办法》《宽城满族自治县菌菜发展奖补办法》一系列的扶助政策，每年拿出2 000多万元的专项资金，对纳入发展规划的标准高、规模大、带动强的休闲农业与乡村旅游点给予资金扶持，通过政府引导带动民间资本20亿元投入休闲农业和乡村旅游。

以"满韵清风，水墨宽城"为宣传主题，多次在北京旅游推荐会上宣传宽城乡村旅游景区（点），并在中央电视台和北京、天津、河北省、承德市电视台等新闻媒体投放宣传广告片，邀请河北省旅游局主办、中国旅游报承办的"9+10旅游媒体联盟河北行"采风团走进宽城，全国30家媒体记者对宽城休闲农业与乡村旅游发展情况进行了采访报道，与京津冀周边旅行社对接，举办了百家旅行社进宽城、西岔沟村赏花节、南沟门村栗花节等活动，大大提高了宽城休闲农业与乡村旅游的知名度和品牌度。2015年被评为河北省休闲农业与乡村旅游示范县。

通过建立组织、制定政策、规范管理等，2014年共接待游客60.2万人次，实现旅游总收入4.55亿元；2015年接待旅游总人数70万人次，实现旅游总收入5.6亿元；2017年接待旅游总人数有望达到150万人次，旅游总收入预计10亿元以上。

万亩有机板栗基地

滦平县：全力打造环首都休闲农业产业带

　　滦平县围绕"农业兴县、文化活县"发展战略，初显"政府引导、部门帮扶、农民主体、社会参与"的休闲农业与乡村旅游发展的新局面。到2020年，休闲农业企业达到20个，规模以上"农家乐"50家，创建休闲农业示范园区30个，休闲农业年接待游客超过120万人次。

一、发展成效

　　（一）乡村旅游产业。全县水、电、路、讯等旅游基础设施建设得到加强，旅游产业要素进一步完善，旅游经济实力进一步增强。"十二五"期间，共接待中外游人85万人次，旅游业直接收入4 000万元。

　　按照"政府扶持带动和农户积极自筹相结合"的发展思路，"十三五"期间，重点建设文化休闲旅游园区，园区规划区域700千米^2，规划项目占地面积60千米^2，打造以金山岭长城为核心，以御路沿线旅游资源开发为重点，建设休闲度假基地、观光农业基地、健身康复基地为一体的环首都休闲旅游产业带，使休闲旅游产业成为滦平的支柱产业。2013年被农业部评定为全国休闲农业与乡村旅游示范县。2016年9月周台子村被农业部推介为2016年中国美丽休闲乡村。

草莓采摘园

景色王子番茄

　　（二）休闲农业产业及星级示范园区创建工作。按照全县"两环一城三带四区六基地"的战略重点，结合环首都经济圈建设规划，"十三五"期间，重点在安纯沟门、虎什哈、五道营、邓厂、马营子、付家店、火斗山建设以生态观光为主，集生态农业观光、农村旅游、生活体验于一体的现代农业生态观光园区，同时以周台子为中心点，打造东连西地西接大屯的5 000亩现代农业休闲观光园区，辐射带动周边农民致富增收。2014年和2016年，我县大屯乡尚亚蔬菜农业专业合作社、付家店美绿源现代农业产业园有限公司、大屯乡兴春和有限公司分别被河北省生态环境与休闲农业协会评为四星和五星级休闲农业采摘园。

文化广场

二、政策规定与管理机制

（一）**建立政策奖励机制**。县委县政府成立了工作领导小组，对乡村旅游户通过评星定级，给予最高1万元的奖励。同时对乡村旅游户在办证，税收等免收相关费用，实行三年税收全额返还政策。积极探索"公司＋农户"和"庄园＋旅游景点"等投资经营机制，整合分散的乡村旅游点，实行统一管理，集中经营，向市场化、规模化、品牌化发展。

（二）**培育特色，创优环境**。在旅游公路两侧，栽培香果、苹果等，建设百里果树产业带。同时打造特色种植、养殖，民族风俗特色旅游专业村30个。

（三）**强化管理、制定标准**。制定和推行了乡村旅游宾馆、酒店、餐饮、娱乐、采摘、购物等主要消费环节的服务规范和安全标准，并出台了《滦平县乡村旅游基本标准》《滦平县景区、景点管理办法》《滦平县乡村旅游农户奖励办法》等文件，进一步健全乡村旅游诚信经营、行政执法、质量监管体系。

三、强化基础设施

滦平县围绕扮靓"一河两带"、开通"四纵六横"、建成"两环九桥"、打造山水园林宜居县城的目标，全面提升城市发展水平。累计投资8亿多元，完成金山岭长城至京承高速公路4.5千米连接线等23项重点道路建设工程和162个行政村、596千米"村村通"水泥路工程。200个行政村实现程控电话村村通，移动信号覆盖20个乡镇，有线电视综合覆盖率达到92%。

新建文化广场72个。完成55个新农村示范村和22个新民居示范村建设任务。通过实施京津风沙源、21世纪首都水资源、农业综合开发等重点生态项目，完成造林26万亩，封山育林10万亩，退耕还林7.5万亩，京津生态水源林3.5万亩，森林覆盖率达到50%。

（滦平县农牧局　代志）

邻水别墅

双滦区：科学规划　创新机制
打造休闲农业与乡村旅游示范区

一、休闲农业与乡村旅游发展概况

　　双滦区四季分明，气候宜人，风景如画，古迹众多，是著名的旅游胜地。近年来，双滦区委、区政府紧紧围绕建设国际旅游城市核心区奋斗目标，坚持"政府主导、规划先行、突出特色、提高质量"的工作思路，积极发展休闲农业与乡村旅游。

　　立足景区景点周围、旅游公路两侧、重点城镇周边3个重点部位，培育了一批以冬季草莓、有机葡萄、时令水果采摘以及休闲观光的特色村。全力打造了老沟门农家大院、滦鑫庄园等一批精品休闲农业园，经营内容包含垂钓、采摘、农事体验等多个项目。通过举办海棠花、梨花节等一系列活动，吸引游客到双滦观赏花海美景，开发丰富的文化娱乐活动引游人驻足，同时配套乡村集市让农民出售土特产品，为农民创造收益，提升了双滦知名度，实现了休闲农业和乡村旅游的快速发展。2014年分别被评为河北省及全国休闲农业与乡村旅游示范县。

二、休闲农业与乡村旅游发展模式

　　（一）出台政策。2014年，区委、区政府将坚持现代农业与旅游业融合发展，先后出台了《双滦区乡村休闲旅游发展实施意见》《双滦区乡村休闲旅游帮扶办法》《关于加快发展现代乡村休闲旅游产业指导意见》等文件和扶持措施，在资金、土地、税收等各方

滦鑫庄园入口

面给予农户大力支持，为乡村休闲旅游产业发展提供了政策保障。

（二）**完善管理体系**。成立领导小组：2014年，成立以区长为组长的休闲农业与乡村旅游产业发展领导小组，成员单位包括农牧、旅游、财政、工商等部门，领导小组下设办公

滦鑫庄园生态餐厅

室，办公室主任由区农牧局局长兼任。乡村旅游协会：以协会为平台，根据乡村旅游发展需要和会员需求，组织开展规划、开发建设、市场营销、业务培训等方面的工作。会员依照平等自愿原则，主要从事乡村旅游经营、管理、研究的相关单位中推荐。

（三）**宣传动员**。每年年初，双滦区政府都组织召开休闲农业和乡村游动员大会，一是宣传动员，以会代训，下发相关政策文件；二是兑现奖惩，对上年度星级示范户、示范点进行奖励，达到了鼓励先进、鞭策后进的效果。

滦鑫庄园高端设施区

开心农庄室外餐厅

三、主要工作开展情况

（一）**坚持因地制宜，科学编制规划**。在推进休闲农业和乡村旅游发展过程中，双滦区编制了科学的发展规划，强化规划执法刚性，确保休闲农业和乡村旅游发展有章可循。坚持规划先行，因地制宜，基础保障三项原则。按照功能配套、一步到位的原则，在旅游专业村、特色村、民俗村规划中与正在规划的旅游接待服务中心、旅游厕所、停车场等服务设施同步考虑，提高资源使用效率，避免重复建设，确保长效发展。

（二）**健全完善机制，强化工作保障**。双滦区委、区政府坚持将农业和旅游作为区域经济发展的主导产业来培育，成立由分管区长任组长，区旅游、农牧、国土等相关部门主要负责同志为成员的休闲农业与乡村旅游产业发展工作领导小组，具体负责组织领导、指挥调度和综合协调。区财政每年安排500多万元，作为休闲农业

与乡村旅游发展专项资金，对乡村旅游户通过评星定级，分别给予相应的以奖代补资金。在证照办理和税收方面给予支持，工商、税务、卫生等部门简化办证手续、免收相关费用，并对乡村旅游户实行前三年税收全额返还政策，为乡村旅游发展创造了一个宽松的环境。

（三）**严格规范标准，创优服务环境**。双滦区委、区政府严格工作要求，加强基础设施建设，狠抓环境综合治理，出台了《双滦区关于对发展乡村旅游农户的奖励办法》，实行乡村旅游户星级评定，挂星营业，营造了公开、公平、公正的产业发展环境。健全诚信经营体系、行政执法体系和质量监督网络，加强监管，规范市场经营秩序，使经营者依法经营、诚信经营、公平竞争。

（四）**对标先进，彰显区域特色**。双滦区委、区政府实施了培训提素工程，通过内提

开心农庄小别墅

素质、外引经验、对标提升等途径，提升休闲农业与乡村旅游整体水平。组织乡村干部、典型示范户、庄园主到市内外先进县区进行现场观摩学习，开阔了眼界，增强了技能，促进了发展。由区旅游局、农牧局牵头，通过举办培训班、结对帮扶等多种形式，开展多层次、多渠道的教育培训活动，逐步提高从业者整体素质和服务技能。

丰盛庄园垂钓池

双桥区：青山无墨美画卷　馨锤雄峰迎宾客

一、简介

双桥区是承德市的核心区，是全市政治、经济、文化中心，现辖5个镇，53个行政村，全区户籍人口31万人，农业人口4.7万人，区域面积361.9千米^2，有林地面积149.05千米^2，森林覆盖率41.19%，现有耕地面积4.6万亩。双桥区拥有驰名中外的世界文化遗产、国家级风景名胜区避暑山庄及宏伟的"外八庙"古建筑群，有磬锤峰国家森岭公园和承德丹霞地貌国家地质公园等十余处自然景观，形成"青山无墨自然画卷"。

二、休闲农业发展概况

近年来，双桥区委、区政府根据京津冀协调发展的经济新常态，立足城市核心区的良好区位优势，以"农"促"旅"、以"旅"强"农"、一二三产业高度融合的现代农业发展思路，将休闲观光农业作为我区现代农业发展的主导产业，为国际旅游城市拓展空间，为文化旅游服务业拓展产业链条，推动区域经济绿色崛起。

截至目前，双桥区休闲农业与乡村旅游点达到226家，规模以上62家，其中综合性休闲农业园区6家，乡村旅游经营户已达到220户，从业人员4 500余人。2014年全区共接待国内外游客1 700万人次，旅游收入150余亿元，其中乡村旅游共接待国内外游客120余万人次，实现收入近9 000万元，带动农民增收5 000余万元，农民受益面达到60%以上，从业人员中农民就业比例达到80%，休闲农业与乡村旅游产业已逐步发展成为双桥区经济与社会发展的支柱产业。

2011年双桥区老西营村被评为十大"承德特色旅游乡村"，2013年石门沟村被评为全省"美丽乡村"，2014年西坎村被评为全市典型示范村。2015年双桥区被评为"全国休闲农业与乡村旅游示范县"。

云峰岭采摘园

西和生态园

三、经验与启示

（一）高度重视，规划先行。一是投入专项资金，编制了《承德市双桥区皇家沟域型休闲农业与乡村旅游发展规（2011—2020年）》，以主城区周边350千米^2 12条沟域为空间布局，提出了盛世山庄、梦里山庄等"十大山庄"发展思路，不断扩大城乡规划范围和专项规划覆盖面，向周边要发展空间。二是出台了《双桥区推进沟域经济发展的实施意见》和《加快发展休闲观光农业、进一步增强农村发展活力的实施意见》，对全区重点发展区域按照"一区、一环、两带、三线、六园"进行了规划布局，将文化、休闲、旅游与现代农业发展等多种业态融为一体，通过加快园区建设推动全区休闲观光农业与乡村旅游产业较快发展。

承德云枫岭薰衣草庄园

（二）健全完善机制，强化工作保障。双桥区委、区政府坚持将农业和旅游作为区域经济发展的主导产业来培育，健全完善工作机制，强化各项保障，采取有力措施保发展，形成了加快发展的强大合力。一是领导包建机制。成立由分管区长任组长，区旅游、农牧、国土、工商等相关部门主要负责同志为成员的休闲农业与乡村旅游产业发展工作领导小组。二是政策激励机制，在证照办理和税收方面给予最大的支持，工商、税务、卫生等部门简化办证手续、免收相关费用，为乡村旅游发展创造了一个宽松的环境。三是资金投入机制。实行项目资金打捆使用，在新民居、公路、通讯、供水、供电等基础设施、农村环境治理工程安排摆布上，积极与休闲农业和乡村旅游产业发展相结合，统筹考虑，坚持做到项目向乡村旅游发展重点村、户倾斜，以国家项目助推乡村旅游产业发展。四是多种经营机制。积极探索"公司+农户""庄园+旅游景点"和"旅游景点+村域"等投资经营机制，整合分散的乡村旅游点，实行集中经营、统一管理，促进乡村旅游向市场化、规模化、品牌化发展。

（三）强化基础设施建设支撑。一是出台了《双桥区经济林发展规划》《关于加快经济林产业发展的实施意见》《双桥区2013—2017年度经济林发展奖补政策》，按照宜花则花、宜果则果的原则，在滦河流域、武烈河流域、元宝、狮单公路沿线流域打造300到2 000亩面积不等的精品示范果园12个，总建设面积1万亩，栽种果树50万株，错季果试验区1万米^2。同时，结合双桥区万亩经济林建设，积极争取财政扶持资金，配套发展林下中草药种植，种植桔梗、苦参、苍术等中药材3 000余亩。二是加强采摘果园、农业示范园的水利配套设施建设，新增小水库畜水量达13万立方米，完成"五小"水利工程171处，完成新增改善灌溉面积0.04万亩。三是扎实开展农村面貌改造提升行动，连续启动了22个省级重点村的农村面貌改造提升行动，筹集6 000余万元各项涉农、惠农和社会资金集中投入到重点村，彻底改善了农村脏、乱、差的旧面貌，提升了农村新形象，为休闲观光农业产业发展奠定了基础。

围场满族蒙古族自治县：挖掘满蒙文化创建特色品牌

　　围场满族蒙古族自治县位于河北省最北部，全县总面积 9 219.7 千米²，其中草场面积 207 万亩，林地面积 769 万亩，森林覆盖率 56.7%，是国家重点生态功能区，2011 年被评为国家级休闲农业与乡村旅游示范县。围场作为环京津地区重要的生态旅游目的地，近年来，坚持产出高效、产品安全、资源节约、环境友好的现代农业发展方向，充分挖掘满蒙风俗文化，积极创建旅游特色品牌，选择具有当地特色的发展模式，将休闲农业的农业属性和旅游属性相结合，确定围场休闲农业宜采用的 3 种发展模式，即农业与旅游资源休闲观光、乡村民俗文化旅游和休闲观光农业示范园区。2011 年被评为全国休闲农业与乡村旅游示范县。

一、农业与旅游资源休闲观光模式

　　一是以农业文化景观、生态资源景观、农事生产活动等为主要内容，加大农业改造提升力度，拓展融观光、考察、学习、体验、休闲、娱乐、购物等于一体的休闲农业功能，布局规划了"一中心八景区"的休闲农业与乡村旅游区划：以塞罕坝国家森林公园、御道口草原森林风景区，大清猎苑文化旅游景区、红松洼国家级自然保护区、五道沟风景区等知名景区为核心，规划设计"一中心八景区"，即木兰围场旅游服务中心、白塔文化旅游景区、柳塘人家休闲度假区、御道口草原风景区、东庙宫旅游风景区、现代农业与休闲旅游度假区、秋狝文化旅游区、满族民俗风情区、温泉养生度假区。二是以"美丽御道""百里画廊"为主线，在高速公路和旅游公路 260 千米沿线 300 米范围内建设以观光作物为主的休闲观光旅游农业园区，种植油料、玫瑰花、中药材等有观光价值的经济作物 6.8 万亩，大力推进百里长廊、万亩花海景观带建设。

钓鱼台

二、乡村民俗文化旅游模式

　　乡村民俗文化旅游是围场近年来着力打造的旅游文化品牌，借助特色民族文化资源，创建独具魅力的乡村旅游，吸引旅游者进行民族风情赏析、休闲度假娱乐，从而促进休闲农业的发展。按照管理规范化、经营集约化、发展特色化的要求，立足景区景点周围、旅游公路两侧、重点城镇周围三个重点部位，倾力打造特色乡村旅游专业村。例如：以庙宫村为重点，加强庙宫水库与庙宫景区的旅游资源整合，创新管理机制，着力打造以垂钓、观庙、划船等特色内容的农家游专业村；以龙头山、小锥山、二十九号、甘沟门、棋盘山、哈里哈、扣花营、台子水、八十三号、半截塔、十八棵、于家湾、姜家店等村为重点，大力发展以特色养殖、特色种植为特色内容的农家游专业村；以新拨、旧拨等村为重点发展以览古长城遗址、赏乾隆殪虎洞、岱尹碑为特色内容的农家游专业村；以山湾子、热水汤等村为重点发展以温泉疗养度假为特色内容的农家游专业村；以燕格柏村为重点发展以展示国际艺术节为重点的国际艺术特色村；以御道口村为重点发展以草原满蒙民族特色为内容，集餐饮、食宿、购物、演出、停车等各项服务功能为一体的满蒙民俗特色村。

三、休闲观光农业示范园区模式

　　围场的休闲观光现代农业示范园区，具有得天独厚的旅游资源，拥有元代白塔、乾隆殪虎碑、汉代陵阳宫、永安湃围等历史文化古迹，具有悠久的历史渊源和深厚的文化底蕴。是通往塞罕坝国家森林公园、御道口草原风景区公路的主要通道，目前，所建设的公路沿线景观可视范围内的玫瑰花、花卉中药材、油葵、油菜花的面积达1万亩，另有80多家的农家乐及30 000亩的采摘园都吸引了众多游客的驻足留恋。

　　休闲观光农业示范园区规划面积60千米^2，主要依托示范区内良好的农业资源、自然生态资源，打造集观光、休闲、度假、养生于一体的休闲观光和疗养度假"两大基地"，计划实施8个开发项目，总投资达到10亿元以上，以此逐步实现农业资源、自然风光、历史文化的有机融合和农业品位的持续提升、农业效益的稳步增长。休闲观光农业示范园区的建设，正在逐步成为农民增收、产业发展、农旅结合的重要途径。

（围场县农牧局　尹晓玲）

县城夜景

· 73 ·

兴隆县：山水休闲小镇　助推绿色崛起

一、简介

兴隆县隶属承德市，总面积3 116千米²，辖11镇9乡、290个行政村，总人口32.8万人，2016年完成地区生产总值96亿元，财政收入7.5亿元。县委、县政府高度重视休闲农业与乡村旅游产业发展，围绕落实京津冀协同发展规划纲要，把发展休闲养生、旅游度假等高端服务业确定为未来战略支撑产业和优先发展目标。

溶洞博物馆　　　　　　　　　　　　　　天子山特色农家小屋

二、休闲农业及乡村旅游发展概况

兴隆县具有悠久的历史和灿烂的文化，清顺治十八年，被划为清东陵"后龙"风水禁地，254年的封禁，"后龙"区域遍地涌泉，草木丛生，古树参天，野兽成群，传承"棒打狍子瓢舀鱼，野鸡飞到粥锅里"的生态佳话，具有资源的唯一性和垄断性。兴隆县林地面积达到400余万亩，森林覆盖率达到65.76%。先后被授予全国甲级绿化县、全国经济林建设先进县、中国山楂之乡、中国板栗之乡、中国深呼吸小城100佳、中国最美丽县、中国避暑休闲百佳县、中国最具原生态景区、河北省休闲农业示范县多项殊荣。

兴隆县是国家地质公园，境内有海拔2 118米的"京东主峰"——雾灵山国家级自然保护区，有"北方小黄山"之称的六里坪国家级森林公园，有"北方张家界"之称的兴隆山等雄奇秀美的山岳景观和峡谷水洞地貌，有京津周边最具魅力的红河漂流体验景区；国家天文台兴隆观测站有世界最大的大面积多目标光纤光谱天文望远镜，优良的气象条件可以仰望美丽灿烂的星空，有发育在15亿年以前依然生长着的兴隆溶洞、天子山自然生态旅游区、南天丽景千亩花海等地质旅游资源，初步形成了山、林、水、洞、天类型齐全的旅游资源体系。兴隆县年平均气温8.5℃，是京津周边理想的休闲、养生、避暑胜地。

三、科学编制规划，扶持政策完善

2003年以来，兴隆县确立了"旅游兴县"发展战略，着力打造环首都休闲度假基地，旅游产业呈现出良好发展态势，2016年全县休闲农业与乡村旅游接待游客115万人次。位居承德前列。一是发展思路进一步明晰。依托区位、生态和资源优势，编制了《兴隆县休闲旅游产业发展总体规划》和《兴隆县重点片区旅游发展规划》，统筹全县旅游资源整体规划和开发，着力培育景区观光、科普揽胜、休闲度假、养生养老、户外运动、涉水体验等在京津冀区域具有国际影响力的品牌，打造京津周边休闲旅游度假目的地。二是扶持政策日趋完善。为加快休闲农业与乡村旅游产业发展，县政府出台了《关于加快发展现代乡村休闲旅游产业的指导意见》。

四、基础条件完善，发展成效显著

兴隆县政府高度重视基础条件建设，一是制定了《兴隆县旅游产业转型升级行动计划（2015—2017年）》，累计投入休闲旅游整改提升建设资金4 500多万元，建成了以雾灵山为龙头，六里坪、青松岭大峡谷、兴隆溶洞、红河漂流等各具特色的生态旅游景区11个，带动景区周边水果采摘园、蔬菜采摘园、食用菌采摘园等50余个；二是投入资金117万元，在全县公路和县城维修和新建公路旅游标志牌52处，在休闲农业发展密集的区域新建环保厕所、水冲厕所10个；三是鼓励发展商务快捷型酒店，全县宾馆总床位达到3 000张，休闲旅游接待能力不断提高。

以美丽乡村和农村面貌改造提升为契机，采取政策扶持、贷款贴息等形式鼓励群众发展乡村旅游、农家游、种植园和采摘园等休闲旅游产业，目前正在建设眼石、大沟、石佛、迷子地等特色休闲旅游专业村、特色小镇16个，发展旅游农家院900户，床位8 000余张，餐位5 000余个，休闲农业和乡村旅游经营点总数达65个，打造红河峡谷嬉水小镇休闲两日游、眼石村省级农家院示范村塞外休闲仙游等。在南天门乡开发南天丽景项目，投资2 000万元，种植了千亩高山花海，修建百米玻璃栈道及徒步生态走廊。

采摘园

大水泉抒情慢速漂流

昌黎县：多彩昌黎　美酒飘香

一、简介

昌黎县是连接华北与东北的咽喉要冲，距北京270千米。205国道、沿海高速公路和京哈铁路贯穿全境，和比邻的秦皇岛港、京唐港以及刚刚建成的北戴河机场构成了海陆空立体交通网络。

二、休闲农业发展概况

昌黎县旅游资源丰富，是久负盛名的花果之乡、鱼米之乡、文化之乡、旅游之乡、养貉之乡、干红葡萄酒之乡、蔬菜之乡，蕴藏着滨海休闲、登山访古、生态健身、农业观光、地热疗养等多样型旅游资源，颇具"天开海岳"之风韵。现已开发建设各类景区景点16个，其中AAAA级景区3个（华夏庄园、沙雕大世界、滑沙场），AAA级景区3个（碣石山景区、葡萄沟景区、渔岛景区），AA级景区2个（五峰山景区、翡翠岛景区）。县级现代农业园区10个，市级现代农业园区2个（嘉诚和城郊区刘李庄现代农业园区），休闲农业及乡村旅游省级示范点2个（旺杰和山水湾生态种植园区）。华夏长城葡萄酒庄园、朗格斯酒庄被确定为全国工业旅游示范点；葡萄沟景区被确定为国家级农业旅游示范点；渔岛景区、月亮湾景区和玛蒂尼酒庄分别被确定为河北省农业和工业旅游示范点；昌黎县乡村旅游酒店和农家乐经营户已达200余家。2014年被评为河北省休闲农业与乡村旅游示范县。

昌黎县乡村旅游经历了由自发到规范、由松散到规模、由"传统种植"向"休闲农业"过渡的发展阶段。近几年来，在对全县旅游资源全面普查的基础上，编制完成了《昌黎县休闲农业乡村旅游产业发展总体规划》，加大了旅游基础设施建设和改造力度，以重点乡镇和特色村为重点，大力发展休闲农业和乡村旅游，进一步加快了现有乡村旅

昌黎葡萄沟百年树王

华夏庄园外景

游点的上档升级，乡村旅游产品在数量上和品质上都实现了大幅提升。同时，进一步深入挖掘深厚的历史文化底蕴，结合新农村建设，以天然生态为特色，回归自然为理念，体验休闲为要素，着力打造了山水湾和旺杰休闲农业采摘园、十里葡园、碣阳酒乡、杏园花房、晒甲温泉、两山花果、蒲河渔家等一系列特色乡村旅游品牌，逐步构建起北部山区沟域经济发展区、滦河沿线特色产业观光区、东部沿海渔事体验休闲区、县域腹地温泉养生休疗区和现代设施农业示范区"五区"格局。

华夏庄园景点　　　　　　　　秦皇岛嘉诚现代农业示范园区

三、休闲农业发展模式

1. 综合发展模式。昌黎悠久的农业种植历史和大规模的葡萄种植可供开展综合产业旅游开发模式。深度挖掘休闲农业和乡村旅游开发项目以及葡萄酒酿造的神秘文化，结合大面积的农业种植区和优美的自然景观资源，适当开发康体健身娱乐活动，可将昌黎打造成休闲农业文化浓郁，并可转化为旅游产品的综合型产业旅游基地。

2. 观光＋体验。利用现有的产业资源，进行适度的打造与开发，利用都市居民对于田园生活的好奇与向往，将"体验"作为该模式的主要吸引力。

3. 观光＋购物模式。该模式是将体验与购物有机结合在一起，利用游客的"体验新事物"的心理，鼓励游客亲自参与到劳动中，并最终拥有自己的劳动成果。

4. 休闲＋购物模式。这是产业旅游中较为高端的一种模式，其核心为"产业休闲"，以产业为基础，按照休闲旅游的档次进行提升，为游客提供休闲度假的良好环境与氛围，附加购物项目，完善休闲度假产品。

目前，昌黎的休闲农业乡村旅游、葡萄酒旅游、海鲜养殖旅游等已具备综合开发的基础条件，昌黎已形成以发展农产品加工业、休闲农业和乡村旅游业引领农村一二三产业融合发展的新格局。

截至目前，昌黎县已建设各类休闲农业乡村旅游接待点（户）80个，其中，国家级农业旅游示范点1个（葡萄沟），省级农业旅游示范点4个（旺杰、山水湾、月亮湾、渔岛），市级乡村旅游示范户20个（明亮农家饭庄、树成农家饭庄、季绿青、菜农人家等）。2016年乡村旅游业共接待游客120万人次，实现旅游收入8 000万元，吸纳从业人员8 000余人。

青龙满族自治县：发展休闲农业　建设美丽青龙

一、简介

　　青龙满族自治县位于河北省东北部，燕山东麓，古长城北侧，隶属于秦皇岛市。地处承德、唐山、秦皇岛1小时经济圈和北京、天津3小时经济圈，县城距北京市250千米、天津市265千米。在京津冀协同发展战略中，处于北京唐山秦皇岛发展轴。全县总面积3 510千米²，是"八山一水一分田"的山区农业大县，辖25个乡镇，396个行政村，总人口56.7万人。是国家扶贫开发重点县、京东板栗之乡、中国苹果之乡、中国栲胶之乡、河北杂粮之乡。

二、休闲农业发展概况

　　近年来，青龙紧紧围绕"魅力青龙、生态青龙"的定位，按照"产业生态化、生态产业化"的思路，以发展休闲农业与乡村旅游、创造农业农村发展新优势为目标，扎实推进农业农村和文化生态工作，实现了大农业和大旅游的互促共赢。"春观花、夏避暑、秋品果、冬赏雪""住农家院、吃农家饭、摘农家果、享农家乐"已成为青龙休闲农业体验游一大特色，青龙休闲农业从无到有、从有到特，呈现出厚积薄发迅猛发展的态势。

神石沟满族民俗山庄

2016年被评为河北省休闲农业示范县，已打造和培植4条休闲农业与乡村旅游精品旅游线路，建设休闲农业和乡村旅游示范点64个，其中有休闲农业景区7个，生态农业观光园9个，大中型果品采摘园13个，各类食用菌种植基地5个，特色休闲小镇6个，休闲农业与现代农业园区24个。全县年接待游客126.44万人，实现综合旅游收入14.6亿元，旅游就业人口比重达16.7%，休闲农业已经成为青龙经济新的增长点。县内有众多自然和人文景观，有五山、两湖、两洞、一泉和花果山、石杖子、官场等独具特色的乡村旅游资源。祖山为国家AAAA旅游景区，青龙湖、凉水河溶洞为AAA级旅游景区，花厂峪为省级乡村旅游示范村和省级爱国主义教育基地，花果山为市级乡村旅游示范村，南胡哈、头道窝铺、神石沟、龙潭、柳资峪、下草碾、干沟为市县级乡村旅游示范创建村。

祖山景区

三、经验与启示

（一）高端策划，引领休闲农业和乡村旅游发展。青龙县委县政府高度重视休闲农业与乡村旅游发展规划，瞄准京津冀、环渤海都市圈，打造冀东北休闲农业驿站。突出"乡村文化生态旅游、现代农业休闲庄园、绿色创意观光园区、现代农业产业园区"四大主题，高标准、高起点、高水平确定新一轮旅游发展的战略布局和整体框架。在规划编制方面，先后聘请国家旅游局相关专家到青龙调研指导，为青龙发展休闲农业进行策划，达成了"生态观光、休闲健体、民俗观赏"的定位共识。聘请高资质机构科学编制《青龙满族自治县全域旅游及休闲农业发展总体规划》。

（二）创新机制，助推休闲农业与乡村旅游发展。近年来，青龙县不断创新理念，积极探索、创新与实践休闲农业与乡村旅游发展的体制、机制，推动休闲农业与乡村旅游又好又快发展。一是健全组织领导。全县成立了休闲农业发展工作领导小组，整合农村面貌改造提升、现代农业、美丽乡村、历史古迹、传统文化、生态资源等重点工作，分别由县级领导牵头，以强有力的组织领导，实行高位推进，促进发展休闲农业与乡村旅游，率先打重点工作的快速突破。二是制定激励机制。先后出台了《关于加快休闲农业与乡村旅游发展的实施意见（试行）》《关于加快现代农业园区发展的意见》等文件，制定了扶持奖励政策，激发民营资金投资休闲农业产业园区，投资绿色产业。三是投资助力。在财政紧张的情况下，青龙县、乡、村三级积极筹措资金，加强休闲农业基础设施建设，基础设施进一步完善。几年来，青龙县在发展休闲农业上已投入资金5.76亿元。

（三）**发展特色产业，带动体闲农业与乡村旅游发展。**青龙以全域旅游为理念，以良好的自然生态资源和农业特色种植养殖基地为依托，以精致县城、风情小镇、靓丽社区、诗画村庄、淳朴农家五个层次为切入点，集中打造了64个休闲农业与乡村旅游点，实现了农业产业经营与休闲旅游观光的有机结合。大力发展食用菌、精品鲜果、畜牧养殖、景观蔬菜、中药材等特色产业，使全县40多个种植基地都成功变身休闲农业、特色旅游示范点。祖山镇安门口有机蔬菜示范基地、肖营子镇五指山板栗观光园、茨榆山乡白城子裕龙农牧葡萄种植基地、木头凳黑木耳种植基地、凤凰山乡歪顶沟生态谷等都朝着"村村有特色、村村有亮点"的发展目标一步步迈进。

（青龙县农牧局）

祖山安门口有机蔬菜示范园

特色优势产业——木头凳镇黑木耳基地

迁安市：魅力水城　绿色迁安

一、简介

迁安市地处"京津承唐秦"城市圈的中心位置，是首批全国休闲农业和乡村旅游示范市、国家可持续发展实验区、国家卫生城市、国家园林城市。迁安市历史传承悠远，文化底蕴深厚，社会经济发达，生态环境优美，拥有丰富的休闲农业资源、丰富的乡村景观、悠久的农耕文化，具备发展休闲农业与乡村旅游的得天独厚条件。

二、休闲农业发展概况

2010年被农业部评定为首批全国休闲农业与乡村旅游示范县。近年来，为加快推进资源型经济转型，迁安市以建设"魅力水城、绿色迁安"为目标，全市休闲农业与乡村旅游业初步形成了"三区、四带、十六园"的发展格局，迁安市有各类休闲农业园区和农庄16个，各类采摘园、垂钓

迁安市山野口国家地质公园——水韵

园、观光园95个，景点景区31个、特色民俗旅游接待村8个，全市拥有全国休闲农业与乡村旅游示范点1家，全国休闲农业与乡村旅游星级企业（园区）6家，河北省星级休闲农业园区、采摘园3家。2016年，全市休闲农业与乡村旅游产业收入达到6.1亿元，接待游客181万人次，从业人员达到3.6万人，其中安排农民就业3万人。

三、经验与启示

（一）坚持统筹规划，科学布局，绘就"三区、四带"的休闲农业与乡村旅游发展大格局。依托丰富的森林山水资源、特色农业资源、废弃矿山资源、长城旅游资源、历史民俗文化资源等，编制并实施了《迁安市休闲农业与乡村旅游总体规划》，制定出台了《迁安市人民政府关于加快休闲农业与乡村旅游发展的意见》，确定了全市休闲农业与乡村旅游的发展思路和工作目标。

（二）坚持突出特色，发挥优势，打造迁安特色休闲农业与乡村旅游发展模式。一是围绕特色农业主导产业，拓展农业功能，重点建设了欧C草莓公园、春良设施农业园、

迁安城区夜景

迁安市北部长城山野绿道——中部户外运动绿道

乐丫果品采摘基地等一批集农业采摘、农事体验、农耕文化展示于一体的现代农业示范园。二是围绕原始自然风光，发展特色旅游，打造一批精品休闲农业观光园。三是围绕悠久历史文化传承，挖掘风土民情，打造名胜休闲风景区。四是围绕城郊区位优势，发展都市观光农业，打造亚滦湾农业公园、龙泽谷国际酒庄等休闲农业精品。五是围绕废弃矿山治理，强化生态保护，打造矿山修复型休闲农业示范区。

（三）坚持政府引导，多元推动，全力推进休闲农业与乡村旅游发展。一是健全组织机构。迁安市市成立了以分管副市长任组长的休闲农业与乡村旅游工作领导小组，形成了全社会共同参与的工作格局。二是出台奖补政策。对休闲农业园区基础设施建设、星级评定、休闲产品开发设定了奖补标准，为促进休闲农业与乡村旅游的快速健康发展提供政策支持。三是制定统一规范。制定出台了《迁安市休闲农业园区建设规范》，有效指导全市休闲农业园区规范化、科学化建设。四是积极宣传推介。通过对休闲农业与乡村旅游进行创意策划、整合包装和精品推广，通过各种活动，提高迁安影响力和知名度，努力打造京东知名休闲旅游目的地。五是全社会参与。充分发挥农民主体作用，采取多种举措，调动社会力量参与休闲农业与乡村旅游建设。

（四）多措并举，提档升级，实现迁安休闲农业可持续发展。一是建设现代休闲农业园区科技服务支撑体系。充分发挥休闲农业主管部门的职能作用，找差距、补短板、强支撑、求突破，进一步深化与大专院校、科研院所的科技合作。二是探索现代休闲农业发展新模式。不断发展壮大五大特色休闲农业模式，积极借鉴外地好的发展模式和建设经验。三是努力提升休闲农业产品开发层次。不断提高休闲农业产品的层次，大力提高休闲农业的可参与性，增加休闲农业的科技含量；丰富休闲农业产品内容。四是打造休闲农业与乡村旅游精品路线。继续完善优化景区、景点，提升休闲农业与乡村旅游园区档次，全力宣传推介，融入京津冀旅游圈。

（迁安市农业畜牧水产局　陶海滨；唐山市农业环境保护监测站　陈贺兵　李恩元）

迁西县：诗意山水　画境栗乡

一、简介

迁西县春秋时为山戎国地，战国时属燕国，秦属辽西郡令支县。汉属幽州辽西郡，为令支县地，西北部兼有徐无县地。地处河北省东北部，燕山南麓，长城脚下，西距北京150千米，东距秦皇岛130千米，北距承德130千米，南距天津140千米、唐山75千米，属环渤海经济圈。东西横距39千米，南北纵距51千米。

二、休闲农业发展概况

近年来，迁西县按照"一产抓特色"的要求，以一二三产业融合发展、相互促进为理念，把迁西作为大景区来发展，把农业作为大产业来经营，依托"灵山、秀水、长城、栗香"四大特色资源，大力发展休闲农业与乡村旅游。截至2016年，迁西县有景忠山、青山关两家国家AAAA级景区，五虎山、喜峰雄关大刀园两家国家AAA级景区，喜峰口长城抗战遗址成为全国红色旅游经典景区。迁西县被评为全国休闲农业与乡村旅游示范县，渔夫水寨被评为国家级休闲农业与乡村旅游示范点，喜峰口板栗大观园等4个景点被评为省农业旅游示范点。

三、经验与启示

（一）科学规划，加速融合，以重点工作的突破带动休闲农业与乡村旅游业发展。

1. 科学编制发展规划。聘请湖南长沙现代休闲农业研究院，在城乡一体化规划指导下，组织制定了《迁西县休闲农业与乡村旅游发展总体规划》，确定了"一核四带六型百园"产业发展格。

2. 着力培育特色农业。休闲农业是依托农业景观资源的一种新型农业产业形态。我们立足本县实际，按照生态、绿色、环保的理念，大力发展设施农业、特色农业，着力打造板栗、安梨、花卉、垂钓、特色养殖、食用菌六大特色产业集群。

3. 着力发展生态旅游。我县高度重视旅游产业发展，把迁西县域作为一个大景区来打造，把旅游业作为第二大产业来培育，以建设"中国生态旅游名县"为目标，加快精品景区建设，积极推进旅游业发展。

4. 加速产业融合发展。以"春赏花、夏戏水、秋摘果、冬溜冰、四季钓"为主题，围绕打造南部"绿野飘香"、中部"秀水田园"、北部"栗林花海"等旅游品牌，加快农业与旅游业融合发展，加速休闲农业与乡村旅游区域化、特色化、品牌化开发进程。

（二）加强领导，规范管理，以严格的组织推动保障休闲农业与乡村旅游业发展。

1. 落实组织保障。成立了由县委、县政府主要领导任组长的休闲农业与乡村旅游工作领导小组，具体负责对此项工作的组织协调。

2. 落实政策保障。出台了《迁西县关于加快休闲农业与乡村旅游业发展的实施意见》等一系列政策措施，加强资金全方位支持休闲农业与乡村旅游业发展。

3. 落实管理保障。制定了《迁西县特色农业高标准示范园（点）评定标准》《迁西县三四五星级休闲农业园评定标准》《迁西县三四五星级垂钓园评定标准》，并严格按照行业标准对景区景点的服务设施进行完善提升，并加强旅游质量监督。

栗香湖房车露营地

（三）强化宣传推介，打开对外交流的窗口，增加休闲农业内涵，拓展农业功能。

1. 强化宣传推介。迁西县政府为了强化休闲农业与乡村旅游的宣传推介，设立了专项资金，专门用于休闲农业与乡村旅游的广告宣传，在中央电视台投放旅游广告，经常参加国内大型旅游推介会，邀请媒体记者、摄影名家来迁采风

景忠山

等内外联系工作，打开迁西休闲农业对外交流的窗口。引来了全国各地的客源，"花卉之乡""垂钓之乡""全国休闲农业与乡村旅游名县"的美誉名扬四海。

2. 增加休闲农业内涵，拓展农业功能。为充分展示我县良好的自然环境，丰富的农产品资源，深入挖掘旅游文化内涵，带动地方文化发展，促进全县乡村旅游与休闲农业的融合，长期组织年度系列采摘活动。同时带动了采摘点周边的餐饮、住宿、娱乐以及其他购物场所的经济收入。

（迁西县农牧局　熊明芳；唐山市农业环境监测站　赵丽丽　李恩元）

休闲农业场景

丰南区：实施旅游活区战略
大力发展休闲农业与乡村旅游

一、简介

丰南区是唐山市唯一沿海主城区，位于环京津和环渤海双重经济圈腹地，地貌以平原为主，气候温和，四季分明。全区国土面积 1 312 千米^2，辖 15 个乡镇、1 个街道办事处、3 个省级经济开发区、1 个省级文化产业聚集区和 1 个省级物流产业聚集区，总人口 52 万人。

二、休闲农业发展概况

特色南瓜

丰南区实施"旅游活区"发展战略，通过城市旅游产业向农村、农业延伸，充分利用水体资源和历史人文资源、农业农村资源优势，大力发展休闲农业与乡村旅游产业。2014 年被评为河北省休闲农业与乡村旅游示范县，2015 年被评为全国休闲农业与乡村旅游示范县。到 2017 年，全区新创建省级以上休闲农业和乡村旅游示范点 1 个，新创建省级最美田园 1 个，新创建省级以上休闲农业星级企业 2 个，新培育中国乡村旅游模范村 1 个，中国乡村旅游模范户 1 个，中国乡村旅游金牌农家乐 3 个，中国乡村旅游致富带头人 3 个。全区休闲农业与乡村旅游年接待游客超过 100 万人次，年收入超过 2.5 亿元，直接安置农民 1 万余人。

三、经验与启示

（一）夯实发展基础。

1. 加强基础设施建设。丰南区高度重视基础设施和公共服务设施的提升。各园区主要道路基本实现硬质化，次要道路、支路及入户道路采用乡土材料进行铺设，使得村内道路交通组织合理，内外交通顺畅。建设交通标志、路灯、停车场、船舶码头等交通设施，标志规范、醒目。燃气、电信和供电等进村入户，广泛应用太阳能、沼气等可再生能源。供水设施运行良好，饮用水水质安全，水量满足需求；排水管渠通畅，雨雪水能及时得到排放；生活污水通过接管或建设独立的污水处理设施，得到有效处理后达标排放。旅游配套设施完善，建有游客服务中心，设导游全景图、标识牌、便民超市、土特产商店等，有反映当地历史文化和民俗风情的公共文化娱乐场所。按要求建有公厕，布点合理、管理规范、卫生状况良好；配有适当数量的垃圾箱（筒），鼓励垃圾分类收集，能够做到垃圾日产日清。

2. 加大技术人才培养。丰南区注重加大教育培训的力度，力争建设一支精于管理、善于经营、眼光独到、深谙实际、素质较高、服务优良的休闲农业与乡村旅游高能队伍。丰南区农牧局技术人员长期、定期对各园区进行技术指导与培训，并高新聘请北京农业大学等高校的多位专家莅临指导。重点开展对休闲农业与乡村旅游发展带头人、经营户和专业技术人员的培训，重点扶持一批特色休闲农业与乡村旅游经纪人，提高企业经营管理水平，做到文明、诚信、优质服务。

（二）突出发展重点。

1. 创建休闲农业与乡村旅游示范点。丰南区以自然生态、田园文化、农耕文明为基础，以诚信经营、提升内涵、保障质量为重点，积极弘扬"回归自然、认识农业、怡情生活、生态环保"的发展理念，进一步完善提升钱营鑫湖生态园、惠丰农业园区、东田庄紫雁庄园等园区的品味和档次。

2. 培育节庆活动品牌。丰南区积极鼓励各企业结合民俗文化，策划丰富多彩的节庆活动，全面提升园区活动内涵。形成了一年一度的采摘节、蔬菜节、草莓节等节庆活动，实现了"以节会友、以节拓市、以节富民"，培育了一批经营特色化、管理规范化、服务标准化的乡村旅游示范点，形成一批知名品牌，不断提升我区休闲农业与乡村旅游的知名度和美誉度。

（三）提升发展质量。

1. 促进产业融合聚集。丰南区立足京津冀协同发展，依据自身优势，结合北京"都市、休闲、养生"与天津"海滨、度假、高端"的休闲农业定位，发展环京津都市休闲农业，实现规模效益和整体带动能力。

2. 完善休闲旅游功能。通过创新机制、完善标准、优化环境、规范引导，逐步使农业园区向农业生产、农产品加工、现代服务业一体化延伸，在园区建设和设施农业生产上，注入休闲农业功能，打造具备农业生产、科技示范、科普教育、农事体验等多种功能的休闲农业园区。

（唐山市丰南区农牧局　王兆义；唐山市农业环境保护监测站　陈贺兵　李恩元）

西瓜棚

博野县：休闲福地　最美乡镇

一、简介

　　博野县位于保定市南部，交通便利，地理位置优越，方圆150千米以内，有北京、天津、石家庄三大城市，距雄安新区70千米，新建曲港、石津两条高速在博野枢纽互通，留有3个进出口。

二、休闲农业发展概况

　　近年来，博野县围绕"千年古县、生态博野"的基础定位，按照"产业生态化、生态产业化"的工作思路，牢固树立"生态立县，绿色崛起"的发展理念，依托苗木、林果产业建设平原森林、天然氧吧，打造京津冀大公园。以"三品一标"认证为抓手，提高设施蔬菜基地的标准化、品牌化水平，串联产业基地，建设自行车"田园风光绿道"。以建设现代农业园区为工作重点，大力发展古梨树、红果、苹果、核桃、药材、食用菌、药用植物、千亩花海、驴、富硒鸡等十大类集旅游、示范、休闲、教育、科研为一体的复合型现代农业园区。先后建成沙窝村千年古梨园采摘园、大北河美丽乡村观光园、大连彩色苗木生物园、保定筑邦园林药用植物园、北邑农业休闲观光园、仟畞社冬季滑雪采摘园等数个生态游园。成功举办了4届美丽乡村梨花节、1届采摘节、1届仟畞社冰雪草莓采摘节等大型活动。2015年被评为河北省休闲农业示范县。

三、经验与启示

博野大北河路网

　　（一）**高端规划**。聘请河北旅游规划发展研究院编制了《博野县休闲农业与乡村旅游总体规划》，提出了"一心三区四个举措"旅游产业发展战略步骤，打造成为"既有古县古韵故人情、又有田园风光美丽景"的乡村生态游线路，形成了春赏花、夏垂钓、秋采摘、冬滑雪的四季游乐圈。

　　（二）**创新机制**。一是健全组织领导机制。博野县成立了推进休闲农业与乡村旅游示范县工作领导小组，以强有力的组织领导，实行高位推进，促进发展休闲农业与乡村旅游。二是制定扶持政策。县委、县政府出台了《博野县人民政府关于推进休闲农业与乡村旅游发展的指导意见》《博野县休闲农业与乡村旅游发展扶持办法》等文件，实施一系列推进措施，形成了完整配套的政策保障体系。

（三）**抓精品项目**。博野县以农业资源、林业资源为基础，围绕休闲农业和乡村旅游谋划项目。一是河北北邑农业科技示范园。公司现累计投资4 000万元，建设了游客服务中心、钓鱼池及采摘园等，是国家级非物质文化遗产"直隶官府菜"蔬菜特供基地。二是河北汇盈仟畆社农业基地。投资1 660万元，完成果树种植、大棚蔬菜水果、儿童娱乐区、农村式餐饮、钓鱼池等基础设施建设。开展采摘、沙地骑

博野大北河

行、滑雪等娱乐活动，打造四季有娱乐、四季有采摘的旅游基地。三是筑邦园林项目。投资8 500万元栽种景观植物与药用树木及建设步游路等基础设施，逐步将筑邦植物芳香科技园打造成一个集药林观览、植物理疗、养生度假的休闲植物园。

（四）**创特色品牌，支撑休闲农业与乡村旅游发展**。一是建设特色产业基地。依托农民合作社和农业部蔬菜标准园、梨标准园，大力发展优质梨、无公害麻山药、绿色蔬菜优势特色产业，为发展休闲农业和乡村旅游提供有力的产业支撑。二是打造特色旅游产品。博野县休闲农业与乡村旅游整合规范为"五核四向"，五核即大北河美丽乡村生态游（戏曲演出）、沙窝冯村千年万亩古梨园（民俗祈福）、北邑现代农业庄园（科普）、河北汇盈仟畆社农业基地（游乐）、筑邦药用理疗植物园（林区疗养），构成博野旅游业的基本格局和休闲农业发展的基本特色。四向即城区美乐宫颜元文化综合体、城东镇药草花卉养生休闲度假区、兴华农场艺术小镇、兴国寺历史文化园，四向既是旅游业在空间的延伸，也是旅游业产品丰富内容的发展方向。三是开展特色节庆活动。博野县多次举办独具地方特色的梨花节、采摘节。梨花文化节以绿色生态为主线，以花为媒，以游会友，以节招商，聚人气，造商机，谋发展。

（博野县农业局　杨静然）

古梨园

博野籍体操世界冠军范晔被县委、县政府聘
为"博野县美丽乡村生态游形象大使"

临城县：山水洞天　清新临城

一、简介

临城县始建于西汉初年，已有5 000年的文明史和2 400多年的建县史。位于太行山东麓，河北省西南部，北距石家庄市60千米，南距邢台市区中心50千米。县域内107国道、京广铁路、京港澳高速、石武高铁、南水北调中线工程穿境而过。

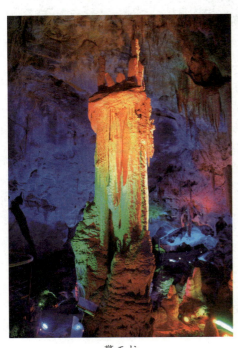

擎天柱

二、休闲农业发展概况

近年来，临城县以成功创建全国休闲农业与乡村旅游示范县为契机，聚焦打造"全域旅游、全景临城"目标，坚定不移推进产业融合、转型升级，实现了农业和旅游互促共赢。生态资源优势明显。全县森林覆盖率达42.3%，被称为"太行山最绿的地方"；空气中负氧离子丰富，被誉为"天然氧吧"；水资源丰富，共有大中小水库19座、塘坝452个，为发展旅游业提供了便利的自然条件。旅游资源丰富独特。有中国北方最大的溶洞——崆山溶洞，丹霞地貌形似卧佛的天台山，意境优美、风景如画的岐山湖，天然氧吧、避暑胜地的蝎子沟原始次生林，全县建成休闲农业与乡村旅游示范点136个，建成绿岭等3个全国农业旅游示范点，南沟、驾游、白云掌、闫家庄4个省级乡村旅游示范点，赵庄乡驾游村被评为省级历史文化名村。现代农业蓬勃发展。全县优质林果薄皮核桃、板栗、苹果种植面积共计34万亩，"绿岭"核桃、"绿森"苹果荣膺河北名牌产品，薄皮核桃成功入选"河北省十佳农产品区域公用品牌"；新增10个"富硒健康村"、2家市级现代农业示范区、5家省级农业产业化重点龙头企业，市级以上农业产业化重点龙头企业达到18家，农业产业化率达65.6%。休闲农业悄然兴起。2016年，西竖镇纳入全省100个特色小城镇名录。乔家庄村、古西村成为"河北名村"，驾游村入选全市"十大最美古村落"。2015年被评为河北省及全国休闲农业与乡村旅游示范县。2016年全县接待游客120万人次，门票收入3 000多万元，社会效益1.5亿元。

三、经验与启示

（一）一个规划统全局。临城县委、县政府高标准编制了《临城县休闲农业与乡村旅

岐山湖观音岛

崆山白云洞大门口

游发展总体规划》，着力构建"一轴两心、一体两翼"的发展布局。围绕打造全国休闲农业与乡村旅游示范县、京津冀城市群首选休闲农业与乡村旅游目的地目标，形成一条由"农家乐"到"乡村游"到"乡村度假"再到"乡村生活"的生态富民之路。

（二）三项机制保运转。一是健全组织领导机制。成立了现代农业、美丽乡村建设、休闲农业与乡村旅游等3个专项领导小组，分别由县级领导负责推进。二是建立长效投入机制。县政府2015年出台扶持休闲农业与乡村旅游建设的政策性文件，实施一系列推进措施，形成了完整配套的政策保障体系。三是推进农村产权制度改革。实现了农村资产股份化、资本化，推动城乡要素自由流动，为休闲农业和乡村旅游发展奠定基础。

（三）精品项目带全局。一是规划实施临城旅游金三角组团项目。依托崆山白云洞、天台山、岐山湖景区，联合打造旅游"金三角"。二是实施美丽乡村建设项目。实施驾游村、戎家庄村、双石铺村乡村旅游基础设施提升改造项目；在岭西村—驾游村—蝎子沟景区规划建设长度为18千米太行山步道项目。三是实施蝎子沟整体开发。加快蝎子沟开发建设，打造成全县休闲农业和乡村旅游发展的示范区。

（四）特色品牌聚人气。一是建设特色产业基地。依托绿岭、绿蕾、南沟绿森等农业产业化龙头企业和黑城乡万亩果蔬基地建设，大力发展薄皮核桃、优质苹果、中华寿桃、板栗和生态蔬菜等优势特色产业，为发展休闲农业和乡村旅游提供有力的产业支撑。二是打造特色旅游产品。整合县内旅游资源，初步打造以崆山白云洞、天台山、岐山湖景区"金三角"和蝎子沟国家森林公园的农（渔）家乐游精品线路。三是开展特色节庆活动。坚持以品牌带动，举办一批独具地方特色的新农村节庆活动（"心手相连，爱上天台，临城风车旅游节"活动、绿岭核桃文化节、南沟绿森苹果采摘节等等），叫响临城旅游品牌。

（临城县农业局　任立杰）

天台卧佛

邢台县：守敬故里　醉美田园

一、简介

邢台县地处河北省南部、太行山东麓，地势西高东低，是一个"七山一滩二分田"的山区县，山区、丘陵、平原三种地形依次分布。邢台县毗邻邢台市区，交通便利，近十条高速及省道横穿。邢台县拥有广阔的山场，面积达187万亩，林果业发展具有得天独厚的优势，苹果、板栗、核桃等优质果品享誉北方。

二、休闲农业发展概况

近年来，邢台县认真落实上级关于大力发展休闲农业和乡村旅游的指示精神，依托自然资源条件和农业资源优势，建设新型产业体系，努力把邢台县建设成为休闲农业示范县。目前，已创建成100个休闲农业和乡村旅游经营点、10个特色旅游景观名镇村、6条休闲农业和乡村旅游精品线路、300家星级农家乐。2016年、2017年分别被评为河北省及全国休闲农业与乡村旅游示范县。全县休闲农业和乡村旅游接待人数500万人次。

三、经验与启示

（一）以高端的规划，引领休闲农业与乡村旅游发展。邢台县高度重视休闲农业与乡村旅游示范发展规划，编制了《邢台县休闲农业旅游发展规划》，提出了"太行原乡情韵，乡村度假天堂"的新营销理念，针对三大定位，提出三大战略对策，创立出"大区＋小镇＋美村＋乡园＋精宿"五位一体，打造邢台县"一、二、十、百、千"休闲农业与乡村旅游产品体系和九种"多彩乡韵，邢襄人家"休闲农业与乡村旅游产品，实施邢台县"邢襄·行乡"之旅和以一个休闲农业精品环线、两条乡村旅游发展带、三大旅游核心镇为架构的"一环、两带、三核"的空间布局。

（二）以创新的机制，助推休闲农业与乡村旅游发展。一是健全组织保障机制。成立休闲农业和乡村旅游发展领导小组，强化部门配合。二是完善资源保障机制。加强乡村自然环境、古村落建筑与文化的保护；加强重点村镇生活环境维护。三是制定政策保障机制。完善有利的土地政策，建立休闲农业和乡村旅游开发税费配套优惠机制，在税收方面按规定给予优惠。四是创新投资融资保障机制。

川林山庄

把新农村各类资金有机整合，设立乡村旅游发展专项经费，纳入财政预算。建立休闲农业和乡村旅游开发贷款担保机制。五是建立人才保障机制。发展多层次人才队伍，完善人才职业教育培训机制。

（三）以精品和特色品牌项目，带动休闲农业与乡村旅游发展。近年来，邢台县立足于"山、湖、路、泉、镇"核心资源，全力推进"三系、四湖、六线、七川、十品、百韵"发展建设，呈现出"全域邢襄，大美太行"的发展局面。

前南峪景区万亩珍果园

"三系"：白马河、七里河、大沙河（上游）三个水系。以"行洪、生态、休闲、宜游、宜居"为目标，按照景区的标准，对河道两岸、周边进行高起点、高品位管理，打造靓丽风景。

"四湖"：映雪湖（朱庄水库）、凤凰湖（野河门水库）、八一湖、川口湖四大湖（库），沿湖要以发展绿色农业、生态农业为主。

"六线"：就是横穿和纵贯山区的邢和、邢左、邢昔、平涉、固坡、北龙6条国、省、县干线，重点打造：以邢左公路为轴线，将沿线的凤屏山、龙泉湖生态园、邢州枣业基地、英谈村等串联，打造南线休闲农业与乡村旅游黄金线。

"七川"：路罗川、浆水川、将军墓川、宋家庄川、北小庄川、里峪川、道沟川流域生态资源，巩固生态建设成果。

"十品"：深入开展品牌风情小镇建设，以新型城镇化和太行风情小镇、休闲旅游为方向，重点打造10个品牌风情小镇：牛郎故里，七夕之乡——白岸爱情文化风情小镇；红色抗大，绿色家园——浆水红色文化风情小镇；奇峡风光，古寨神韵——路罗太行驿站风情小镇等。

"百韵"：就是以美丽乡村建设为抓手，以古村落和历史文化名村为载体，按照"一村一韵"的理念，打造100个不同韵味的乡村旅游和城乡一体化示范村。譬如：以"红色抗大、绿色家园"为主题的红韵前南峪；以"古村名寨、文化创意"为主题的古韵英谈。

（邢台市农业环境保护监测站　高玉静　宋利学）

馆陶县：特色小镇等您来

一、简介

馆陶县位于河北和山东交界处，以卫运河为界与山东冠县、临清市相邻，是省级贫困县。全县面积456千米²，总人口35万，辖4乡4镇，277个行政村。馆陶是中国蛋鸡之乡、中国黑陶艺术之乡、中国轻工轴承之乡、中国黄瓜之乡、中国漆画艺术之乡、全国农村集体产权制度改革试点县，是中国唯一的富铬黑小麦生产基地。106、309两条国道，青兰、大广两条高速，邯济铁路在县域交汇。馆陶交通便利，气候宜人，历史文化底蕴丰富，发展休闲农业与乡村旅游有得天独厚的优势。

干净整洁的街道

漫步公主湖

二、休闲农业发展概况

近年来，按照"政府主导、市场运作、发挥优势、培育精品、创新体制、塑造形象"的总体要求，以美丽乡村建设为抓手，馆陶县打造了粮画小镇、教育小镇、黄瓜小镇、杂粮小镇、羊洋花木小镇等十几个美丽乡村示范典型，粮画小镇寿东村荣获2015CCTV中国十大最美乡村、全国文明村镇、中国乡村旅游创客示范基地、河北省第一个以美丽乡村为依托的国家AAA级旅游景区。馆陶县每年接待游客200万人次，依托乡村旅游业综合收入超过1亿元，旅游业对地方经济贡献超过20%。"羊洋花木小镇"李沿村被命名为省级美丽休闲乡村，"杂粮小镇"郭辛庄村被命名为省级美丽田园，"黄瓜小镇"翟庄村被命名为省级五星级休闲采摘园，黑小麦农场被命名为省级四星级农业休闲园，"教育小镇"王桃园村、"养生小镇"铁佛堡村被命名为邯郸市美丽休闲乡村。2015年、2016年分别被评为河北省及全国休闲农业与乡村旅游示范县。

三、经验与启示

（一）高度重视，认真谋划，鼓励休闲农业与乡村旅游事业发展。馆陶县委、县政府高度重视休闲农业与乡村旅游，连续五年将美丽乡村建设列入政府工作报告，在全县"十三五"规划和十二次党代会报告中，将休闲农业与乡村旅游业整体规划。成立了馆陶县休闲农业与乡村旅游工作领导小组，制定了《关于加快发展休闲农业与乡村旅游的若干意见》《馆陶县休闲农业与乡村旅游总体规划》《馆陶县乡村旅游服务质量标准》等一系列政策措施和奖励办法。

（二）加大宣传推广力度，建立健全各项制度。近年来，馆陶县建成了集旅游、示范、休闲、教育、科研为一体的复合型现代高效农业示范园区3个，建设了12个风景秀丽、别具农家风情的乡村旅游景点，成功举办了黑小麦麦田节、油葵旅游文化节、鹊桥会、半程马拉松大赛等多个大型宣传活动。建立健全了统一的管理制度和行业标准，对休闲农场、特色小镇及连片的休闲农业等实行标准化管理。

（三）打造旅游品牌"精品小镇"，不断提升知名度。馆陶县粮画小镇按照"乡村风情，魅力小镇"的定位，建成了集加工制作、交流展示、观光体验于一体的粮艺文化中心，是全国最大的粮食画制作基地，荣获"中国粮食画研究会"称号。2015年度，粮画小镇被确定为CCTV美丽乡村拍摄基地、荣获全国文明村镇，并入选"中国十大最美乡村"。2016年，粮画小镇被国家旅游局授予"国家AAA级景区"，被确定为河北省首批创建类特色小镇。羊洋花木小镇2016年被评为河北省美丽休闲乡村。黄瓜小镇是远近闻名的黄瓜种植专业村，荣获"中国黄瓜之乡"的美誉，"馆青"牌黄瓜获得全国金奖。黑小麦农场是邯郸东部集品种繁育、示范推广、观光品尝、旅游休闲于一体的新型农业文化景点，是河北省四星级休闲农业园。杂粮小镇2016年被评为河北省美丽田园，是我国北方最大的杂粮种植、加工、销售、科研和生态、观光、旅游、休闲为一体的特色小镇。鹊桥小镇通过整合资源，形成了有水、有林、有故事、有产业的格局。教育小镇是远近闻名的"状元村"，王桃园村淳朴民风，重教传统，建有昆虫馆、农耕园、桃园庙、泥巴馆、铁匠铺、织布坊、金榜、光荣牌、学子墙等等，让游客无时无处不感觉到她的古朴高雅与现代唯美。

（馆陶县农牧局　丁海波　武晓珍　史艳芬）

粮画展室

休闲咖啡屋

涉县：山水绿城　打造冀南休闲旅游胜地

一、简介

　　涉县位于河北省西南部，晋冀豫三省交界处，辖17个乡镇、308个村，总人口40.97万，县域面积1 509千米²，耕地面积仅20.8万亩，素有"八山半水分半田"之称。涉县是"千年古县"，自古就有"冀晋之要冲，燕赵之名邑"的美誉。历史传承悠远，文化底蕴深厚，物产资源丰富，社会经济发达，生态环境优美，具有悠久的农耕文化和丰富的乡村特色景观，随着现代农业的快速发展，休闲观光农业成为丰富人们生活、拓展农业功能、增加农民收入的支柱产业。

二、休闲农业发展概况

　　2016年涉县休闲农业经营主体220个，其中农家乐165个、休闲观光农业园35个、休闲农业专业村12个；休闲农业与乡村旅游从业人数4 200人，其中农民就业人数4 074人，带动农户2 494户；全县休闲农业接待人数180万人次，营业收入1.43亿元。

三、经验与启示

　　（一）积极创建全国休闲农业与乡村旅游示范县。我县特聘请河北农业大学制定了《涉县休闲农业与乡村旅游长期规划（2011—2020）》。县委县政府把发展休闲农业与乡村旅游工作纳入全县经济发展总体规划中。2011年涉县被农业部、国家旅游局认定为全国休闲农业与乡村旅游示范县。

华艺垂钓比赛

　　（二）加大基础建设投入。近年来，涉县每年投入农业的资金都在1亿元以上，用于完善农业各项基础建设和农业产业发展。全县共建设高科技冰葡萄基地2 000亩。建设设施农业生产基地2 000亩，实施退更还林建设优质核桃生产基地10万亩，共投入1 000万元用于农业科技推广体系建设，基础建设为休闲农业发展提供了坚实基础。

　　（三）积极参与全国休闲农业创意精品推介活动。2012年南京嘉年华总决赛中，获得一个"产品创意金奖"，两个"产品创意优秀奖"。

（四）打造精品休闲农业和乡村旅游线路。一是壮丽河山——五指山绿野休闲带，二是古村神韵——王金庄山乡风貌观光带，三是探索之旅——索偏百里农家走廊干果采摘观光带，四是科技涉县——漳河沿岸绿色生态走廊现代农业观光休闲带。

红色旅游胜地——一二九师司令部旧址

漫山红叶

（五）积极打造"十大休闲农业园区"。从2011年开始涉县重点打造了石岗玉泉湖生态园、茨村休闲渔村、会里华艺民俗文化生态园、五指山生态旅游区、泉溪鲟鱼生态园、冷泉度假生态园、凤凰山庄生态示范园、王金庄生态沟、新桥现代农业示范园等。

（六）积极开展美丽休乡村推介工作。2014年王金庄村被农业部正式命名为"中国最美休闲乡村"。2015年石岗村被省农业厅认定为河北最美休闲乡村，2016年连泉村被省农业厅认定为河北休闲美丽乡村。

东山观景长廊

娲皇宫

五指山农家小院

（七）组织华艺生态园成功创建为全国"三星级"休闲农业与乡村旅游企业。

（八）"河北涉县旱作梯田系统"于2014年5月30日被农业部正式认定为第二批中国重要农业文化遗产。2015年涉县开始着手申报全球重要农业文化遗产项目。

（九）积极与其他项目结合发展休闲农业与乡村旅游。2016年在涉县多个村实施省级美丽乡村基础设施建设；2016涉县娲皇宫景区还被评为邯郸市首个AAAAA景区；涉县也被评为河北省南部唯一的全域旅游县；2016年全力打造"太行红河谷片区"；2017年邯郸首届旅游发展大会在涉县召开。这些项目对涉县休闲农业起到极大促进作用。

（十）多措并举，推进休闲农业工作健康快速发展。一是加强组织领导。县成立休闲农业领导小组负责全县休闲农业工作。二是明确工作职责。县领导小组负责全县的休闲农业发展过程中重大问题的决策，协调处置管理中涉及全局性、政策性的问题。三是建立联席会议制度。联席会议实行例会制度，原则上每月召开一次，特殊情况可随时召开。四是加大宣传推介力度。充分利用新闻媒体广告、推介促销会、说明会等各种方式，加大休闲农业与乡村旅游的公益性宣传，提升产品知名度，引导休闲消费。

（涉县农牧局　陈玉明；邯郸市农牧局　贾志忠）

王金庄旱作梯田

第三篇
研究探讨篇

培育新产业新业态　加快休闲农业发展

——休闲农业工作调研报告

河北省农业环境保护监测站　张秋生　朱哲江　李明慧

2016年10月21~27日，河北省农业厅党组成员、省农工办副主任刘振洲带领我站有关人员及承德市、张家口市、廊坊市、唐山市、保定市、石家庄市农业（牧）局局长或主管局长，赴四川、云南两省开展了休闲农业发展专题调研。

一、调研活动情况

一是与四川、云南两省省农业厅主管休闲农业的厅领导、业务处负责人等进行了座谈交流，了解了两省休闲农业发展的总体情况，包括休闲农业发展现状、主要经验和做法、休闲农业扶持政策、"十三五"休闲农业发展规划设想等情况；二是在两省农业厅休闲农业业务主管处及成都、昆明两市农委（农业局）有关人员陪同下，进行了实地参观考察。在四川期间，实地参观考察了郫县获得中国十大最美乡村、中国美丽休闲乡村称号的三道堰·青杠树村，中国农家乐旅游发源地——农科村，川派盆景博览园，锦江五朵金花休闲农业园区；崇州市白头镇五星村、杞木河湿地公园、10万亩粮食高产稳产高效综合示范基地；大邑县格林庄园、中国成都蓝莓博物园、成都耘丰葡萄庄园等。在云南期间，实地参观考察了昆明市五华区凯普今田尚园都市农庄、振峰都市农庄、大清塘都市农庄，富民县一丘富民杨梅庄园；石林县台湾农民创业园；昆明国际花卉拍卖交易中心；呈贡县晨农生态园等。所到之处，调研组人员认真听取了当地人员的讲解，详细询问了有关情况，对有关问题进行了深入交流探讨，了解了各个园区和景点的配套设施、发展模式、经营状况、面临的问题、希望与要求等。

二、两省休闲农业发展情况

（一）四川的情况。近年来四川省高度重视休闲农业工作，以促进农民就业增收和建设幸福美好家园为核心，以快速推进休闲农业发展为重点，科学规划，整合资源，创新机制，规范管理，强化服务，完善设施，打造品牌，推动全省休闲农业快速持续发展。2015年全省休闲农业与乡村旅游经营单位达3.1万家，接待游客3.2亿人次，综合经营性收入1 008亿元，比"十一五"增加68%，产业规模、效益稳居全国第一。休闲农业直接带动1 034万农民就业增收，同比增长14.8%；为全省农民人均增收贡献82.1元，休闲农业与乡村旅游已成为农民增收新的增长极。

（二）云南的情况。云南省凭借得天独厚的资源优势，积极发展休闲农业，整个产业呈现出"发展加快、布局优化、质量提升、领域拓展"的良好态势，成为经济社会发展的新业态、新亮点，休闲农业在推动全省农村经济发展和农民增收中发挥了明显的作用。一是发展规模大。2015年云南省休闲农业和乡村旅游接待游客超过 5 262.6 万人次，营业收入92.2亿元，从业人员11.9万，其中农民从业人员9.8万，带动141万户农民受益。二是区域布局优。呈现"一环两点"特点。"一环"指休闲农业主要依托大中城市形成的环城市周边分布；"两点"是指休闲农业围绕主要旅游景点形成的点状分布，紧扣民族特色文化村寨点形成的点状分布。三是品牌创建强。品牌数量位居全国前列，获得国家级休闲农业品牌56个，获得全国创意农业精品大赛各类奖项42个。四是产品类型多。包括田园风情、民俗旅游、农景摄影、渔业风情、温泉森林旅游、农庄民宿、乡野畜牧等7种休闲农业创意产品。

三、两省发展休闲农业的主要经验做法

（一）政府高度重视，强化政策推动。云南省确立了"以旅助农""以农强旅"的指导思想，印发了《关于云南省加快乡村旅游发展指导意见的通知》，提出从2008年起，省人民政府每年从旅游发展资金中安排一定额度的乡村旅游发展专项资金。农业厅与省旅发委联合成立了全省休闲农业与乡村旅游协调工作领导小组，进一步加大了休闲农业工作的推动力度。四川省成立了由农业部门牵头，财政、发改、国土、工信、住建、水利、旅游、文化、金融、扶贫等有关部门共同参与的工作协调机制，明确了各部门的任务分工，共同推进工作落实。把休闲农业纳入当地国民经济和社会发展规划，将休闲农业和乡村旅游作为农村一二三产业融合"百县千乡万村"试点示范工程的重要内容予以支持。

（二）全产业链发展，促进转型升级。四川省在全国率先启动实施现代农业产业基地"景区化"发展战略，实现"产区变景区、田园变公园、产品变礼品"。强化创意农业理念与创意规划设计，推进农业与文化、科技、生态、旅游等产业的有机融合，培植具有创新、创造、创意的农业创意景观和创意休闲产品。出台省级地方标准《农业主题公园建设规范》，为休闲农业景区化建设提供了指南。2015年底，全省建成产业特色鲜明、表现形式多样、农耕文化浓郁的农业主题公园、农业观光园区、农业科普园区等休闲农业景区景点2 000余个，实现了增长模式由数量向规模质量效益并重的转变。云南省依托现有产业基础，充分发挥农业龙头企业在农业生产、科技、市场方面的优势，从规模、产业链延伸、特色等方面进行优化、整合，创新商业模式，发展休闲农业，进而实现企业、农业、农民、农村多方共赢。罗平县万亩连片油菜花园"以旅促农谋发展"，近年来，举办油菜花节，通过发展休闲农业能够吸引大批游客前来游览观光，进而带动区域的商业、旅馆业、交通运输业、餐饮业及旅游商品等二、三产业的发展。

（三）构建现代营销体系，加大宣传推介。四川省依托省休闲农业协会组建了专业网站——麦味网，为全省休闲农业搭建信息及电子商务平台，提供乡村旅游、特色农产品的宣传推介、线上线下营销服务，构建休闲农业现代营销市场。联合多家媒体，通过网络评选出全省"五个十佳"休闲农业精品（十佳精品农庄、十佳乡村美味、十佳最美乡村、十佳创意产品、十佳度假村落）。利用节庆搭台，每年举办"春赏花、夏避暑、秋采摘、冬年庆"为主题的特色产业节庆活动200多个，营造良好的发展氛围。云南省围绕"以节会友、以节拓市、以节富民"的思路，通过指导各地举办形式各异，内容丰富的农事节庆活动，增强旅游景区的吸引力，保证景点的精神魅力，满足游客求奇、求新、求变、求生态的观光需求，有力地推动了当地经济的快速发展。腾冲县2015第二届万亩油菜花海节黄金周期间，到界头镇旅游人数达20多万人，实现旅游收入达到6000多万元。

（四）**注重品牌创建，发挥示范作用。**云南省在休闲农业品牌创建中，突出区域化布局和差异化发展，结合实际深挖特色，打造了一批颇有个性化的休闲农业品牌，形成了三种特色品牌发展模式：第一种是休闲游憩式的休闲农业旅游，主要是以"美丽田园"为主的休闲农业，如罗平、腾冲的油菜花、红河哈尼梯田、普洱古茶园、广南县八宝镇贡米稻田等；第二种是以民族文化、特色产业、古民居等为主要内容的乡村旅游，如昆明市福保村、腾冲银杏村、普洱市澜沧县惠民乡芒景村、云龙县诺邓村等；第三种是与其他旅游形式紧密结合起来，形成自己独特魅力和核心竞争力的类型，如渔业风情、温泉森林旅游、农庄民宿、乡野畜牧等。四川省围绕农业新品种、新设施、名优产品和优良的生态环境，打造了汶川"大禹农庄"、邛崃"大梁酒庄"、彭州"中华蝴蝶生态城—蝴蝶谷"、郫县"妈妈农庄"、新津"花舞人间"等一批特色休闲品牌，通过"树样板、培典型"，引领全省休闲农业发展。

四、河北省休闲农业工作进展与差距

河北省休闲农业工作坚持以农为本，突出特色，强化服务，持续发展的原则，将休闲农业与现代农业、生态环境保护、农业产业化建设融为一体，加强规范化建设，加快品牌培育，全省休闲农业发展成效较为显著。截至2016年，全省开展休闲农业和乡村旅游的乡镇近400个，涉及村落1800余个，各类休闲农业园区（农庄）1300多个，年营业收入超500万以上规模的有30多家。全省经营农家乐农户近2万家，其中年营业收入超10万元的"农家乐"经营户340家。全省休闲农业与乡村旅游年接待人数4000万人次，旅游收入超过65亿元。

相对于四川、云南两省，河北省的不足之处主要有：一是政策推动力度不足，休闲农业产业发展缓慢；二是虽然河北省休闲农业基础资源与待开发型潜力资源广博，但布局分散，不便于实施聚集性管理与布局；三是在河北省休闲农业园区发展过程中，缺乏强而有效的宣传推介平台，利用嘉年华、节庆、比赛等形式对市民进行宣传的力度尚不足，很难抓住现代市民对养生、新奇、高端的所求心理；四是由于休闲农业基地的土地、住房等不能作贷款抵押，大部分休闲农业企业到银行基本贷不到款；五是休闲农业没有专项资金和信贷政策支持，种养、加工、三产服务等多个环节发展需要大量资金投入，主要靠企业自筹解决，休闲农业的发展受到很大限制。

五、下一步工作重点

根据河北省工作实际，结合本次调研成果，拟重点抓好以下几项工作：

（一）抓好政策与规划的研究落实。认真贯彻落实农业部、发改委、工信部、财政部、国土部等14部委联合下发的《关于大力发展休闲农业的指导意见》，针对意见提出的加强规划引领、丰富产品业态、改善基础设施、推动产业扶贫、弘扬优秀农耕文化、保护传统村落、培育知名品牌六项主要任务，广泛开展调查研究，分别就上述六项工作任务，提出贯彻落实意见，指导全省休闲农业工作有序开展。认真抓好河北省休闲农业"十三五"规划的贯彻落实，聚焦规划的五项重点工作任务、七项重点工程，引导各地根据自身区位、资源、人文、历史等特点，抓好休闲农业建设。

（二）抓好品牌创建和管理。继续开展全国休闲农业示范市县、中国美丽休闲乡村、全国休闲农业星级企业及河北省休闲农业示范县示范点、美丽休闲乡村、休闲农业星级企业的推介和评定工作，创建一批标准高、影响大、口碑佳、游客多、效益好的休闲农业品牌。同时制定创建工作管理办法，对获得认定的示范县示范点、美丽休闲乡村、星级企业等，建立退出机制，实行动态管理，提高认定工作的质量与水平，发挥示范带动作用。

（三）强化宣传推介工作。一是继续利用与河北电台、河北日报、河北科技报、河北农业信息网、河北休闲农业微信公众号等媒体，对河北省休闲农业工作开展情况进行广泛宣传，提高社会各界特别是各级领导对河北省休闲农业工作的认识，扩大影响，争取支持，促进工作；二是加强对国家和省级休闲农业示范县示范点、美丽休闲乡村、休闲农业星级企业的宣传，提高知名度，吸引广大居民参与休闲度假和体验旅游，为民众休闲旅游推荐好去处，为企业经营增收吸引众多客源；三是突出抓好各类节庆活动和美食、旅游商品、创意设计等精品大赛，科学谋划，统筹安排，上下联动，在不同地区、不同季节，系统组织开展一系列规模不一、形式多样、特色鲜明、吸引力强、参与度高、效果突出的节庆活动和精品大赛，造声势、扩影响、促发展。

（四）加强人才培养。围绕休闲农业发展的基本要求，加强人才培养。一是组织举办高水平的休闲农业培训班，对休闲农业管理人员、休闲农业技术人员和休闲农业一线服务人员进行分层次、分类别、分领域培训。二是通过举办休闲农业企业高级管理人员研讨会、建立企业高级管理人员微信群等形式，搭建交流平台，加强交流，互相学习，共同提高。三是组织休闲农业企业和园区负责人赴先进省份参观学习，长见识、学经验、提水平。

（五）抓好"互联网+休闲农业"。依托河北农业信息网和河北农业产业化信息网，以休闲农业园区为载体，通过"互联网+园区+农产品+休闲旅游"的O2O体验方式，打造互联网+休闲农业示范点。加大对休闲农业园区、休闲乡村等的网上展示和宣传，推荐精品农家餐厅、精品休闲线路、农耕文化、农业商品，增强休闲农业网络营销能力。

（六）推进京津冀一体化发展。依托京津冀协同发展大的战略背景，推动三地休闲农业合作和联动发展。一是根据京津冀三地签署的《京津冀休闲农业协同发展框架协议》，建立京津冀休闲农业合作协调机制，制定协同发展相关政策和措施，对统筹规划京津冀三地休闲农业建设、统一京津冀休闲农业标准体系、共同打造休闲农业精品旅游线路、建立京津冀休闲农业公众服务平台、共同开展休闲农业人才培养、共同策划休闲农业重大活动等六项合作重点，逐一进行研究，制定工作方案，认真抓好落实。二是继续推动成立京津冀三地休闲农业产业联盟，依托产业联盟，开展多层次、全方位、宽领域的对接互动和广泛合作，实现三地优势互补、共同发展、互利共赢。

（七）弘扬优秀农耕文化。在做好农业文化遗产普查工作的同时，加强对已认定的3个农业文化遗产（宣化传统葡萄园、涉县旱作梯田、宽城板栗）的监督管理，推动遗产地加大挖掘、保护、传承和利用力度，提高知名度，推动3个遗产地的旅游观光。对今年河北省评选出的101个农耕文化类休闲农业产品，大力开展宣传推介，促进产品销售，增加农民收入。利用现有休闲农业资源，与有关部门及院校探讨推动建设农业教育、社会实践和研学旅游示范基地。

六、意见建议

发展休闲农业是发展现代农业、增加农民收入、建设社会主义新农村的重要举措，是促进城乡居民消费升级、发展新经济、培育新动能的必然选择。大力发展休闲农业，有利于推动农业和旅游供给侧结构性改革，促进农村一二三产业融合发展，是带动农民就业增收和产业脱贫的重要渠道，是推进全域化旅游和促进城乡一体化发展的重要载体。发展休闲农业具有十分重大的意义。建议厅、办加强协调，理顺关系，研究扶持政策，落实工作经费，建设工作体系，强化队伍建设，精准发力、多措并举，推动河北省休闲农业健康快速发展，为促进全省农业强起来、农村美起来、农民富起来作出新贡献。

河北省休闲农业现状及发展方向

河北省农业生态环境与休闲农业协会　刘莉　吴鸿斌

近年来，河北省休闲农业工作以"创新、协调、绿色、开放、共享"五大发展理念为引领，牢牢把握农业转方式、调结构和京津冀协同发展重大机遇，将休闲农业与现代农业、美丽乡村建设紧密结合，在规划引领、规范监管、品牌培育、宣传推介等方面采取积极有效措施，大力推进河北省休闲农业与乡村旅游健康发展，形成了区域聚集、类型多样、特色明显、规模效益不断提升的良好发展态势，为推动农业增效、农民增收、农村增绿提供了动力。

一、休闲农业发展特征

（一）**重视程度不断提高，发展积极性高涨**。省级制定了休闲农业的"十三五"发展规划，出台了休闲农业园区等级划分、农家乐服务、基础设施建设等方面的标准规范。张家口、邯郸制定了本市的休闲农业发展规划，石家庄、秦皇岛、邢台等地出台了支持休闲农业园区发展的资金、税收等方面的政策。各地申报示范县、美丽休闲乡村以及星级企业的数量比以前明显增多，每年约以15%的速度增长。

（二）**产业规模发展壮大，效益明显提升**。河北省休闲农业规模已从单点单个零星分布向线面结合集群分布转变，投资已从单农户经营为主向农民合作经济组织和社会工商资本多元化投资经营发展转变，经营从种植业休闲为主的向产业、村镇、文化多方融合发展转变。据初步统计，全省开展休闲农业和乡村旅游的乡镇400多个，涉及村落2 000余个，2016年全省休闲农业与乡村旅游收入达到70亿元。在农业提质增效、农民就业增收、美丽乡村建设和城乡一体化发展等方面起到了极大的促进作用。

（三）**产业类型多样、品牌数量增多**。由于河北省具有丰富的旅游与农业资源，目前涌现出了休闲农庄类、农业科技园类、采摘体验类、观光游乐类、农耕文化类、市民农园类、农事景观类、古落新村类、休闲酒庄类、亲水渔趣类等形式多样、功能多元、特色各异的发展类型。在此基础上，我们开展了品牌创建提升，目前全省共创建全国休闲农业与乡村旅游示范市1个、示范县13个、示范点21个，中国最美休闲乡村13个、中国美丽田园4处，全国休闲农业星级企业84家（其中五星级8家、四星级55家、三星级21家）。从2014年启动省级品牌创建工作以来，已创建省级休闲农业与乡村旅游示范县19个，示范点44个；河北省星级休闲农业园125家，星级采摘园66家；评选出42个河北最美休闲乡村和31个河北美丽田园。

（四）**与京津融合加强，周边游客增加**。随着京津冀交通一体化的发展，使河北多地进入距京津1小时行程圈内，河北最远的地方也能满足京津游客的周末双日游。据调查，到河北省休闲农业园区的京津游客数量比前几年有了明显提升，停留时间明显增长，由过去周边县、市游客为主向辐射省内外游客转变。

二、休闲农业工作重点

（一）**创建和培育休闲农业品牌**。为推动河北省休闲农业持续健康发展，我们以星级休闲农业园区创建为抓手，强化品牌的示范引领作用。一是在编制的《河北省休闲农业发展"十三五"规划》中，明确了星级休闲农业园区创建的数量、区域和特色。二是在制定的《休闲农业园区等级划分与评定》省级地方标准中，对拟评星的企业明确了等级标准和创建评定要求，引导休闲农业园区在管理、服务、设施等方面加强规范化、标准化、特色化建设。三是组织人员参加农业部、休闲农业与乡村旅游分会举办的研讨班、培训班，举办了河北省休闲农业管理人员培训班和星级创建内审员培训班，编发了河北省休闲农业十大发展模式等供休闲农业管理人员和经营者学习借鉴。四是组织观摩学习。赴四川、云南两省开展了休闲农业工作观摩学习，学到了经验做法，提升了思想认识，开扩了思路眼界，提振了工作信心。

（二）**宣传推介休闲农业精品线路**。一是按照农业部统一部署，向农业部推介了一批休闲农业线路，其中52条线路入选农业部"春节到农家过大年""早春到乡村去踏青""初夏到农村品美食""仲秋到田间采摘"精品线路，成为北方入选线路最多的省份。二是为培育休闲农业品牌，助力首届旅游发展大会，为城乡居民提供看得见山、望得见水、记得住乡愁的好去处，我站与河北音乐广播共同举办了"河北省休闲农业精品线路评选活动"，通过公众投票、业内专家综合评议，共评选出11条2016年河北省休闲农业精品线路，制作了精品线路专题宣传片，先后在河北省首届旅游发展大会和中国（廊坊）农产品交易会等大型活动中播放。石家庄、唐山、保定等市也推出了本市的休闲农业精品线路，制作了休闲农业与乡村旅游地图向公众发放。

（三）**推进星级休闲农业园区"提档升星"**。引导各地、各园区充分发掘本地文化、民俗、生态资源，按照"一乡一园区、一园一主题、一园一亮点"的要求，对已评定的星级园区进行"提档升星"，推动休闲农业特色化发展。完成了1家省级休闲农业星级采摘园提档为省级休闲农业园、16家省级休闲农业园提档为全国休闲农业与乡村旅游星级园区和3家省级休闲农业园、3家省级休闲农业采摘园、2家全国休闲农业与乡村旅游星级园区的升星工作。

（四）**强化休闲农业的宣传报道**。通过多种形式强化休闲农业与乡村旅游的宣传报道，形成了强有力的宣传氛围。农民日报、河北日报、河北电视台、河北新闻网等主流媒体进行了实地采访和宣传报道。我们联合河北科技报，深入京津冀多个市区县，进行了调查采访，以京津冀休闲农业协同发展之旅为主题，推出了8篇报道，深入分析了京津冀休闲农业的发展现状和趋势，系统总结了三地休闲农业在科技创新、文化创意、"三产"融合、助力脱贫等方面的成功经验，为全省各地发展休闲农业提供了学习、借鉴的示范样本，为推动京津冀休闲农业协同发展探索了新路径。利用在唐山、廊坊举办的中国—中东欧国家地方领导人会议、中国（廊坊）农产品交易会，集中宣传展示和推介了休闲农业园区、休闲旅游产品、休闲农业项目。在河北省现代农业招商项目平台上，对100多家休闲农业园区进行了宣传展示。遴选了101个具有河北本地特色的农耕文化类休闲农业品牌，并编写了《河北名特旅游农产品推介名录》《河北知名农业品牌》两本宣传册，先后在河北省首届旅游发展大会和第二十届中国（廊坊）农产品交易会上向公众推介。

（五）**组织休闲农业节庆活动**。我们积极引导各地组织开展丰富多彩的节庆活动。廊坊市举办了中国廊坊·第什里风筝节，全国30支专业队伍参加了风筝精英赛，组织了宫廷风筝文化研讨会、河北美丽乡村游、迷你马拉松、全民广场舞大赛、"放飞梦想在希望的田野上"万人放飞、马戏表演等活动；邯郸市举办了2016年休闲农业与乡村旅游启动仪式暨绿色骑行活动，引爆了邯郸民众绿色健身、关注农业的热情；怀来县以"盛世海棠·情系冬奥"为主题，举办了第九届怀来海棠花节；易县在狼牙山牡丹园举办"旗袍秀，牡丹情，展示巾帼风采，助力旅发大会"旗袍盛典等。据统计，2016年全省共举办各类活动200余场次，形成了踏青赏花、农事体验、民俗文化、农耕教育、体育竞技、音乐舞蹈等不同类型，吸引游客730多万人，经济效益超过1.6亿元。

（六）**创建河北休闲农业微信公众号**。河北休闲农业微信公众号于1月18日正式上线以来，关注人数上升到7 000多人，目前已发布120条消息，包括休闲农业精品线路推介系列、"农业文化遗产"系列、"我和春天有个约会——河北美丽田园"系列、"河北省休闲农业精品线路评选活动"系列、"休闲农业发展与生态环境保护"系列，以及休闲农业相关的政策资讯、各地经验做法等，收到了很好效果，受到各方面的好评。各市、县和园区积极效仿省农业厅做法，纷纷建立起了公众号、QQ群，充分利用新媒体互动性强、传播快的特点，全面开展休闲农业宣传，为各级休闲农业管理部门提供了学习交流的窗口，为休闲农业企业提供了宣传展示平台，为城镇居民休闲消费提供了信息服务。

（七）**推进京津冀休闲农业协同发展**。一是积极与北京、天津市沟通，商讨京津冀休闲农业协作机制，于11月共同签署了《京津冀休闲农业协同发展框架协议》，明确了京津冀三地统筹规划京津冀三地休闲农业建设、统一京津冀休闲农业标准体系、共同打造休闲农业精品线路、建立京津冀休闲公众服务平台、共同开展休闲农业人才培养、共同策划休闲农业重大活动等六方面工作任务。二是组织河北省环京津的"河北省十佳现代休闲农业园"参加了第四届北京农业嘉年华活动，在专设的河北馆内集中展示了园区的特色、形象。三是积极开展三地的交流学习等活动，组织市、县（区）和部分休闲农业企业的管理者、经营者赴京津两地观摩学习。四是配合天津市休闲农业协会在廊坊举办了休闲农业从业管理人员培训班，与廊坊当地的休闲农业企业进行了座谈交流。

三、休闲农业发展方向

在推进农业供给侧结构性改革和京津冀协同发展的大背景下，河北省休闲农业必须坚持"以农为本、政府引导，因地制宜、三效统一"的原则，按照"全省统一规划、分区协调发展、特色重点推进"的思路，对休闲农业进行总体部局，依托农村绿水青山、田园风光、乡土文化等资源，推进农业与旅游、教育、文化、健康养老等产业深度融合，并通过"以点串线、以线成带、以带织面"的基本设计，整体推动休闲农业的发展，形成规模可观、布局优化，类型丰富、功能完善，三产融合、特色明显，链条完整、效益突出的休闲农业新格局。重点从以下五个方面推进。

（一）**加速转型升级，提升产业水平。**充分发挥各地区自然禀赋、文化特色优势，注重生产和生态的和谐，促进多样化、个性化发展，加快休闲农业转型升级；制定统一规范，培养市场意识，延伸产业链条，加强企业间合作，形成集团化产业，提高企业竞争力；建立科学的人才培养制度，通过中等职业学校、高职高专等全日制学校或培训机构等，培养休闲农业的科技开发、管理、园林、艺术等方面的专业人才。

（二）**整合优势资源，优化产业结构。**整合优势资源，促进一二三产业融合，构建新型休闲农业产业联盟，打造生产标准化、经营集约化、服务规范化、功能多样化的休闲农业集群；挖掘文化内涵，加快创意发展，加大休闲农业资源整合力度，形成集农业生产、文化娱乐、教育展示于一体的多元化休闲农业集聚区；积极引导符合条件的农户利用农业与生活资源，大力发展以农家乐、休闲农庄、休闲农园和民俗村等多种类型的休闲农业。

（三）**创新经营模式，提高产业效益。**构建产权清晰、责权明确的价值网络，探索农企管理合作形式、技术合作形式、市场合作形式，创新休闲农业主体经营模式。充分发挥高等院校和科研院所的新优农业资源和先进农业技术，结合企业集团的工程技术与商贸平台，实现产品结构、技术含量的优化；借助互联网平台，通过线上、线下相结合模式，将河北省休闲农业的市场推广、产品营销、主题活动有机串联。

（四）**塑造河北名片，强化产业亮点。**着力打造宣传围场、涉县、迁西、元氏等全国休闲农业与乡村旅游示范县（市、区），形成休闲农业集聚区；重点打造休闲农业精品景点线路，积极开展河北美丽休闲乡村推介活动，擦亮河北休闲农业品牌；培育休闲农业消费新增长点，增强经济发展新动能；挖掘农耕文化内涵，保护重要农业文化遗产，传承燕赵历史文化，打造休闲农业新亮点，塑造河北名片。

（五）**搭建服务平台，增强产业动力。**搭建休闲农业综合性信息化服务平台，优化创业孵化与法律援助平台，为中小新型农业经营主体提供经营场地、政策指导、项目顾问、人才培训、仲裁调解、诉讼代理等创业扶持服务；依托高等院校和科研院所，建立健全休闲农业产业技术支持平台，组织开展对休闲农业产业发展战略、发展规律、发展政策、发展模式、管理机制等研究，创新、集成和推广休闲农业技术成果。

京津冀休闲农业协同发展的理论与模式

河北农业大学经济贸易学院　张润清；河北经贸大学旅游学院　李庄玉

一、引言

把京津冀协同发展提升为国家战略，既是解决北京城市病和区域环境问题、推进区域和城乡统筹协调发展的战略需要，又是实现京津冀区域优势互补、打造以创新为特征的中国经济第三增长极和世界级城市群的战略需要，也是加快转变发展方式、加快新型城镇化、建设创新型国家的一项重大战略部署。在京津冀协同发展的背景下，寻找现代产业体系中能够最快形成协同发展的产业，探索产业融合、协同发展的基本模式和创新机制，对指导京津冀全面协同具有重要的理论与现实意义。

休闲农业已经成为发展新型消费业态和扩大内需的重要新兴产业，在京津冀1.08亿的人口市场潜力下，一体化的交通网络系统与城市群建设为休闲农业协同发展创造了巨大的想象空间。本文以协同论的基本原理，研究京津冀休闲农业技术波及效应、产业关联效应和共生经济效应作用，以引导"三地"休闲农业要素优化配置和高效整合，提升京津冀休闲农业整体竞争力，实现"1+1+1>3"的整体效应。

二、京津冀休闲农业协同发展的理论分析

协同论是研究系统从无序到有序，从一种有序到另一种有序转变规律的科学。基本原理是：在一定条件下，子系统之间通过非线性的相互作用就能够产生有序的时间、空间和时空结构，即产生新的有序状态。京津冀协同发展战略的提出，就是北京、天津与河北三个子系统新状态出现的条件，在此条件下，研究京津冀休闲农业协同发展具有重要的实践价值。

（一）**京津冀休闲农业协同发展的不稳定性原理**。不稳定性原理就是当一个系统的结构或行为模式失去稳定性以后，由于不稳定性的激进和变革促使新的结构和新的行为模式产生和形成的过程，不稳定性充当了新旧结构演替的媒介。我们把京津冀休闲农业看做一个大系统，北京、天津和河北的休闲农业是其中的三个子系统，在没有京津冀协同发展的政策之前，京津冀休闲农业系统由三个独立的子系统处于各自独立运行的状态，也称为旧系统或旧结构，在京津冀协同发展政策影响下，各子系统都会想方设法利用政

本文得到河北省教育厅重大专项课题"京津冀协同下河北省休闲农业发展战略研究"资助（项目编号：ZD201615）

策导向，充分发挥自己的优势，通过优势互补、资源共享从协同中获取更大利益，这就会打破原先的旧结构，进入互相依靠、互相学习、互相竞争的新的不稳定状态，这种不稳定状态变化到一定程度以后，就会达到一种新的稳定状态，也就是进入了京津冀实质意义上的协同发展状态。

（二）京津冀休闲农业协同发展的支配原理。支配原理认为系统存在一个临界点，当系统运动逼近或到达临界点时，系统内部的差异、矛盾、不平衡将非线性放大，迅速区分出快变量与慢变量，激烈的相互作用最终形成慢变量支配快变量，促使系统以有序结构取代无序结构，或者以新的有序结构取代旧的有序结构。京津冀休闲农业系统本来是处在三个子系统有序运行状态，在京津冀协同发展的国家政策导向和推动下，必然会引导京津冀休闲农业从一种旧的有序结构向新的有序结构发展变化，这种变化首先遇到的推动变量就是政策，京津冀休闲农业系统以一种新的系统状态出现取代原来的各自独立运行状态，这里的政策变量就是快变量，它会在较短时间内发挥巨大作用，随着新的系统结构的形成，系统内部必然会产生一个内在运行机制，成为系统新形态的主要支撑力量，也就是慢变量。

（三）京津冀休闲农业协同发展的序参量原理。序参量原理是指当系统趋近临界点时，各子系统发生关联，形成合作关系，协同行动，系统由无序状态向有序状态转化时，会有序参量的出现，序参量在系统演化过程中从无到有地产生和变化，促使系统内部各子系统之间的合作和协同发展。京津冀休闲农业系统中的三个子系统在一开始均处于独立运行过程，互相之间并没有过多的相互作用和合作关系，京津冀协同发展政策对"三地"休闲农业协同发展提出了新的要求，三个子系统在形成合作关系和相互作用之前，必然处于一个无序、混乱状态，在子系统间从无序向有序变化过程中，会逐渐形成一个将三者有机结合的新运行机制或体制，这个新体制或机制即是京津冀休闲农业系统的一个序参量。

三、京津冀休闲农业协同发展的模式分析

京津冀休闲农业协同发展是指北京、天津、河北休闲农业聚集在京津冀区域范围，作为一个开放系统，在系统外部科技、经济、文化、政治等因素作用下，"三地"休闲农业子系统相互之间产生协同作用，并形成以新的机制和体制为序参量，主导京津冀休闲农业构成有序结构，实现休闲农业要素的优化配置和高效整合。

（一）政府扶持休闲农业协同发展模式。休闲农业的政府扶持模式是指利用政府的宏观调控手段，健全体制框架与制度安排，利用政府力量实施、推广科学的休闲农业规划、统筹管理措施，使区域休闲农业的主管部门率先协同发展，引导产业相关主体进行一体化合作发展的一种模式。

2016年11月，北京市农工委、天津市农工委和河北省农业厅在廊坊签署《京津冀休闲农业协同发展框架协议》，开启了政府扶持京津冀休闲农业协同发展模式。京津冀三地将依托地缘优势、资源禀赋、市场优势和创新优势，统筹规划京津冀三地休闲农业建设、统一京津冀休闲农业标准体系、共同打造休闲农业精品旅游线路、建立京津冀休闲农业

公众服务平台、共同开展休闲农业人才培养、共同策划休闲农业重大活动。通过顶层设计，破除京津冀休闲农业一体化发展体制的障碍，有效整合休闲农业资源，建立要素整合机制。利用京津冀的客源市场优势，促进要素资源共享和市场资源共用，增强"三地"的客源互送，扩大市场规模，提升京津冀跨界流动人次，打造一批理念先进、效益明显、特色鲜明的休闲农业科技项目，完成京津冀全区域的休闲农业产业链条的延伸与衔接；改造升级一批集农业生产、技术展示、科技教育、休闲观光、生态环保为一体的休闲农业科技园区，形成若干个特色突出、设施完善、服务便捷、文化深厚的休闲农业产业集群；开发一批具有特色的休闲农业产品、文化创意产品和休闲服务产品，创建京津冀休闲农业品牌，树立京津冀休闲农业的主题形象，建设京津冀资源互补、客源互动、利益共享、风险共担的休闲农业大格局。

（二）社会组织休闲农业协同发展模式。休闲农业的社会组织模式是通过休闲农业行业协会、社团组织、商会联盟等多元化的休闲农业中介机构主导，组织农户、合作社、企业等主体参与，整合休闲农业资源，提供信息传递、咨询培训、联盟营销等行业服务，加强休闲农业的行业自律与规范管理，发挥休闲农业集群效应，通过行业自组织推动休闲农业发展。

2015年1月，由北京观光休闲农业行业协会、天津市休闲农业协会、河北省农业生态环境与休闲农业协会在天津举办的首届京津冀休闲农业一体化发展高峰论坛，就是在贯彻落实京津冀协同发展重大国家战略，推进"三地"休闲农业一体化发展，打造三方合作共赢机制。京津冀"三地"休闲农业协会倡议成立京津冀休闲农业联盟，搭建休闲农业网络信息平台、休闲农业研究平台、休闲农业基金会、休闲农业宣传推介平台和综合服务平台，推动休闲农业发展的市场化开发、社会化运作，建立不同层次、稳固的合作关系，实现互利共赢发展。

（三）产业拓展休闲农业协同发展模式。休闲农业产业拓展模式以优势农业为依托，通过拓展农业观光、休闲、度假、体验、科普和娱乐等功能，开发休闲农业产品组合，延伸产业链条，带动相关产业发展，实现区域间休闲农业的协同发展。主要适用于农业产业规模效益较为显著的地区，以农业生产景观、加工工艺和产品体验为主题，通过与农场、合作社、物流、营销等上下游相关企业的紧密合作，形成战略联盟，带动相关产业发展，从而产生经济协同效益。

2014年7月，世界葡萄大会在北京开幕，北京市延庆县和河北省怀来县共同签订的"延怀河谷"葡萄和葡萄酒产业规划，确定了葡萄和葡萄酒产业发展、生态建设、道路交通、人才培养等全产业链协同发展模式。成立产区共建领导小组，组建"延怀河谷"产区葡萄和葡萄酒产业发展联合会，设立"延怀河谷"产区葡萄及葡萄酒产业发展基金，共同申报了"延怀河谷"葡萄与葡萄酒国家地理标志。以葡萄庄园的生产设施、田园风光、特色餐饮、葡萄酒的酿制工艺和葡萄酒文化为主题，聚集了40家葡萄酒庄，强调参与性和体验性密切相关，形成了"大酒庄"产业聚集带。"延怀河谷"通过建设葡萄种植基地、深加工基地、葡萄酒酿造中心、保税仓库和物流中心，延伸产业链条，发挥葡萄酒规模生产、冷链物流、交易会展、文化休闲、教育服务等功能，完善葡萄及葡萄酒产业链条，实现一二三产业融合发展。

四、思考与建议

（一）**政府部门推进休闲农业协同发展。**京津冀休闲农业政府部门以建立协同创新中心为实施载体，针对不同需求和不同模式，建立多元化的支持方式，突破休闲农业发展的机制体制壁垒，改变"分散、封闭、低效"的现状，释放人才、资源等创新要素的活力。地方政府高层领导达成平等、互利、共赢的基本理念，由国家负责休闲农业的高层领导牵头，联合"三地"休闲相关部门组成领导小组，实施联合办公，进行顶层设计，"三地"休闲农业政府部门协同推进，区县政府积极参与，统一目标、分工协作、形成合力，形成政府引导和推动下的，三地合力推进的京津冀休闲农业协同发展。

（二）**市场主体融入休闲农业协同发展。**京津冀三地统一市场、统一政策形成公平有效率的竞争机制，充分发挥市场在休闲农业资源配置中的作用，更加有效率地实现资源的高效利用，提高劳动产出率、土地产出率和资源产出率。各休闲农业星级园区（企业或基地）要充分整合资源，不仅要整合本园区的创新资源，更要与其他园区结盟互动，构建京津冀"三地"农业科技园区产业联盟，在政府相关职能部门引导下搭建平台、提供公共服务，构建不同园区间的大平台、大协同、大联合的新机制，努力探索京津冀农业科技示范园区社会化管理新模式，使园区工作开始由政府主导的行政化管理向联盟主导的社会化管理模式转变。

（三）**行业协会促进休闲农业协同发展。**加强京津冀休闲农业协会内部合作，积极发挥休闲农业协会作用，促进京津冀休闲农业协同发展。休闲农业协会要与国际行业协会接轨，积极推进国内行业协会加入国际行业组织；积极开展行业自律，按照国际市场的要求和标准生产，打破对方的技术壁垒，提高行业的整体水平；积极开发特色产品，把京津冀地区的自然优势转化为产品优势和市场优势，提高休闲农业综合竞争力，开创京津冀休闲农业为发展的新局面。

参考文献

Hakcn H. 1990. 理论与应用[M]. 杨炳奕，译. 北京：中国科学技术出版社：1-22.

Hakcn H. 1983. Advanced syncrgetics[M]. Berlin：Springcr-Vcrlag：5-8.

韩立岩，汪培庄. 1998. 应用模糊数学[M]. 修订版北京：首都经济贸易大学出版社.

廖良才，谭跃进，陈英武，等. 2000. 点轴网而区域经济发展与开发模式及其应用[J]. 中国软科学（10）：80-81.

厉以宁. 2000. 区域发展新思路[M]. 北京：经济日报出版社：28-29.

牛振喜，肖鼎新，魏海燕，等. 2012. 基于协同理论的产业技术创新战略联盟体系构建研究[J]. 科技进步与对策（22）：76-78.

谭丹，朱玉林. 2011. 基于协同理论的农产品绿色供应链实现模式[J]. 经济问题（1）：88-90.

把多勋，张欢欢. 2007. 基于协同理论的区域旅游产业发展——以西北地区为例[J]. 开发研究（2）：92-95.

孙久文，李坚未. 2015. 京津冀协同发展的影响因素与未来展望[J]. 河北学刊（4）：137-142.

王俭，韩婧男，胡成，等. 2012. 城市复合生态系统共生模型及应用研究[J]. 中国人口.资源与环境（S2）：291-296.

畅游浓情肃宁　体验生态乡韵

——肃宁县休闲农业发展现状及展望

肃宁县农业局　宋学利

一、肃宁县区位简介

肃宁县下辖三乡六镇、253个行政村，总人口33万。位于河北省中南部，沧州市最西端，东与河间市交界，北与高阳县接壤，西与蠡县位邻，南与献县毗连。境内京九、朔黄两条铁路交叉过境，沧保、大广两条高速公路横贯东西、南北形成双黄金十字，多条省际公路四通八达，肃宁县北距北京和天津170千米、南距石家庄130千米、东距沧州90千米，处于"京津冀"大三角和"沧保衡"小三角的中心位置。辐射面积大，交通发达便利。具备吸纳国内外资本、承接产业转移的区位优势。伴随着京津冀协同发展战略的推进，肃宁县将成为环京津产业承接基地、休闲购物旅游基地、农副产品供应基地，经济地位日益凸显。

二、肃宁县休闲农业发展概况

"十二五"以来，在县委县政府正确领导下，以市场为导向，以创新为动力，以融合为方式，较好地推动了全县休闲农业发展，取得了较好的成绩。现已建成河北省美丽田园一个，稍具规模休闲采摘园三个。

（一）美丽乡村尹家庄百年梨园。肃宁县万里镇尹家庄百年梨树观光采摘园位于肃宁县万里镇尹家庄，紧临肃饶路，距镇政府驻地1千米，距肃宁县城15千米，距肃宁县城和京九铁路肃宁站车程10分钟，周边与献县、饶阳县接壤，交通十分便利。

尹家庄是河北鸭梨的原产地和主要产区，尹家庄梨树观光采摘园规模大、古树多，观光园内梨树已有600余年的历史，拥有百岁以上古梨树万株以上，自然形成独具魅力的古梨林风光。梨花盛开之际，如同一片皑皑白雪，把田园村舍点染得光辉耀眼，美如仙境。行走其间，足以体味"人在画中游"的意境；梨果成熟时，硕果累累、香味四溢、生机盎然，别有一番风韵。在这里，游客不仅可以赏风景，更可以体验劳动的乐趣，采摘丰硕的梨果，品味百年梨乡历史。

2012年初，百年梨树观光园建成，2013年3月尹家庄百年梨树观光采摘园被河北省林业厅评为省级观光采摘园。2015年被评为河北省美丽田园。每年4月梨花节期间，游客如织，各种节庆活动丰富多彩，2017年梨花节，接待赏花游客30万人次。

（二）肃宁县庆丰果蔬专业合作社。肃宁县庆丰果蔬专业合作社位于河北省沧州市肃宁县万里镇柳庄村北，肃饶路西侧，紧邻大广高速，京九铁路和朔黄铁路，地理位置优越，辐射范围广，交通十分便利。

该社占地1 000亩，其中休闲观光农业占地120亩，合作社致力于打造肃宁县龙头企业，集休闲、采摘、观光旅游和果蔬种植为一体的综合性示范园区。2016年被评为河北省AAAA级休闲采摘园。

园区可供采摘的果蔬有草莓、鲜桃、樱桃、甜杏、彩虹西瓜、甜瓜、黄瓜、番茄、南瓜、地瓜、水果玉米等11个品类共30多个品种，采摘时间从每年的1月一直延续到11月初。随着人们对合作社休闲旅游服务需求的不断增加，提升休闲旅游服务品质增建了大量配套服务设施，建设符合园区理念的绿色生态餐厅一座，能同时满足400人就餐。

随着园区的不断发展，也为当地百姓就业提供了机会，2016年该社直接吸纳当地就业人数达126人。直接增加了就业人员收入，改善了生活条件。

（三）肃宁县玉带河农业科技生态示范园。肃宁县玉带河农业科技生态示范园位于肃宁县付佐乡葛庄村大广高速高速引线与小白河交叉处，主要沿小白河两岸发展，因小白河穿园而过，故名"玉带河"。

该示范园占地546亩，引进现代化无土栽培设施一套，规划设计建设：5亩酒葡萄园一个；20亩樱桃采摘园一个；12亩樱花观赏园一个；5亩蟠桃园一个；30亩垂柳休闲林一处；45亩海棠观赏园一处；3亩山楂采摘园一处；引进赤霞珠葡萄1万株；建成酒葡萄长廊500米；引进优质纸皮核桃15 800株；种植碧桃、雪松、巴西苹果等共计1 500株，绿化美化1.2万平方米，即将建成集观光旅游、休闲采摘为一体的生态示范园。

玉带河国际现代农业科技交流中心，立项、环评、土地预审、规划选址等前期工作进展顺利，已通过省发改委审批，并被列为2016年河北省新兴战略技术项目。目前科技交流中心基础设施改建工程及一期设备采购工作正在进行中。2017年将投资8 350万元建设国际交流中心、度假区及热带鱼繁育中心。

目前该园区正在积极进行2017年河北省休闲农业星级园区创建工作。

（四）肃宁县西甘河采摘园。肃宁县西甘河采摘园位于肃宁县付佐乡西甘河村，占地面积30亩，园内种植牛奶草莓、玫瑰香草莓等6个品种，各类新鲜蔬菜20余种，适宜采摘的甜瓜、西瓜5个品种，养殖孔雀、野鸡、乌鸡、柴鸡等10余种可观赏、可食用的动物。该园区规模不算大，但是经营品种多，坚持种养原生态，适宜当地口味，未来还有很大提升空间。

三、肃宁县休闲农业发展中存在的问题

毗邻京津的区位优势，使肃宁县的休闲农业与乡村旅游拥有潜力巨大的客源市场，但同时，京津等地乡村旅游发展很快，其产品规模、档次、品牌和市场成熟度远高于肃宁县，形成了竞争性抑制和区域性屏蔽。

肃宁县休闲农业和乡村旅游发展虽然势头较好，取得了一定成效，但从整体上看尚处于起步发展阶段，面临着加快发展和加快转型的双重任务。一是产业素质整体偏低。

市场规模小、龙头少，经营项目单一，综合效益不高，基础设施较差，建筑风格单调，行业标准不健全，管理不规范，从业人员服务水平较低。二是区域竞争日趋激烈。相邻的京津等地乡村旅游发展很快，其产品规模、档次、品牌和市场成熟度远高于我们，对肃宁县形成了竞争性抑制和区域性屏蔽。三是游客需求不断增长。随着休闲农业与乡村旅游深入发展，游客已不再满足于"吃农家饭、住农家屋"的低端单一型农家乐，而是转变为以参与、体验为核心的高端休闲度假新需求。肃宁县休闲农业和乡村旅游同质化现象突出，没有与临近区域形成错位发展，产品缺乏特色和新鲜度，对游客吸引力不强。

四、肃宁县休闲农业与乡村旅游提升的战略举措

（一）**政策上引导和鼓励。**引导和鼓励乡村旅游线路开发和乡村旅游精品项目建设，提高乡村旅游产品的参与性和文化含量。

（二）**突出乡土特色，打造知名品牌。**一是突出乡土特色，走差异化发展道路。要特别注重深入挖掘文化内涵，在食、住、行、游、购、娱各个旅游要素上都要体现乡土特色，展示当地文化内涵，让旅客体验独特的文化魅力。

（三）**加强规范管理，提升产业品质。**管理和服务是肃宁县休闲农业与乡村旅游发展的两个短板。主要差距在管理。一是加快完善基础设施。积极引导休闲农业企业和乡村旅游点推进庭院改造、美化绿化，完善配套设施，满足游客饮食安全、生活卫生、住宿方便等方面的要求。二是抓好标准的贯彻实施。严格执行《乡村旅游服务质量》《工农业旅游示范点评定》和《乡村农家酒店评定》等行业标准，确保规范发展。三是加强示范引导。继续开展休闲农业示范点和乡村星级酒店创建评定工作，对取得星级评定的示范点给予奖励，对起不到示范作用的，坚决取缔，取消资格。

（四）**加大政策扶持，强化措施保障。**休闲农业与乡村旅游的发展需要强有力的政府引导，特别在发展阶段，需要在政策资金、公共设施等方面加大支持力度。

五、肃宁县休闲农业、观光旅游产业未来展望

肃宁休闲农业、观光旅游产业发展还处于起步期，正在从总体上实现一个由小、弱、无到大、多、强的发展转变。肃宁休闲农业、观光旅游发展力图在5年内实现以下3个方面的跨越：休闲旅游规划由无规划向完善的规划体系跨越；休闲旅游产品由单一产品向多元化体系跨越；休闲旅游意识由意识淡薄向全民发展休闲旅游跨越。融入产业元素放大当前肃宁裘皮商贸产业、百年梨园、武垣城遗址、科技农业等优势资源的利用系数，设计开发出既符合休闲旅游市场需求又突出肃宁特色，还要具备独特吸引力的产品。快速培育旅游要素，是肃宁休闲旅游开发的突破点，同时也是肃宁休闲旅游产业迈入正规、经济转型发展的出发点。

以创新、协调、绿色、开放、共享的发展理念为引领，围绕建设休闲旅游强县，推进全域旅游和产业融合发展，大力实施休闲旅游产业化战略，构建"裘皮商贸、生态康

养、武垣探秘、乡村乐活、全域覆盖、区域协同"休闲旅游发展大格局；坚持以规划为引领，以景区为载体，以新业态项目为核心，以战略投资者为支撑，扩大"裘皮之都·大韵肃宁"品牌影响，推动肃宁县休闲旅游由事业向产业、由单一部门管理向综合管理转变，统筹资源、形成合力，把休闲农业、旅游产业打造成为战略性支柱产业和人民群众满意的现代服务业。

大厂回族自治县休闲农业发展实践与探讨

大厂回族自治县农业局　费继兰

廊坊市大厂回族自治县以抢抓京津冀协同发展重大战略为契机，融入北京城市副中心后花园建设，积极响应"京津乐道，绿色廊坊"的发展方向，提出了以"全域旅游"为抓手的发展要求，突出"北京观光，大厂休闲"主题，通过基础设施建设、服务体系完善、节庆活动举办等多项举措，努力打造有品位、有内涵、有文化、有特色的全域旅游产业。

一、大厂县休闲农业发展现状

大厂县休闲农业的发展坚持对接京津，以省级现代农业科技示范园区为依托，结合美丽乡村建设，重点发展集绿色蔬菜生产、观光采摘和农事体验的综合型企业，凭借美丽休闲农业环线、沁心农业园、紫图生态庄园、裕丰民俗园、威武屯影视基地、香格里拉农庄、鲜丰农业体验园、田园牧歌玫瑰农庄、半边店、吴辛庄村等生态休闲度假区、东杨辛庄瓜果采摘基地等农业旅游项目吸引游客。通过加强农业科普教育基地建设，扩大观光采摘基地建设，进一步开发、拓展农业的多种功能，打造生态休闲、旅游观光、科技教育基地，利用农业园区自身区位、自然生态、环境资源、产业等优势，培育和推动休闲观光农业的发展。

目前，大厂县共有农家乐13家（其中三星级生态农家院3家，沁心农家院位于威武屯村；明晖农家院位于潮白河畔孔雀城，陇上农家院位于吴辛庄，二星级生态农家院1家，鑫乐农家院位于威武屯村，一星级生态农家院2家，美味居农家院位于吴辛庄村，康福农家院位于吴辛庄村）；三星级乡村酒店1家；农业采摘村、采摘点十余处；农业重点休闲旅游项目6个（已建成的项目4个：包括沁心农业园、田园牧歌玫瑰园、薰衣草庄园和荣马坊都市果蔬农场等，其中沁心农业园被评为市级休闲农业旅游示范点，玫瑰园为市级重点旅游项目；在建重点休闲农业旅游项目2个，分别为北方国际万果园和鲁渝农业生态园，其中北方国际万果园为省级重点旅游项目，2012年被列为省旅游局"十二五"重点项目）。据统计，全县已建休闲农业计划投资总额为10.7亿元，实有资产总额为8 120万元，年营业收入为9 539.2万元，农副产品销售收入4 769.6万元，实现利润644万元，安排从业人员567人，其中农民533人，年接待54万人次左右。

二、大厂县休闲农业发展的基本模式

根据调查统计，大厂县休闲农业主要有3种类型：一是农家庭院型。在城市郊区、产业走廊或风景区周边开辟特色菜园，让游客入内观赏、采摘、餐饮，尽享农家田园乐趣。这种类型以洼子村瓜果采摘基地、双江蔬菜种植园、沁心农家院、陇上农家院、明辉农家院为代表；二是休闲农庄型。主要利用特色农业资源，以良好的配套实施和软硬环境吸引游客前去度假，开展农业体验、生态观光、会议住宿、健身游乐等活动。这种类型主要太平庄、半边店美丽乡村、薰衣草庄园、荣马坊都市果蔬农场为代表；三是产业带动型。以农业高科技为特征，以农业园区、农业产业为载体，集生态旅游观光、农业科技示范与推广、科普知识教育以及会议接待于一体。主要以田园牧歌玫瑰园、香格里拉农庄、鲜丰农业体验园为代表。

三、主要做法

（一）**统筹谋划，精心编制发展规划**。依托便利的区位交通优势、丰富的资源和直接面向京津及廊坊都市客源市场的有利条件，该县编制了《大厂县休闲农业发展总体规划》《农业转型升级试验示范区建设实施意见等》，以陈府镇现代农业的产业为导向，优化种植业、提升养殖业、突破加工业、拓展观光业、活跃服务业。利用田园、牛羊、村庄、河流等农业和农村景观，挖掘陈府镇的文化历史，培育清真饮食特色，适度发展旅游休闲观光农业，对大厂县省级园区进行休闲农业开发，在总体定位、发展目标、空间布局、交通建设、生态保护等方面实现与北京的有效对接，使大厂融入"大北京"的发展中，推动大厂"京东民族休闲养生曼谷"休闲目的地建设，打造"京城脚下的民族风"品牌形象。

（二）**突出重点，加快基础设施建设**。为了加快休闲旅游业发展，大厂县委、县政府围绕陈府现代农业科技示范园区建设，突出重点，加大基础设施建设力度，启动实施的一条观光道路——美丽乡村旅游环线，项目总投资1.2亿元，全长17.5千米，宽5.5米。旅游环线两侧将建设森林公园、生态农场、岭南山水自然园等11个自然景观。同时在2017年2月15日，县内正式开通了6条公交线路，覆盖全县95%以上村街，其中有4条线路途经陈府农业园区境内各个休闲景点，大大促进全县休闲农业的发展。

（三）**强化服务，促进休闲农业发展**。以建设农业园区为载体，积极培育和扶持休闲农业示范园建设。一是服务园区企业。结合全县招商引资工作，高起点、高标准规划建设农业园区，积极引导和引进龙头企业入驻园区，为企业的发展搭建平台。加大土地流转力度，为签约企业合理进行土地流转。二是争取扶持资金。围绕园区开展项目的谋划、包装、申报、争取等工作。特别是在园区道路等基础设施、专业合作社、农产品质检站建设和无公害生产技术推广等方面争取上级项目和资金。三是加快品牌建设。积极为已投入生产的企业开展无公害、绿色、有机认证，目前已经为沁心农业园进行了绿色产品认证，为洼子村标准园进行了无公害产品认证。

（四）**集聚融合，实现农业与多产互动**。为全面贯彻落实京津冀协同发展战略，大厂县启动了省级现代农业园区建设，明确了"现代观光农业、旅游休闲基地和绿色有机蔬菜基地"的园区发展定位，在这样的背景下，依托园区内的沁心农业发展有限公司等企业，建设了农业科普示范基地、观光采摘棚室和蔬菜电商营销平台等休闲农业项目，采用订单生产、合作协议、产供销对接等方式，把农业生产、加工、销售、冷链配送环节进行整合。目前华鲜农产品基地已与北京易博迅公司合作，注册了华鲜菜蔬电商微信公众号，进行微信支付的认证，开始微超试运行，截止到目前，已经发展305名会员，不定期发布生产信息，进行物流直销配送，组织会员进行基地采摘、亲子体验活动等，开始三产带一产的尝试。

（五）创新机制，激发休闲园区活力。 按照"政府主导、企业为主体、市场化运作"的开发建设模式，整合各类资源集中推进休闲农业园区建设。

1. 管理服务机制。组建大厂现代农业科技示范园区管委会，由主管农业副县长兼任管委会主任，农业开发办、农业产业办主任兼任常务副主任，具体负责园区开发工作。

2. 资源投入机制。积极整合国家、省、市涉农项目、产业化发展资金向园区倾斜，用于基础设施建设、新品种、新技术引进、扶持龙头企业和合作社做大做强。下发了《大厂回族自治县关于整合财政支农资金支持现代农业园区建设的意见》《大厂回族自治县现代农业园区招商引资优惠政策》等文件，在资金上为企业发展提供有力保障。截至目前，园区整合农口资金5 280余万元，用于支持园区发展。

3. 土地流转机制。坚持政策引导、农民自愿、依法推进原则，规范推进农村土地流转。建立土地预流转资金，实行预先流转储备土地的方式，为项目落地做好充足准备。目前，农业园区共流转土地3 471.58亩。

4. 利益保障机制。为确保实现群众与企业双赢，积极与投资企业签订用工协议，保证项目占地区域的农民优先就业，使农民失地不失业。同时，参照失地农民养老保障政策，积极研究探索农民土地流转以后的生活问题。

5. 招商管理机制。为规范园区招商引资及项目管理，制定出台《大厂现代农业科技示范园区招商引资管理办法》，从投资门槛、优惠政策、项目管理及退出机制等方面做出明确要求。坚持"招大商、招强商"的原则，瞄准京津地区消费需求，大力发展城郊都市型现代农业。

（六）加强宣传，助推休闲旅游发展。 利用广播、电视、媒体、报纸等各种媒介，广泛宣传大厂"创意水乡、皇家牧场、生态城市"的休闲品牌。

1. 联手新闻媒体。近期，该县组织县内各休闲旅游企业在北京通州万达广场成功举办"大厂—通州旅游合作暨2017年大厂旅游宣传推介活动"。开幕式上，大厂县政府与通州区签署了《大厂—通州两地旅游宣传推广合作协议》。宣传活动中"摄影图片展"共展出伊乡风采、魅力风光、记住乡愁、休闲养生、非物质文化遗产和特色节庆等主题近百幅图片。来自全县的紫图生态庄园、东杨辛庄采摘基地、薰衣草庄园等十余家休闲农业企业参加了推介活动。为期两天的推介宣传活动，进行咨询和观看摄影图片展的北京市民及游客达2万余人，发放各种宣传材料及物品3万册（件）。

2. 搭建网络信息平台。一是在京东新城网上，通过对县内休闲旅游资源的宣传推介，推动全县休闲旅游业又好又快发展。二是在新浪、腾讯等知名网站开通了"大厂休闲旅游"官方微博，随时随地介绍大厂旅游资源和旅游动态。目前已发博文800余篇，拥有听众2 000余人。三是与网络旅游频道联姻，扩大宣传面。邀请河北新闻网旅游频道记者对大厂县的民族旅游资源进行宣传报道，通过采集图片、整理资料，全方位、多角度在河北新闻网首页和旅游频道首页刊发全县旅游线路和旅游攻略。

3. 借助平面宣传。先后制作了民族风情、行程风情、休闲度假、春游大厂及各涉农涉旅企业宣传彩页，全面宣传介绍大厂休闲旅游资源，推荐旅游攻略，规划旅游路线，为游客认知大厂、游玩大厂提供精确指南。组织人员在北京通州区及朝阳区等人流密集场所大范围、广维度发放，宣传推介大厂县旅游产品，印制宣传彩页8万张，并全部向大众发放。

4. 以活动为支点。多次组织企业开展多种形式的节庆活动，以"春正好、花意浓"为主题的大厂紫图首届赏花节，拉开了大厂县全面打造全域旅游产业的盛大帷幕；举办的第二届"孔雀城杯"绿道单车游大厂活动，吸引了北京、天津、上海、西安等地千余人参加；在金秋采摘旺季，该县自筹资金8万元，开展了以"庆丰收，品农家、赏风光"为主题的大厂秋季旅游系列活动，活动期间，共推出以文化体验、生态观光、农事体验、户外运动为主题的10项休闲项目，发放优惠券1万余张，游客数量和旅游收入与往年同期相比均有较大幅度的提升。

四、制约休闲农业发展的主要问题及成因

（一）**建设用地的制约。** 由于大厂县土地面积小，可用于建设休闲农业项目的一般农田面积不大，在一定程度上制约的项目的规模和建设。

（二）**缺少资金支持。** 通过调查了解，很多企业和农民有投资休闲农业的欲望，但大多因为缺少资金而导致发展缓慢，缺乏政府的政策和资金扶持，缺乏宏观指导，只停留在低层次的发展阶段，巨大潜力远未开发出来。全县还未形成鼓励发展休闲农业所需要的资金和一系列配套扶持政策，如投资开发政策、信贷政策、经济扶持政策等。

（三）**功能配套不全。** 大厂县在接待游客的硬件设施、景点建设、环境打造等总体上还相对较差，配套不齐。

（四）**发展层次较低。** 大多数经营乡村旅游的农家乐、餐馆、旅店规模较小、档次较低，缺乏特色且大部分经营户都是个体经营，不能很好地满足游客吃、住、行、游、购、娱等多方面的需要。

（五）**缺乏政策保障。** 休闲农业的发展横跨农业、旅游业、服务业等多个领域，其经营管理涉及农业、旅游、工商、环保、质检以及土地等多个部门，导致政府对休闲农业的管理陷入僵局。

五、加快县域休闲农业发展的几点建议

（一）**以建设田园小镇为重点，发展乡村旅游业。** 按照"一乡一景""一村一品""一家一特"的乡村旅游模式，大厂县大力发展乡村度假旅游服务项目，重点打造陈府田园小镇——"京东最美丽乡村"、半边店潮白风光——"观潮白风光、品洼子西瓜"等乡村旅游点建设。鼓励引导农户利用乡村风光、乡土风情、民间文化艺术、现代设施农业，积极发展农业观光、休闲度假、民俗体验等旅游新业态。指导陈府农家乐完善基础设施，

增加体验性、参与性、互动性、消费性的休闲项目，提高游客接待能力和水平；以美丽乡村旅游环线为中心，加快设施蔬菜、果品的采摘园建设；指导祁各庄半边店村加强河岸及村容村貌建设，利用良好的区位优势和丰富的旅游资源，带动潮白河沿岸洼子、宋各庄、半边店、祁各庄等村大棚西瓜采摘园发展。

（二）**集聚产业优势，实现一二三产业有效融合。**将园区内多家企业资源进行有效整合，通过政府支持，实现基地生产平台、加工贮藏平台，农业互联网销售平台、冷链物流配送平台的搭建。通过建设农产品初加工车间，对生鲜农产品做初加工处理，配备冷链物流装置，便于产品保鲜、快速的送达消费者手中，同时开发蔬菜电商销售信息平台建设，利用园区内现有的蔬菜生产基地，在移动互联网平台上注册蔬菜电商，用于网上销售自己的产品，从而构建新型的互联网营销网络。形成长期稳定的农产品购销关系和合理的购销价格，以一产为主的传统农业发展方式将得到彻底转变，形成一二三产业相互促进，协调发展的产业结构。

（三）**抓好上下联动，创建休闲农业品牌。**围绕建成"京东民族休闲养生慢谷"的总体要求，立足打造"京城脚下的民族风"的品牌，一要加强星级企业的创建。按照省环保站《关于组织开展休闲农业星级创建工作的通知》（冀农环[2016]23号）文件精神要求。切实做好园区内省级休闲农业星级创建企业（园区）动员工作，严格按照创建要求，鼓励符合条件的企业积极申报。二要加强创建力度，加快重点项目建设，跟进北方国际万果园、田园牧歌玫瑰农庄、美丽乡村旅游环线、沁心农业园、陇上农庄、聚沅农家院等后续项目的建设。三要打造农家乐旅游，让"吃在农家、住在农家、娱在农家"模式逐步成为大厂休闲农业的重要支撑和农民致富的重要产业。

大城县休闲农业实践与探讨

大城县植保站 付艳华 田雨萌

一、大城县休闲农业发展分析

（一）基本条件分析

1. 地理位置。大城县地处河北省东中部，毗邻京津，东南面和西面与沧州市连接，空间上已融入"一小时入京，半小时下卫"的环京津冀经济圈，区位条件优越。

2. 自然资源。大城县河流资源、农业资源较为突出，利于开展乡村旅游和休闲农业游。子牙河发源于山西，入河北境内经献县东北蜿蜒流经大城县，是大城、静海两县的界河，传说这里是当年姜太公钓鱼的地方。

3. 历史文化。大城县红木文化源远流长，在漫长的历史发展过程中，大城红木大集已成为集瓷器、青铜器、字画、杂项于一体的收购、交易、鉴赏、交流专业市场。

（二）政府政策支持。
近几年，大城县出台一系列政策文件支持休闲农业发展，大力实施农业产业结构调整，着力扶持专业大户，加强农业基础设施建设，提高农业科技含量等方面取得了初步成效。这为休闲农业的发展提供客观性、技术性指导依据，大城县休闲农业在经过自筹资金、合资入股、争取财政、等不同途径的建设，已形成部分规模。

二、大城县休闲农业发展现状及下一步发展思路

（一）发展现状。
大城县休闲农业建设在近几年有很大的发展，在农、林、牧、渔各业科学组合的基础上，各种模式物尽其用。其中发展较好的6个示范园区分别是：位于旺村镇祖寺村的"鑫汇生态旅游观光园"是大城县鑫汇农业开发有限公司投资开发的集生态餐饮、会议中心、温泉别墅、休闲度假、农业观光、荷塘垂钓、果蔬采摘、水上乐园为一体的生态旅游观光园，占地500亩，现已基本完成生态餐饮、荷塘垂钓、平原森林观光等内容建设；大城县九间房葫芦工艺观光园占地面积650亩，主要特色是艺术葫芦观赏，种植的葫芦品种齐全，花样繁多，质地颜色美观，有福禄齐全、吉祥、幸福美满的深远含义；"惠农枣业农民专业合作社"是千亩枣农联合建设，位于权村镇后李各庄村，占地面积1 100亩，建设生态休闲娱乐区，该园区倡导绿色食品健康养生、生态环境和运动的理念。现已建设完成果品采摘区、山野菜种植区、野味养殖区；臧屯乡野固献500亩"设施蔬菜标准示范园"，通过建设育苗基地，研发、引进、试验、示范、推广国内外高新品种、创新技术，推广标准化生产技术，建立健全质量安全体系，加强生产监管，全

部产品实现品牌销售，打造无公害蔬菜产业园区。依托森林绿化，打造集休闲观光、特色养殖、野菜采摘等休闲区。在此基础上进一步拓展餐饮、住宿、休闲观光、采摘等休闲度假区；由大城县农友果蔬种植农民专业合作社开发引资的"大城县长芦疃千亩塑料大棚无公害优质葡萄种植园"工程占地面积1 000亩，项目建成实施后通过优质葡萄采摘、赏玩、品牌销售等实现现代农业、特色农业的有机结合，打造了具有生态特色的高效农业新亮点，实现农业增效，农民增收。大城县丰源开心农场采摘园以百果园为依托，集生态餐饮、农业观光、果蔬采摘、娱乐休闲为一体，主要景点有：农家餐饮区、真人CS野战营、果品采摘、养殖观赏区、野菜采收区、垂钓休闲区等。

（二）发展过程中存在的问题。大城县休闲农业虽然在一定时间内得到发展，但相比较来看暴露出很多实际问题，存在着硬件设施、较件实力上散、小、弱的缺点，多数园区发展滞后。分析其原因总结为以下几点：一是大城县休闲农业起步较晚，并且多为自主经营的种植采摘园、垂钓园方式的休闲园区，由于部分园区后期建设资金跟不上，又没有外来资金扶持，致使部分园区建设断链或发展停足的现状。二是由于大城县地处廊坊最南沿，虽然交通发达，但由于多数园区的餐饮、住宿设施不完备，距离稍远地区的游客没有得到很好的开发。大多数游客只是周边县市的散客。

（三）下一步发展思路。积极争取扶持资金，为大城县休闲农业发展助力。通过农业示范区的带动作用，辐射全县农业规模化生产，提高全县的农业经济效益，现将工作思路总结如下：

第一阶段，以鑫汇生态旅游观光园、惠农枣业合作社生态度假村这些已初具规模的园区为重点，完善基础功能，加大扶持力度，发挥其示范带动作用。在布局上建设从蔬菜到林果、特种畜禽等专业化生产基地，树立样板。带动全县休闲农业发展，同时深化农业内部结构调整，强化引导，为农业整体发展打下基础。

第二阶段，重点引导规划区内农户进行特色蔬菜、本土果木、林间畜禽养殖等规模化生产，加大农业投入，农业生态环境及基础设施条件得到改善。旅游资源开发力度加大，农业发展和观光旅游发展相结合，观光休闲农业形成轮廓。

第三阶段，规划区内直接用于传统农业生产的农用土地减少，农业生产与休闲观光结合得更加紧密，农民收入实现单纯以农业为主到以农业产业化经营为主，休闲观光收入为辅的根本性转变。通过休闲农业发展，增加当地就业，推动农民增收，并持续推动农业产业化发展。

科学编制休闲农业发展规划，准确定位休闲农业发展方向、目标和任务，有序推进休闲农业发展。引导休闲农业企业参加休闲农业与乡村旅游示范点与星级企业的创建。积极发掘、推荐旅游线路，融入大城县其他特色，如传统驴肉火烧、宫庭窝头等特色餐饮；红木特色产业园等穿内容穿插到休闲农业旅游线路中来，助推休闲农业宣传推介。

三、大城县休闲农业发展规划

大城县诚信旅游农业观光园位于权村镇大高庄子村，是大城县下一步规划建设的以石磨坊、榨油坊、核桃深加工生产线、立体大棚、果农间作为主要内容的大型农业旅游观光园，占地面积1 816亩，项目计划总投资3 100万元。

大城县休闲农业虽然起步较晚，但坚持合理规划、因地制宜的原则，发挥毗邻天津的地域优势，大力发展对接的京津的环天津休闲农业园区，坚持经济、社会、生态效益相统一的原则。以市场为导向，以科技为动力，以经济效益为中心，注重提高休闲农业现代化水平和服务档次，逐步形成休闲农业与自然资源景观、历史人文景观融为一体的具有大城特色的休闲农业发展格局，不断促进大城县休闲农业升级转化。

（一）加强组织领导，精心组织实施。休闲农业建设是农业发展上的重大战略调整，根据市文件精神，为切实把该项工作抓好，特成立由农业局主管局长负责人为成员的休闲农业发展领导小组，在因地制宜的基础上，统一规划，选准各个阶段的工作重点和难点，并制定切实可行的实施方案，分步实施。

（二）强化政策引导，调整优化结构。本着突出大城县金丝小枣采摘特色，围绕鑫汇生态观光园为龙头，坚持因地制宜、连片开发的原则，有计划、有步骤地建设休闲农业基地。坚持以市场为导向，引导千家万户的农户积极参与，选择市场容量大、竞争力强、经济效益好的产品，重点发展瓜果采摘和农家院旅游。

（三）多渠道筹集资金，改善基础服务设施条件。休闲农业建设资金投入是关键。积极鼓励大城籍企业家回乡投资休闲农业，并利用在京津的人脉关系吸引京津游客来大城消费观光休闲农业，引导社会各方资金参与，形成政府投入为引导，企业投入为主体，社会各方投入为补充的多元化农业投入体系，重点抓好农田水利基本建设和交通设施的改善等。

（四）健全农业社会化服务体系，提高农业科技水平。观光农业是高科技的特色农业，没有先进农业技术武装和掌握先进技术的人来管理是难以建成的。因此，要依托农技推广部门建立农业科技服务体系，充分发挥专业协会的作用，加快实用农业技术和高新技术的推广，加大对科技人员、村干部和专业大户的培训力度，辐射带动广大农民科技水平的提高。

（五）改善农业发展的软环境，增强招商引资的吸引力。大城县的休闲农业园区建设中要包装一批精品项目，积极开展招商引资，按照"谁投资、谁管理、谁受益"的原则，采用合资、独资、参股、出售、转让、租赁等方式吸引内外资金开发大城县农业资源。强化对引资项目的跟踪落实，提高服务质量和办事效率，以旅游开发带动观光农业规模化，以观光农业规模化促进农业资源的开发。

大力发展休闲农业　创建生态美丽饶阳

饶阳县农林局　苑峰会　李艳梅　任号岩

随着生活水平的提高，人们对休闲与健康之间的关系更加重视。农村天地广阔，空气新鲜，自然环境优美，农村野趣浓厚，绿色食品多样，农事活动新奇，乡土文化丰富，是一种别具情趣的享受，具有极大的吸引力，并成为人们外出休闲旅游的理想选择。发展休闲农业，对于转变农业发展方式，促进农民就业增收，推进新农村建设，统筹城乡发展，满足城乡居民日益增长的休闲消费需求具有重要的意义。

一、发展背景

充分利用饶阳县独特的自然文化资源和京津冀协同发展的机遇，以促进农业增效、农民增收和农业可持续发展为核心，将休闲农业与现代农业、生态环境保护、美丽乡村、农业产业化建设融为一体、协调发展、共同推进，加快构建完善的农业特色产业发展体系和政策扶持、公共服务、宣传推介、资金支持等支持保障体系，加强规范化建设，加快品牌培育，推进休闲农业健康有序发展。

二、主要工作

为加快饶阳县休闲农业发展和体系的建设，我们周密部署、狠抓落实，建成开放了一批休闲农业园、观光采摘园，积极开展省级休闲农业示范点等创建活动，休闲农业工作取得了一定的成绩：

（一）**产业规模日益壮大**。至2016年，全县共有3个休闲农业园，1个休闲农业采摘园，1个省级休闲农业示范点。据不完全统计，2016年饶阳县休闲农业接待达7万人次，营业收入达800万元。

（二）**产品类型日益丰富**。形成农产品采摘、休闲养生、旅游互补、都市科普等富有乡村特色的休闲农业发展模式，融入真人CS、特色果蔬采摘、休闲垂钓、烧烤露营、高端智慧农业等现代休闲内容，涵盖农家乐、生态村、农业园区、休闲度假村等多主题、多类型、多业态，文化品位和档次不断提升，产业内涵不断丰富。

（三）**精品不断增多**。以示范创建为抓手，创建了河北省三星级休闲农业园2个，河北省四星级的休闲农业园2个，省四星级休闲农业采摘园1个，国家四星级休闲农业园1个，2016年，由河北省农业厅开展的省级休闲农业示范县、示范点创建活动中，饶阳县衡水众悦农业科技股份有限公司荣获河北省休闲农业示范点称号。

（四）示范带动成效显著。以农村田园景观、农业生产基地和特色农产品为载体，通过生态休闲游，展现农业技术，带动农业新技术、新品种推广和产业发展，从而涌现出一批优势特色的生态农业示范点。

如：衡水众悦农业科技股份有限公司2016年发挥区位优势转型升级，建造完善了一系列的娱乐休闲、亲子娱乐、军事体验、现代农业科普教育、商务会议等配套设施，使土地变废为宝，发展生态循环经济，带动当地农民发展林下养殖和绿色、果蔬种植，带动了周边经济发展，改善了居民的生活环境，促进了生态文明城市建设。2016年众悦公司接待游客8 000人次，营业收入达200万元，示范带动农户2 000户；河北冠志农业科技有限公司以打造"高端智慧农业示范园"为目标，坚持因地制宜、突出特色。新建12 000平方米高端玻璃智能温室一座，共设有育种育苗区、新品种展示区、花卉区和成果交流中心四个区域。新建滑草滑雪运动场所，冬季体验滑雪，春、夏、秋可以体验滑草，是一项四季皆可的户外运动。据初步统计，2016年以来该公司已接待游客2万人次，营业收入达300万元，示范带动农户110户。

三、发展思路

（一）坚持政府引导。加强休闲农业发展的政策和资金扶持政策完善是根本，发展休闲农业需要政府的统筹协调和引导扶持，适当给予税收、信贷等方面的优惠，为发展休闲农业提供最大力度的政策支持。

（二）加强基础设施建设，提升档次。结合美丽乡村建设，引导各类休闲农业企业和乡镇村推进庭院改造、污水处理，加强客房、厨房、厕所等配套设施建设，树立循环生态理念，积极推行标准化生产和服务，增加娱乐设施、特色美食，丰富和提高园区休闲项目的档次。

（三）提高经营管理水平，规范行业管理。各企业园区积极参与农业部、省市组织的休闲农业培训会议，加强对休闲农业经营管理人员农业技术、食品卫生、旅游文化、旅游安全、接待礼仪、餐饮和客房服务等方面的专业技能。引导休闲农业经营管理者更新发展观念，结合实际，创新服务理念和方式，不断提高经营服务质量和管理水平。开展农业生态环境与休闲农业技术培训、宣传、经验交流，推进农业和农村经济的可持续发展。

（四）培育特色品牌。要突出休闲农业特色，以自然生态、田园文化、农耕文明、民俗传统和乡土特色为基础，以休闲农庄、科技园区、采摘体验、观光游乐、农耕文化、市民农园、游船垂钓等模式为重点，培育叫得响、传得开、留得住的休闲农业知名品牌。园区和企业着力在推动转型发展、提升品牌影响力、完善公共服务体系、促进与信息购物医疗养老等相关产业融合等方面下功夫，提升休闲农业行业整体水平。

（五）加强宣传推介。采取切实措施，充分利用各类展会，宣传推介休闲农业项目，精心策划和举办各类推介会、博览会、农事节庆活动等活动，利用新闻媒体宣传休闲农业的好经验、好典型、好做法，营造全社会关心支持休闲农业发展的氛围，提高知名度，引导公众休闲消费。支持旅行社、网络销售平台等企业开展专业的休闲农业市场销售和网络促销，拓宽销售渠道。

定州市休闲农业发展状况与对策

定州市农业局　王彦平

一、定州市发展休闲观光农业的比较优势

河北省定州市位于华北平原地区，土地资源丰富，土壤肥沃，光热条件充足，农业机械化水平较高，灌溉方便，是传统的粮食、油料等农产品种植区；交通便利，人口众多，拥有较为深厚且多元的历史文化。具有发展休闲观光农业的巨大潜力。

（一）**自然条件**。定州市位于太行山东侧，华北平原西侧，地势平坦，由西北向东南稍微倾斜。耕地面积广，土壤肥沃，土层深厚，适合不同种类动植物的生存。气候属于暖温带半湿润大陆性季风气候，由于处于平原地区，因此定州市气候分布均匀，表现出春季干燥多风，夏季炎热多雨，降水集中，秋高气爽，冬季寒冷干燥，四季分明的特点。气温状况有助于土壤熟化和肥料分解，因此有利于不同环境下各类植物的生长。可以说为休闲农业的建设与发展提供了良好的自然基础。

（二）**经济条件**。定州市以小麦、蔬菜和畜牧养殖为优势产业，是国家级现代农业示范区和国家农业科技园区、全国粮食生产大县、全国无公害农产品生产示范县。定州市农业综合生产能力及人均粮食占有量和贡献量等多项指标都位居河北省前列，同时农产品加工优势明显，拥有花生油、面粉、甘薯粉条、饲料及葡萄酒等各类农产品加工企业。农业发展的强大实力为休闲农业的发展创造了良好环境及扎实的经济基础。

（三）**旅游条件**。旅游休闲是旅游资源、有旅游意愿和能力的人群及适当的交通条件三方面共同推动的结果。旅游市场的繁荣为休闲农业的发展提供了广阔的空间（毛帅，宋阳，2015）。定州市历史悠久，底蕴深厚，首先拥有丰富的旅游文化资源，定州开元寺塔是现存世界上最高的砖木结构古塔，拥有近1 000年的历史；定州贡院则始建于1738年，是现存唯一保存完好的州属贡院……在充分挖掘本地区文化旅游资源的基础上，定州市还规划以乡村旅游推动旅游产业升级。第二，定州市人口众多，2015年年末全市共有124.4万人，其中城镇人口56.37万人[*]。随着人们经济收入的增长，生活水平日益提高，吃饱穿暖的物质需求已经不再满足广大市民的需要，对于休闲旅游的需求正在不断上升。同时，定州市旅游业的快速发展也吸引着周边各县市的游客前来体验。第三，定州市位于平原地区，拥有非常便利的交通条件。京广铁路穿城而过，京广高铁和朔黄铁路分别位于城东和城南。城市周边围绕着曲港、京石、京珠和京昆数条高速公路，107国

---

* 数据来源：定州市2015年国民经济和社会发展统计公报，定州市人民政府。http://www.dzs.gov.cn/zfwz/Info/580010081.htm。

道由北向南绕城而过，省道定龙线贯穿东西、定魏线贯穿南北。因此定州市发展休闲农业拥有较为完备的旅游条件。

（四）文化条件。定州市作为中山古都，历史上曾是一方的政治、经济和文化中心，是中山文化的主要发源地。此外也曾作为郡府州治所，因此一方面保留了大量以城墙、寺、院、馆等古建筑为代表的物质文化，另一方面也流传下来许多历史典故、事件、神话传说等精神文化。同时，悠久的历史也使得市内各地区拥有各自的文化独特性，形成文化上总体一致但局部多元的生动局面。

尤其是开元寺塔、贡院、复原古州府等景点，每年吸引大量游客前来观光旅游，定州市旅游的人文景点带动了周边休闲农业的建设以及特色农产品的开发。为休闲农业的发展提供了较好的文化支撑。

二、定州市休闲观光农业发展的现状

定州市坚持"旅游兴市，打造特色"的发展战略，积极推进休闲农业的发展，休闲农业与乡村旅游业取得了较好成绩，发展特点主要体现在以下几个方面：

（一）**休闲农业规模日益壮大。**2016年全市休闲农业接待游客84万人次，现代农业结合休闲农业营业收入5 000多万元，带动1 000多户农民受益。

（二）**产品类型日益丰富。**各园区有的以现代农业发展为主，有机结合休闲农业发展；有的以休闲娱乐为主，与农产品采摘、休闲养生有机结合在一起，基本形成了绿色田园、生态观光、水上娱乐、休闲养生、产品互补、节庆休闲、文化欣赏等各具特色的休闲农业发展模式。

（三）**发展势头迅猛。**2012—2016年，全市平均每年认定1家国家级和河北省级休闲农业示范园，其中定州市黄家葡萄酒庄有限公司获河北省十佳休闲农业园区和全国5星级休闲农业示范园称号、定州市东胜生态园和河北德胜农林有限公司获全国3星级和河北省4星级休闲农业示范园称号、定州市富元农业科技有限公司获河北省4星级休闲农业示范园称号。特别是定州市黄家葡萄酒庄有限公司和定州市东胜生态园休闲农业发展较快，已逐步形成了集农业示范、生态环保、科学普及、民俗文化、旅游观光为一体的生态园。定州市农业园区发展速度提升如此之快的一个主要原因是定州市市民在经济水平不断提升过程之中，消费观念发生了非常大的转变，从原来的追求现代生活到现在的崇尚自然，这无疑给农业园区提供了良好的发展契机。

（四）**利用节庆文化举办活动。**各休闲农业园区充分利用不同季节的田园资源和节假日文化资源，举办了丰富多彩的活动来助推休闲产业的发展，如定州市黄家葡萄酒庄每年春天举办"梨花节"来满足游人的需求；七夕酒庄举办"七夕相亲大会"，为广大单身男女交友、脱单提供一个很好的平台；秋天是酒庄水果、葡萄、瓜果成熟的季节，20余种果蔬可供游人采摘和做参与性的体验活动。

（五）**开拓思路，发展好的农村休闲项目。**每个休闲农业园区的的发展，都有一个总体规划，围绕总体规划不断开发休闲旅游项目，丰富休闲农业的内容，让游客留得住，住得下。如定州市东胜生态园生态园景区分为现代科技农事体验区、游憩露营区、垂钓游泳区、特色服务区四大区域。园内提供的娱乐项目种类繁多、丰富多彩，有果蔬采摘园、智能温室大棚、沙滩游乐场、水上游乐园、激流勇进、鹿苑、人工山体、景观水系、垂钓园、天鹅湖、休闲中心综合体建筑（生态自助餐厅、热带植物温泉浴场、室内水上游乐场、会议健身会所、酒店客房）、室外大型综合游乐场（有旋转木马、海盗船、双人飞天、豪华波浪、摩天轮、疯狂老鼠、碰碰车等十余种项目）婚纱摄影基地等，充分满足客人吃、住、行、游、购、娱的旅游需求。生态园碧波荡漾，绿树成荫，农场环保，民风独特，是人们放松身心、寓教于乐、亲近自然的生态娱乐场所。

（六）结合主导产业发展。定州市休闲农业园区发展的最大特点就是依托于农业产业。在目前的4个园区中2个是以种植业、1个以农产品深加工业为支撑，同时结合休闲观光内容的开发来经营的。在打造农产品品牌的过程中，充分挖掘当地的人文历史、农耕文化，辅以优美的田园风光，用主导产业助推休闲家业发展，借休闲农业建设农产品品牌，使两者相辅相成，相得益彰。

（七）注重创意设计，促进文化传承。各园区非常重视农村文化资源挖掘，强化农业产品、农事景观、环保包装、乡土文化和休闲农业经营场所的创意设计。开发具有地方特色的休闲产品，推进农业与文化、科技、生态、旅游的融合，提高农产品附加值。按照传承与创新相结合的理念，发展具有文化内涵的休闲乡村，促进乡土民俗文化的推广、保护和延续。

（八）注重素质提升，促进提档升级。部分园区已将休闲农业讲解员、导览员纳入职业技能培训体系，逐步推进持证上岗制度。树立以为人为本的理念，引进设计、创意策划和市场营销人才为园区所用。农业经营场所的道路、水电、通讯、安全防护等基础设施建设完善，路标指示牌、停车场、游客接待中心、公共卫生间、垃圾污水无害化处理等辅助设施齐全。因地制宜兴建了特色餐饮、住宿、购物、娱乐等配套服务设施，能充分满足消费者多样化需求。

三、存在的问题

虽然定州市休闲农业的发展取得了长足的进步和较大的发展，但是与全面深化改革，农业调结构、转方式的要求相比，仍然面临着一些问题和挑战。

（一）产业联接不到位。休闲农业的发展有赖于作为基础的农业的发展（陈俊红，王尚德，肖宇波，2015）。目前定州市休闲农业企业的一个问题是农业产业化发展的水平不高，特点不明显，一二三产业融合度不够。部分企业要么农产品加工及农业服务不到位，农产品在走向市场前的加工环节少，链条短；要么过度重视休闲旅游业的发展而忽略了作为基础的第一产业，农产品品质所包含的技术含量不高，甚至农产品种植的基础还未牢固就盲目开展休闲旅游业务。

（二）本土特色不明显。尽管部分企业已经打响了所生产的农产品的品牌，但总体上来仍然存在休闲农业本土特色不明显的问题。首先，部分休闲农业企业并未着眼于本地区所拥有的农业基础，而是选择开发和推广不符合本地区生态环境条件的作物，由此造成生产、维护成本居高不下的问题，使得休闲农业运营压力大，进而影响了之后的进一步发展。其次，部分企业在运营过程中存在盲目开发，设计雷同，定位不明确的问题，未能充分利用本地区现有的历史文化资源，从而使得农产品千篇一律，没有特色，导致农产品及园区活动对游客吸引力不够。

（三）技术力量不强。由于利益驱动、知识型管理型人才欠缺以及缺乏优惠配套政策等原因，目前，定州市休闲农业的发展还存在技术力量薄弱的问题，不适应现代农业发展的要求。比如园区大量雇佣当地农民，不但缺少对他们的技术性指导，各园区的科学技术团队力量较为薄弱，而且还影响到了园区新品种培育、产品研发等任务目标的完成。由此，企业组织目标和任务不能有效完成，管理和运营成本也比较高。

四、发展休闲观光农业的思路和建议

我们应该积极面对、认真对待、谨慎处理休闲农业发展过程中出现的问题，通过现代农业的不断建设克服困难和解决问题。以下提出进一步发展休闲观光农业的几点思路和建议。

（一）因地制宜，科学规划。国务院提出"开展各具特色的农业观光和体验性旅游活动，在妥善保护自然生态、原居环境和历史文化遗存的前提下，合理利用民族村寨、古村古镇，建设特色景观旅游村镇，规范发展'农家乐'、休闲农庄等旅游产品"[*]。可以看出，发展休闲农业首先要在遵循自然规律的前提下因地制宜，充分利用本地区拥有的自然资源禀赋。

定州市气候四季分明，地势平坦，土壤肥沃，适宜种养的动植物类型繁多，具有发展休闲农业的自然优势条件。在这样的条件下，不能为了经营休闲农业而刻意开辟新资源，种养新的动植物，否则就有可能面临为了维持经营而花大成本引进资源的局面。要发展休闲农业，必须因地制宜，科学规划。

（二）注重文化挖掘，形成本土特色。休闲农业多要打造自身的独特性，才能吸引游客前来。应该鼓励企业或园区加强开发建设的整体规划与科学论证，通过发掘本地区的特色产品，减少设计上的随意性与雷同性。同时要加强农产品的加工能力，延长农产品走向市场的加工链条，打造具有自身特色的品牌产品，加强休闲过程的趣味性、知识性和参与性，避免休闲农业仅仅停留在观赏或采摘层面。

另一方面，休闲农业的建设要与本地区的文化传统相联系，有研究者认为利用文化创意的方法将文学、艺术、历史等意涵纳入园区的建设以及产品的推广中能够有效地提升休闲农业园区的品味与特点（刘艳琴，周发明，2013），如将休闲项目与本地的历史典故或神话传说相联系，这些文化创意带给休闲农业以与众不同的体验，使游客在游玩的过程中既娱悦了身心，又陶冶了性情。

（三）注重特色，农旅结合。从休闲农业的定义看，其以"三农"为基础（范水生，朱朝枝，2011），立足于农村社会、农民生活以及农业生产。农产品的生产既为休闲农业提供了相应的景观，也为其休闲娱乐活动提供了对象，脱离开农产品生产，休闲农业的

---

* 国发〔2009〕41号文件《国务院关于加快发展旅游业的意见》。

基础就变得极不稳定。因此，第三产业的休闲娱乐要与第一产业的农业生产以及第二产业的农产品加工相结合。作为第一产业的农产品生产为休闲农业的发展提供了基础条件，因此应该鼓励企业在种养方面打造自身的特色产品，创造品牌效应，在此基础上推动休闲旅游活动的开展。

（四）**政府引导，加强管理**。发展休闲农业要依靠农民与企业的自主性，要依靠市场，同时由于其投入大、风险高的特点，也离不开政府的支持与扶持。自20世纪90年代以来，我国农业与旅游业之间的产业融合在政府的主导下已经有了一定的发展（陈俊红，王尚德，肖宇波，2015）。政府要对休闲农业进行引导，对符合条件的企业进行资金上的补助，同时制定对相关企业在税收、工商、食品、卫生以及安全等方面完善休闲农业产业的配套政策。此外还可以加大对本地区休闲农业的宣传力度。另一方面要避免由于农民或企业盲目投资而造成的休闲农业开发建设中的随意性，合理调整休闲农业布局，避免造成农业旅游资源的闲置或浪费。适时建立多部门统一协调管理的机制，使休闲农业的发展真正进入有准备、有步骤的状态中，为休闲农业的发展创造必要条件。

（五）**规范发展，强化宣传**。在政府加强引导和管理的同时，企业也要加强自身的管理能力，提升竞争力。有研究者提出休闲农业自身缺乏动力改善组织结构，带来了交易成本高和应对风险能力低的问题（刘红瑞，安岩，霍学喜，2015）。因此经营者需要在农业转型的过程中学习现代企业的经营管理知识，学习与市场打交道，在市场竞争中谋求一席之地的能力。然而早期的一批经营者大多是本乡本土的农民，依靠本地旅游文化景点做起休闲农业。因此这样的休闲农业企业亟待实现管理和经营能力上的提升。需要鼓励从业者提高综合素质，是休闲农业进入正规发展的快车道。另一方面，提升自己能力的同时也要加强品牌的推广，建立多层次多目标的市场营销制度，通过积极参与各地的交流会以及利用节庆举办活动来进行宣传。只有在加强自身能力建设，同时又与消费者不断互动的情况下才能真正实现休闲农业发展。

独具匠心　打造平原特色小镇

定州市农业局　王彦平

当前北方平原地区休闲农业的发展还主要停留在休闲农业园区、垂钓园、采摘园、农事体验等低端模式，只是围绕在一个村子的一部分土地上做文章，这从本质上限制了休闲农业的发展潜力和吸引力。那么，地处平原地区，没有山区的天然休闲观光资源，如何打造特色小镇呢，大体上应该从以下三个方面入手。

一、文化挖掘先行，形成特色小镇的发展思路

每一个村落、小镇都有他独特的文化传承、文化资源，这种文化具有唯一性，把这些文化资源进行深入挖掘，从历史、人文、产品等方面形成一个文化体系，用不同的"物"承载，形成不同的景点，这样的景点、设施和建筑由于他所承载的文化而具有唯一性，从而形成独具特色的景区。

挖掘文化内涵，不能只局限于挖掘农业文化，至少要与当地的地域文化挖掘相结合，平原地区农业文化源远流长，地域文化十分丰富，古老的传说、先人的典故、奇闻异事、语言文化、着装打扮、农耕文化等独特的生产生活习俗随处可见，只要我们发扬工匠精神、细致、深入挖掘，就能打造出具有鲜明文化特征的休闲农业产品。

（一）就地取材，挖掘田园文化。田园文化是休闲农业蕴含的最普遍的文化形式，它主要是通过开辟特色果园、菜园、花圃、鱼池等，让游客在摘果、拔菜、采茶、赏花、垂钓中，享尽田园乐趣。还可以充分与现代农业有机的结合起来，增加无土栽培、立体栽培、计算机管理与智能化控制等现代农业科技项目，让游客了解现代农业新技术、新工艺、新设备。同时，也可在景区里恢复几近绝迹的水车、水磨、石碾、筒车、织布机、风车、斗笠、蓑衣等，以此来激发游客"采菊东篱下，悠然见南山"的乡村情怀。

（二）相得益彰，突出建筑文化。建筑物可以直接表现地方文化和行业文化的外在特征，比如乡村民居常见的堂屋、天井结构，就体现了家庭和家族精神，是中华民族家庭文化的典型代表；以葡萄酒生产为主业的观光园建筑要与葡萄酒文化有机的结合起来，大多是欧式风格。休闲农业项目的建筑应该在保持传统风貌和行业特点的基础上，充分将遗留的古建筑进行修补和恢复，配合现代建筑来体现当地农村的发展和不同行业的建筑艺术，组织开展观光、怀古、体验等休闲旅游活动，为游人观赏、摄影等提供理想的场所，从而增添人气、抢得商机，取得巨大的文化效应和经济效益。

（三）点石成金，开发物产文化。任何一种商品只要融入民俗文化，变成了蕴含文化要素的商品，就会产生超值现象。可以整理出一批民俗文化渗透进相关产品，提供富

有浓郁地方特色的农产品、民间服饰、工艺美术品等供游客选择。注入了文化要素的产品具有投入少、见效快，经济效益明显，竞争力强等特点。比如河北的"刘伶醉酒"正是蕴含了刘伶醉酒的故事，这样有故事的"酒"自然会比没故事的"酒"更受顾客青睐。另外，还要善于做长产业链，以求利润最大化。这样才能有效开发利用农业资源，优化农业产业结构，扩大农产品的销售，促进农民增收。

（四）去伪存真，浓缩民俗文化。农作方式、生活习惯、趣闻传说、乡村节庆等都是乡村历史的沉淀，有着浓厚的文化底蕴，丰富的民间音乐、舞蹈、楹联、曲艺、杂技等，都是开发民俗产品的良好基础。在适当创新的前提下，组织开展一些能尽可能体现当地民风民俗的活动，提供具有地方特色的礼仪、竞技、游艺等服务内容，把民俗民风融入田园风情，注重观念和感情的沟通与体验，从而大大提高休闲农业的亲和力，休闲农业才不至流于浅层次的观光游览，而更偏重于表象下文化底蕴的体验，为游人提供清新自然的民俗风尚，让游客领略博大精深、奥妙无穷的民间文化的独特魅力。

（五）见微知著，寻求历史文化。每个地域在几千年的历史发展中都有着丰富的历史典故和历史名人，将这些典故的历史背景和发生过程、历史名人的生平事迹以记实或传说的形式描绘出来，体现休闲农业的历史文化。如河北定州市黄家葡萄酒庄把园区建设与晏阳初在定州翟城村进行平民教育关联起来，将园区内的"黄家疙瘩"与古代传说中黄帝与蚩尤大战的历史传说结合起来，在很大程度提高了景点的吸引力和趣味性。

二、依托当地资源，打造一二产业品牌为支柱

平原地区单位土地成本高，没有天然的山水风景资源可依托，不适宜大搞人工景点建设，尤其是山水风景，由于北方平原地区水资源紧缺，山水风景投资巨大、维护费用高，往往会让投资者难以维持。但平原地区物产丰富，交通便利，一二产业发达，依托当地资源，做大做强一二产业，经过对产品生产过程中每一个环节精雕细刻，打造高品质一二产业品牌，用品牌形象来吸引游客，做为小镇的主要赢利点，是增加当地农业提效增收的最佳选择。打造品牌应从以下几方面着手：

（一）发扬工匠精神，练好内功。经营主体对生产的产品要精益求精，把产品当做一件工艺品来雕琢，不能只停留在表面宣传上，要对产品生产的每一个环节进行严格要求，力求达到最好，使产品方方面面的品质要"称得起、叫得响"才行。农产品大多为食用农产品，应从食用品质、安全品质、外观品质、贮运品质四方面下力度提升产品质量。食用品质。食用农产品就是用来吃的，因此食用品质占第一位，如果一个产品很好看、很安全，就是不好吃，那这个产品也只是让人吃一次，就会形成一锤子买卖，不能长久。如何生产出好吃的产品，不同种类的产品要求不一样，比如蕃茄，由于传统农业追求高产量，大量化肥、农药、激素的使用，许多消费者反映没有几十年前的蕃茄味了，如何通过轮作、增施有机肥、控施化学投入品、蜜蜂授粉、适当旱作、控产等一系列提高食用品质的措施恢复几十年前的品味，甚至口味更好；安全品质是占第二位的，伴随经济的增长，消费者健康意识逐渐增强，吃的健康越来越受到重视，通过质量认证来证明产品安全品质，并且实实在在的按质量认证要求操作，经营主体的生产过程本身就会成为

一个宣传过程，长期坚持按要求生产和适当宣传，让消费者了解到你的产品是在高标准要求下生产出来的，你的产品品牌离成功也就不远了；外观品质占第三位，通过调整光照、整形疏果、分级筛选等措施让你的产品整齐划一、赏心悦目；贮运品质对产品的销售会产生很大影响，通过品种选择、采摘期控制、合适的包装、冷链系统等措施尽量让你的产品贮运期延长，便于携带和运输。达到上述四方面的品质，内功基本上就达到了一定的高度，你的产品就能达到"酒香不怕巷子深"的效果，坚持下去消费者就会闻香而来，产业也就奠定了健康发展的基础。

（二）规模化是前提。目前经营主体主要是生产贸易型的，还不是品牌营销型的。第一，许多经营主体有一定的规模，有一定的组织，还需要在产品品质外在化、标准化和品牌化上提升，着力提升品牌的溢价能力。第二，要摆脱或改变小农经济的提篮小卖形式，必须组织起来，形成集聚效应，否则，没有力量打造品牌。第三，政府的重视、政府的观念改变和观念更新非常重要。由政府根据当地农业资源，创建农产品区域公用品牌，除此之外还要有协会牵头，企业支持，全员观念的更新，从而找到适合自己的方法。比如望都的"辣椒"、安国的"药材"，这些年发展势头非常好。第四，打造农业品牌的前提条件是，农产品的生产和经营必须上一定的规模，有赖于土地等经营要素向少数人手里集中。现在这个条件越来越具备，农村务工人员减少，土地流转制度向市场化转变，工业化大企业看好农业投资，都促进着品牌农业进程加速。

（三）合适的品牌战略。做品牌不等于大投入的广告传播，低成本做品牌有许多。第一，产品是品牌的第一载体，产品品质要过硬，最好要独特，而且要始终如一。第二，在销售市场上，要集中力量开辟自己的战略根据地，不要到处开花，要集中相对小的区域形成口碑，口碑就是品牌。先聚焦资源，在一个区域市场取得优势地位，完善盈利模式，再逐步扩展。第三，先做好一个有市场有差异化有地域特色的品类，集中力量做出品质，做出销量，使生产的过程、销售的过程、消费的过程成为产品宣传的过程。第四，品牌是产品与消费者及其相关利益者之间的关系。要保护消费者的利益，让消费者感觉到你的产品与他人产品的差异，从而突出产品的特点。第五，做品牌要善于挖掘产品文化，原产地环境、品种、工艺、历史、功能性等诸多因素都能成为产品的内涵，让消费者在消费产品的过程中同时消费产品文化，从而提升产品的价值。

（四）适度的产品包装。品牌包装广告化、品牌广告新闻化、品牌终端媒体化等，就是实现低成本打造农业品牌的智慧。我们很多的农业企业或农户不重视符号化建设、不重视包装体系建设，不重视销售终端的媒体化运用，所以，花了大钱，却做不成好品牌。包装首先要突出商标，商标是包装装潢中的主角，在产品包装、装潢上，应当突出商标的名称和图形，商标名称与产品名称应紧密结合起来，防止商标与产品名称脱离。应当刻意突出产品商标。任何时候、任何场合。都应当在包装装潢上突出产品的商标，特别是要突出商标的可以呼叫的部分—商标的名称。对于包装较小的产品，更应当注意突出商标的位置，增加商标在包装主要展示面上的比例。第二，包装与产品匹配。不同类产品按其内容物或性质的不同，包装的色泽可略有不同。这里所谓的"类"是指肉类、禽类、鱼类、果菜类等，起码可以分成荤、素两大类，分别以蓝、浅蓝、深蓝、绿、浅绿、黄、浅黄等，使其有个细微的区别，但色泽的差别不能太大（主色调基本一致），以保持这个牌子商品装潢风格和形象的相对一致性，以保证在商场里的"群体"效应。第三，注意发挥群体优势。"群体优势"指企业在某一领域里所经营的产品范围越广，产品线越长，越能让消费者在市场上看出某一产品群体背后的大企业的气势，越能在消费者心目中产生信赖感，从而在销售上发挥出有利因素。从市场角度讲，发挥产品的"群体优势"，是将企业和牌子"做大、做强"的重要条件；在农副产品销售中，同样需要注意发挥群体优势的问题。

三、发展休闲观光，实现一二三产业融合

文化主线有了，支撑地域发展的一二产业做起来了，下一步就要发展休闲农业，打造特色小镇。特色小镇就是农业＋地产＋文旅的综合发展模式。能过观光业吸引城镇居民有眼球，让游客在观光游玩的过程中了解当地文化和在这种文化下生产出来的产品，达到宣传当地文化和产品的目的，使一二产业与第三产业相互促进、相得益彰。

1. 打造特色小镇，要有景观吸引，用以吸引人流、提升土地价值的关键所在。依托观赏型农田、瓜果园，观赏苗木、花卉展示区，湿地风光区，水际风光区等等，使游人身临其境的感受田园风光和体会农业魅力。

2. 打造特色小镇，要有休闲聚集区，用以满足客源的各种求而创造的综合产品体系。可以包括农家风情建筑（如庄园别墅、小木屋、传统民居等）、乡村风情活动场所（特色商街、主题演艺广场等）、垂钓区等。休闲聚集区使游人能够深入农村特色的生活空间，体验乡村风情活动，享受休闲农业带来的乐趣。

3. 打造特色小镇，要充分利用农业生产区，把生产性主要功能部分充分利用起来，让游客认识农业生产全过程，在参与农事活动中充分体验农业生产的乐趣。同时还可以开展生态农业示范、农业科普教育示范、农业科技示范等项目。

4. 打造特色小镇，要有居住集中服务区，居住集中服务区是城镇化主要功能部分，是田特色小镇迈向城镇化结构的重要支撑。通过产业融合与产业聚集，形成人员聚集，形成人口相对集中居住，以此建设居住社区，构建了城镇化的核心基础。

5. 打造特色小镇，要有产业配套，用以技撑城镇化功能，服务于农业、休闲产业的金融、医疗、教育、商业等等，称为产业配套。而与此结合，服务与居住需求的居民，同样需要金融、医疗、教育、商业等等公共服务，由此，形成了产城一体化的公共配套网络。

6. 打造特色小镇，要抓住休闲农业的头，要有换位思考，注重差异化体验，让小镇园区有景观看头、有休闲玩头、有舒适住头、有产品买头、有美食吃头、有文化说头、有康养疗头、有交通行头、有知识学头、有历史由头、有夜色享头、有再来念头、有故事来头，有钞票赚头，有发展奔头，有后备箱装头，头头是道，头头抬头，才能打动游客的心，才能抓住休闲农业与乡村旅游的卖点、兴奋点和赢利点。

总之，打造特色小镇就是把小镇做为一件艺品来雕刻，用工匠精神来武装打造者，在文化、产业、休闲这三个大的环节进行精雕细琢，定好大的战略，深入到每一个细节，力求把每一个环节做到极至，做到最好，让游客感觉物有所值、收获满满，为游客提供最好的产品、优美的丰景、丰富的文化。

发展都市农业 推进新农村建设

三河市农业局 贾雪莉 张鼎 王红梅 周海涛 刘艳萍

一、都市农业的内涵、特征及现状

随着现代都市建设以及城乡一体化的不断发展，我国都市区域范围的农业发生了根本性的变化，出现了大量的"城中村"以及都市农业新现象。都市农业是实现新农村建设目标的一种有效手段。都市农业作为一种新型的农业形态，是伴随着城市化、工业化的高度发展和城市与乡村的进一步融合而产生的一种融农业的经济、生态、示范和社会等功能为一体的可持续发展农业。其实质是生产力发展到较高水平时，城乡之间差别逐步消失，农业同工业仅一步结合过程中的一种发达形态的农业。

都市农业特征：（1）都市农业是城乡边界模糊地区的农业。随着城市群的出现，大中小城市交错纵横，呈网络状，处于其中的农村无论交通、信息，还是能源利用方面，享有与城市相似的便利和集聚，从本质上讲很难与城市截然区别。（2）都市农业是高集约化农业，是资本、设施、科技高度密集，并在生产经营方式上高度企业化、规模化、市场化的农业。（3）都市农业是多功能农业，不仅有经济功能，而且还具有生态、文化、社会诸多方面的功能，这与为城市提供充足的副食品作为唯一功能的城郊农业完全不同。

现阶段，在我国都市农业发展比较全面。郊外生态防护林业、郊外食物农业、城市园林园艺农业、城郊旅游农业、市内楼宇农业、都市文化农业等具体经营领域，在我国都不同程度的得到了发展。我国的省会城市都建有郊外蔬菜生产基地，为市民提供了丰富的新鲜蔬菜，甚至为城市超市提供一定数量的有机农产食品。我国一些特大城市还建设了郊外生态防护林体系。基本上所有大城市都兴办了旅游农业，尤其是农家乐，几乎每个大城市都有。一些特大城市还发展了文化农业。

二、都市农业的功能

都市农业由于其特殊的地域性特征和产业特征，承担着城市与农村、人与自然、社会与经济和谐发展的多重功能，这是它与传统的城郊农业最显著的区别。都市农业只有从单一的生产功能向多功能转变，才能真正体现其"服务城市，依托城市"的本质特征。

（一）生产功能。现阶段在中国，以生产为主的经济功能仍是都市农业要为都市居民提供优质、安全、丰富的农副产品，满足不同层次的物质消费需求；另一方面，还要通过完善都市农业产业体系，提高农业生产效益，保证生产者和经营者有较高的稳定的收入。

（二）**生态功能**。以调节环境为主的生态功能是农业在都市地区不断被强化的重要功能。随着社会进步，人们对环境质量的要求不断提高。都市农业可利用其平衡生态、维护生物多样性、消除污染等功能为人们带来清新的空气、洁净的水质和优美的自然风光，建设城市绿洲，防止市区无限扩张，形成人与自然和谐共处的生态环境，使整个城市充满生机和活力。

（三）**生活功能**。以观光休闲为主的生活功能是都市农业特有的功能。通过开发农业旅游业提供优美舒适的休闲、采摘、游览场所，提高人们的生活质量，提高人们的休闲档次，满足人们高层次的精神需求，满足人们价值观念更新和回归自然的需求。

（四）**文化功能**。以文化传承和科技教育示范为主的文化功能是都市农业不可或缺的重要功能。通过打造都市农业乐园、科技园区，展示和传播传统的农业地域文化、先进的农业科技文化，使人们体验浓郁的农业文化和农村文化，这是一种不可替代和不可引进的特色文化。

（五）**示范创新功能**。充分发挥大都市科研院校密集的优势，积极开发引进优良品种好实施先进的栽培、养殖方法，使之成为边远农村的示范创新基地。

（六）**创汇功能**。通过外销名、优、特、新农副产品，与国际农业接轨，为国家创造外汇收入。

三、都市农业的发展措施

都市农业的发展在我国的城乡统筹发展中发挥着重要作用，应大力推动其发展，着重采取以下措施。

（一）**高起点制定都市农业发展的总体规划**。要将发展都市农业作为一项长期的系统工程来对待，结合城市经济发展战略的要求以及农村城市化的进程，制定都市农业发展的近期和中长期规划。规划要体现出前瞻性、创新性、实效性、科学性。在功能定位上，近期应深化都市农业的经济功能，逐步开发文化、教育功能，拓展生态功能，突出示范、辐射带动功能。在科学构筑空间布局上，强化城市生态用地、农业用地和城市发展用地的统一规划和管理，在保证现有的都市农业的各种形态正常运行的同时，在近郊、中郊和边远山区形成具有不同区域特色、不同功能定位、不同规模的都市农业区，从而构成点、线、面结合的立体格局。

（二）**加大农业科技创新力度**。将城市先进的科学技术进一步注入农业和乡镇企业，提高农业和乡镇企业的科技创新能力。在科技体制上，应改变过去那种条块分割、多头管理、机构重复、力量分散的状况，按"科技与市场经济"结合的原则，创建与市场经济相适应的多学科综合科技服务组织，充分发挥科技服务农业的功能。

（三）**理顺利益关系，完善支持体系**。建立利益机制、风险机制，使产业化链条中的各个环节、各个经营主体结成利益均沾、风险共担的经济共同体。要改进龙头企业与农民、中介组织与农民、龙头企业与农民及各种产加销、农工商、农科教一体化组织的利益分配机制，通过合理的利益分配机制，调动各方面的积极性。鼓励农民发展自己的服务组织。要重点鼓励发展由政府支持、民间自办的综合性服务组织。进一步完善农业产业化支持体系。

（四）**建立都市农业信息服务体系**。针对都市农业区域内领导决策和农民的不同信息需求，都市农业信息系统的建立主要应围绕农业决策信息支持系统、农业市场信息支持系统、农业科技教育支持系统等3个子系统进行。建立都市农业信息系统既可为各级领导提供农业决策咨询管理信息，也可为农业生产第一线的科技人员好经营者提供农业实用技术、市场信息好投资指南；既可为农业生产基层单位提供农业文献保障。但在信息服务、体系建立的过程中一定要覆盖信息的采集、整理、发布、检测和监控全过程，真正起到导向、纠偏和校正的作用。

（五）**经营国际化**。在都市经济发展过程中，利用大都市对外开放的优势，建立以农副产品出口创汇为中心的、较高层次的农业生产体系，提高都市农业的外向化程度。都市农业在国际化经营方面应该走在前列，一定要以国际市场为目标，以对外贸易为龙头，实行多种形式的贸工农一体化；还要向全方位的涉外农业发展，不仅要依靠都市区域范围农产品的直接出口，还得靠组建内联外延宾馆农业、旅游农业，扩大间接出口，节汇创汇。

（六）**产品个性突出，市场消费高端**。都市农业地位于中、高端目标市场，其未来的发展应以满足居民日益增长的多元化、个性化消费需求为方向。伴随着社会向后工业化发展的趋势，都市农业提供安全、鲜活、特色、优质农副产品功能，以及都市农业的生态环境与文化等功能不断被强化。产品日益高端化，以都市农业个性化产品为标志的经营方式占主导地位。

中国都市农业的发展要充分利用资源、技术、人才和品牌优势拓展个性化、特色化的产品市场和服务市场，在做优品种、做大规模、做响品牌、形成特色上下工夫，着力构建产地特色、产业特色、产品特色明显的现代高效农业产业体系。

（七）**地域特色明显，文化内涵丰富**。都市农业文化是在秉承中国传统农业、农民、农村文化精华基础上形成的一种新的文化形态，都市农业则是这种文化的有效载体。今后，随着社会的不断进步，都市农业文化内涵将进一步丰富，以文化为中心的地域特色化将更为突出，都市农业的社会竞争力和文化竞争力将显著提升。文化本身具有鲜明的地域特征。各地应根据本地民俗风情、民族习惯，因地制宜地开展特色文化活动，并依托深厚的文化底蕴，构建都市农业产业体系。在丰富都市农业内涵的同时，弘扬本地区特色文化，让更多人了解中国农业文化，使都市农业得以继承、延续和发扬。

（八）**广辟投资渠道，加大投入力度**。要全方位多渠道筹集资金，加强对基础设施、资源开发好农业产业化的投资力度。首先要积极引进外商独资好合资企业，吸引外资参与基础设施建设和资源开发项目，努力争取国家对农业综合开发好农业产业化的资金支持，安排专项资金用于农业产业化龙头企业建设。其次要努力争取金融、信贷部门的支持，把农业银行的各项支农信贷资金重点向龙头企业倾斜。农业信用合作社、农业合作基金会及其它金融部门也要安排一定的贷款支持龙头企业的发展。第三，要大力组建股份制、股份合作制企业，鼓励工商企业和个人投资兴建、改建、扩建龙头企业，吸收社会闲散资金用于农业和农业龙头产业的发展。第四，吸引市里的国营、集体和个人到农村投资都市农业，建家庭农场或观光农园。

（九）加强科技教育，提高农民素质。要大力提高广大农民的科技文化素质，使之同发展都市农业互相适应、互相促进。一是要健全完善农业科研和农业科技推广两大体系。通过优化农业科技结构、人才结构、多渠道增加农业科技投入等措施，优化和加强农业科研力量，同时加强农业科技推广网络建设，尽快将农业科研成果推广到生产第一线；二是要花大力气培训农业技术人才，建立农业培训基地好实验基地，通过普教、职教、业余教育等各种教育形式，提高农民科技文化素质。三是加强与农业科研院所的联系与合作。

发展廊坊休闲农业与乡村旅游产业的调查与思考

廊坊市休闲农业管理站　赵洪波

20世纪90年代，日本学者今村奈良臣提出要把农业建成第六次产业，即一二三产业融合发展的产业。中国农民第一次创业是发展乡镇企业，第二次创业是进城打工，那么第三次创业就是发展休闲农业与乡村旅游。

休闲农业与乡村旅游是现代农业和旅游业相融合的一种新型消费业态，也是一二三产业融合发展的典型代表和新兴产业，更是现代农业在适应和满足社会发展新需求下延长产业链条的必然结果。近几年来，全市紧紧围绕"农业强、农村美、农民富"总目标，充分发挥独特的区位优势，抢抓京津冀协同发展的历史机遇，推动农业和旅游业供给侧结构性改革，大力发展休闲农业与乡村旅游产业，抓园区、引资本、育主体、创品牌，全市上下呈现出主题突出、精品不断、活力迸发、蓬勃向上的良好发展态势，走出了一条依托乡村、服务京津、三产同步、互促共赢的廊坊特色发展之路。

一、现状与做法

经过几年的引导和培育，廊坊市休闲农业与乡村旅游逐步形成了"三河一带一纵深"的发展格局，即潮白河、永定河、大清河三大河系流经区，环首都绿色休闲农业带和南部纵深拓展区。据统计，全市共涌现出具有一定规模和较强市场竞争力的各类休闲农业与乡村旅游示范组织158个，其中国家和省级休闲农业星级企业33个、示范点6个，最美休闲乡村4个，十佳现代休闲农业园区1个，省、市级工（农）业示范点86个，省、市级乡村旅游示范村28个。休闲农业与乡村旅游从业人员达到2.2万人，年接待游客644万人次，营业收入15.8亿元。

（一）依托现代农业园区，向休闲农业和乡村旅游转型。按照"五位一体"统筹发展的要求，大力推进现代农业园区建设，实施政府主导和项目带动战略，积极开发和融入现代、休闲、旅游要素符号，实现了由传统农业向现代农业、休闲农业和旅游观光农业的历史性转变，推动了一二三产业融合发展。目前全市共有各类农业园区69家，其中省级以上农业园区14家，6个县（市、区）进入环首都现代农业科技示范带，各类园区总投资达到120亿元，建设面积80.7万亩，2015年销售收入达到260亿元。廊坊远村现代农业园区，确定了以蔬菜种植及加工、河北香菊种植及菊王茶加工、籽粒苋种植及饲草加工、生猪养殖及屠宰加工、有机肥生产和旅游观光为主导的六大产业，目前已经成功举

注：此课题为2016年河北省讲师团系统科研课题。

办了两届菊花旅游节，注册了"睿志"牌商标，产品通过有机和无公害认证，销往全国30多个省市，年生产总值4.6亿元，带动农民就业980人，年人均收入3.5万元。先后获得了"中央储备肉活蓄储备基地""国家级养殖示范场""中国魅力十佳乡村"等荣誉称号。

（二）引导工商资本下乡，投资休闲农业和乡村旅游产业。各级党委政府不断优化投资创业大环境，大力实施引进来战略，在租赁土地、规划设计、开发休闲农业产品和项目等方面予以扶持和倾斜，使大量工商资本助力廊坊休闲农业和乡村旅游发展，休闲农业、乡村旅游业已经成为各类工商资本的投资热土，建成了一大批组织架构完善、投资规模大、设施标准高、示范带动作用强的先进典型。据统计，近三年来全市共引进各类工商资本90余亿元，有效弥补和解决了财政投入不足、资金缺口大的难题。如固安农博园，由华夏幸福基业投资兴建，项目总规划面积6 000亩，总投资2.8亿元。园区设有象征农耕文化传承的农坛、高新农业示范温室、农业故事馆、创意农庄等。通过农博园的创意农业产业体系的构建，带动休闲旅游等周边产业发展，实现一产种养殖、二产深加工、三产旅游观光联动互补，农业现代化与新型城镇化融合发展。廊坊九天休闲谷，由廊坊市九天农业工程有限公司投资兴建，以智能化温室为基础，划分为儿童游乐、康体健身、文化展示、科普教育等区域，各功能区由园林景观、花卉植被、特色农作物进行自然区分，融合应用了生态、农业、科技、文化、信息等多种要素，为游客创造了一个四季如春的休闲胜地。据统计，像以上两个以工商资本投资为主的休闲农业和乡村旅游发展典型全市还有95家，占示范组织总数的75%以上，发挥了很好的示范引领作用。

（三）发挥农民主体作用，壮大休闲农业和乡村旅游规模。鼓励引导支持农民专业合作社和家庭农场等新型经营主体发展，加大对经营组织职业经理人、带头人和职业农民的培育，不断提升素质本领，激发创业热情，全市农民合作社、家庭农场等新型经营主体得到迅猛发展，成为休闲农业乡村旅游业发展的一支生力军，他们具备较强的技术力量，在生产、加工、销售、信息等方面互助合作，与农民形成了密不可分的利益共同体。截至目前，全市共有农民专业合作社4 245个，家庭农场795个。如固安顺斋瓜菜种植专业合作社，主要从事蔬菜生产和销售，采用"农超对接"的经营模式，走精品科技农业路线，以产业带动休闲旅游，实现了生产、采摘、加工、体验、餐饮等一二三产业融合发展。现有的"普春"牌注册商标，已成为全省重点扶持的八大蔬菜品牌之一，今年到目前接待游客2万人次以上，促进了农村产业结构调整升级，实现了农民就地就业。霸州嘉美源家庭农场由观光、采摘农场向休闲农场、体验式农场方面发展，在玉米地里建造与生肖年份对应动物形状的大型迷宫，利用玉米高秸秆的遮蔽性，在玉米地中留出道路，道路连接出某种图案形成迷宫，既满足了游客探险的欲望也考验了人们的智力、体力和勇气。通过不同时期作物生长的花样变换，既创造出赏心悦目的生活环境，又能带动自身发展和周边村民增收致富。

（四）运用美丽乡村建设成果，促进休闲农业和乡村旅游上档升级。坚持"城乡统筹和城乡一体"发展理念，大力推进美丽乡村建设，逐步实现农民生活设施城市化。2013年以来1 116个村街高标准完成了美丽乡村建设，有37个村街被评为省级美丽乡村，40个村街被评为市级美丽乡村，彻底改变了农村脏乱差的落后面貌，美丽乡村已经成为一道道靓丽风景，成为了城里人们休闲放松的好去处。如安次区第什里村，以发展乡村旅游、文化传承、体育休闲、农业观光为载体，倾力打造了一个文化底蕴深厚、产业特色突出、生态环境优美的第什里美丽乡村特色小镇，走出了一条美丽乡村与乡村旅游相辅相成、相互促进的发展之路，实现了美丽乡村建设成果的利用与跃迁，2016年5月举办的第二届中国廊坊第什里风筝节吸引各地游客60余万人，销售收入8 000万元，真正实现了旅游带动、产业富民。像这样依托美丽乡村建设成果发展乡村旅游的还有固安林城村、永清土楼胜利村、三河大石各庄村、香河庆功台村等一批先进典型。

（五）挖掘民俗文化，拓宽休闲农业和乡村旅游路径。廊坊的灵魂在乡村，文化则是乡村发展的"根"。近年来，廊坊市充分利用农村风土人情、民俗文化等资源，突出农耕文化、乡土文化和民俗文化特色，开展民间技艺和各类节庆活动，举办了京津冀中华大庙会、河北胜芳民俗文化节、杨家将文化旅游节等一系列民俗旅游活动，呈现了特色鲜明、亮点突出、异彩纷呈的浓厚文化氛围。如2016年香河中信国安第一城京津冀中华大庙会，策划了安头屯中幡会、大河各庄竹马会、文武高跷会、梅花班小车会、花鼓会等40多道花会和冰雪嘉年华、马术嘉年华、皇城年货大集、儿童戏剧节、杂技演出专场等40余项活动，从除夕到正月初六，吸引了北京、天津等地大批游客，游人超过25万人，被媒体评为京津冀地区最具魅力、最具年味儿的文化大庙会。

二、机遇与挑战

机遇：国际经验表明，当一个国家或地区人均GDP超过5 000美元时，休闲消费能力就会显著增强，并呈多元化趋势，从而形成休闲度假的消费需求。2014年底，我国到乡村旅游的人次为12亿，到2015年底达到22亿，一年之间增长了10亿人次，所以开发潜力巨大。有关方面预测，到2020年将达到65亿~70亿人次。2016年我国人均GDP预计超过8 500美元，北京、天津的人均收入均排全国前列，在京津冀协同发展的大背景下，廊坊凭借独特的区位优势和农业结构转型升级，迎来了发展休闲农业和乡村旅游的重大机遇。

一是千载难逢的历史机遇。2017年中央1号文件专门提出要大力发展休闲农业和乡村旅游，使之成为繁荣农村、富裕农民的新兴支柱产业。发展休闲农业不仅是廊坊旅游产业的重要支撑，也是农业转方式调结构和供给侧改革的重要抓手。京津冀协同发展作为国家战略，使京津冀地区在政策互动、资源共享、统一规划、生态调整、市场开放等方面更加一体化。通州建设北京城市副中心，廊坊北三县与其毗邻连成一片无缝对接，资源和市场实现共享。北京新机场的建设运营，让廊坊不仅对接京津，更面向中国面向世界。这必将推进农业与旅游、教育、文化、健康养老等产业深度融合，廊坊休闲农业与乡村旅游迎来了千载难逢的历史机遇和更广阔的发展空间。

二是具备良好的基础条件。廊坊农业资源十分丰富，域内既有燕山余脉，又有广袤的平原，四季分明，物产多样。特别是经过20多年的农业结构调整，形成了由单一的粮食生产向蔬菜、瓜果、花卉、水产等支柱产业的历史性转变，经过开拓与积累，已拥有永清蔬菜、香河韭菜、文安小杂粮、大厂西瓜、固安豌豆与糯玉米、广阳甜瓜、大城金丝小枣等一大批农业知名品牌。安次风筝节、永清采摘节、固安桃花节、文安西瓜节的成功举办，也为廊坊市休闲农业与乡村旅游的发展提供了良好的展示宣传平台。廊坊市既有京东文化，又有运河文化，还有永定河的宋辽文化，以及大清河流域的洼淀文化，悠久的传统文化也为发展休闲农业和乡村旅游奠定深厚的文化根基。另外，随着美丽乡村建设的强势推进和基础设施建设投入力度的不断加大，农村的水、电、路、气、房和通讯等设施均得到较大改善，社会事业水平明显提升，为发展休闲农业和乡村旅游插上了腾飞的翅膀。

三是拥有庞大的客群需求。廊坊毗邻京津两大城市，处于京津冀都市圈中心地带，域内京秦、大秦、京沪、京九等铁路和京沈、京沪、大广、京台、大七环等高速公路通过。北京公交开通廊坊市大部分县（市），地铁也即将规划建设，形成北京、天津半小时交通圈，京津廊"同城化"效应日渐显露。百千米圈内拥有京津近亿人口的庞大潜在消费群体，为廊坊市发展"采摘、品果、赏花、观光、体验、度假"于一体的休闲农业与乡村旅游提供了充足的客源保障。特别是随着生活方式的转变，国家法定节假日的优化调整，带薪休假制度的逐步落实，以及2.5天弹性休假制度的实施，休闲度假会从少数人的"奢侈品"，发展成经常性消费的生活方式，休闲观光大众化、家庭旅游普遍化必将成为拉动廊坊市休闲农业和乡村旅游快速发展的动力源泉。

挑战：虽然廊坊市面临着前所未有的大好机遇，但机遇与挑战并存。休闲农业和乡村旅游作为新兴产业形态和消费业态，在快速发展过程中，还存在思想准备不足、基础设施滞后、服务质量有待提高等问题。总的看发展方式还比较粗放，与爆发式增长的市场需求还不相适应，发展休闲农业和乡村旅游业任重道远。

一是思想认识不足。乡村旅游业既是一种农业和旅游业相交叉的产业，又是一种现代农业管理方式。一方面没有站在京津冀协同发展的大势下，去认识和把握休闲农业乡村旅游业发展的趋势性和紧迫性要求，思想认识落后于经济发展。另一方面人们对乡村旅游业认识还存在两种误区和倾向：一是重旅游。只注重其旅游功能，忽视农业生产经营，仅靠旅游收入来维持其发展；二是重生产。仅仅专注于土地本身的大耕作农业单一经营思想，认为旅游业可有可无，并不重要。两者各自为王，无法有机融合互促，这是影响廊坊市休闲农业和乡村旅游进一步发展壮大的一大制约。

二是缺乏统筹规划。农业、林业、科技、旅游等相关部门没有形成一个统一协调、联动推进的体制机制，整个休闲农业乡村旅游业没有一个完整、详细的总体规划，总体思路、发展目标、战略布局、政策支撑还不清晰、不明确。导致出现小而散、大而弱、低层次、重复性、活力不足等问题。

三是产品过于单一。按照产品的功能，乡村旅游大致可划分为观光型、参与型、度假型三种类型，目前廊坊市乡村旅游大多停留在观光型阶段，对于挖掘民俗和乡村农耕文化方面还做得不够，参与型、度假型产品不多见。同时，由于个性的缺失难以形成特色产品，未能形成产品体系，既缺少主打产品，又欠缺产品深度化开发，旅游衍生产品和伴生产品少，产品的谱系和延伸不足。

四是服务有待提高。以基础配套设施为标志的"硬"服务方面，廊坊市还处于起步发展阶段，特别是与京津和其他发达地区相比差距较大，有很大的提升发展空间，形势严峻，任务艰巨。"软"服务包括从业者素质、接待服务水平和旅游品质打造上仍处在初级低水平状态，还需进一步转型提升。

三、对策与建议

（一）描绘一幅蓝图。坚持廊坊全域大旅游发展思路，邀请国内高水平休闲农业与乡村旅游规划设计团队，根据廊坊市旅游业"十三五"发展规划，从各县（市、区）休闲农业发展现状入手，调研市场，分析客源，把休闲农业发展与现代农业产业基地建设和美丽乡村片区建设有机结合，高起点、高标准、高站位、量身定做一个符合京津冀协同发展的廊坊全域休闲农业与乡村旅游产业的发展规划。在总体规划的基础上，加紧制定出台现代园区发展规划、新型经营主体发展规划、休闲农业与乡村旅游交通、安全、卫生等一系列专业规划，推进廊坊市乡村旅游业向更高层次、更高水平迈进。

（二）做强一大产业。各级党委政府要进一步统一思想认识，把休闲农业乡村旅游业作为三产融合联动的一个重要产业来抓，列入重要议事日程，纳入财政专项预算，建立专项发展基金，启动资金、补贴和奖励等政策。对新办休闲农业企业，要简化有关证照的申办手续，减免企业所得税，鼓励农民自办或将土地承包经营权以租赁、入股等形式流转给休闲农业企业，出台休闲农业附属设施用地政策。强势推进美丽乡村建设，完善基础和配套设施及相应功能，夯实旅游产业发展基础。加大教育培训力度，提高休闲农业从业者在经营服务、食品卫生、旅游文化、旅游安全、接待礼仪、餐饮和客房服务等方面的专业素养和实操技能，提升软实力。

（三）打造一张名片。着力打造环首都休闲农业和乡村旅游示范区，重点建设"3+1+X"的休闲农业和乡村旅游品牌体系："3"即在面点线上开展品牌创建和推介，点上开展中国美丽休闲乡村推介活动，线上开展休闲农业和乡村旅游精品景点线路推介，面上开展国家级、省级休闲农业与乡村旅游星级园区的创建。主动邀请周边等地主要客源市场媒体、旅行社进行参观考察，将特色乡村游产品纳入区域旅游捆绑促销，拿出一部分经费在主要客源地及主要新闻媒体上开辟专版专栏进行宣传；"1"即着力发掘保护传承培育好农业文化遗产，展示、宣传和推介特色农耕文化、农业生产制度、农耕信仰和特有农作物品种，推动遗产地经济社会可持续发展；"X"即因地制宜开展农业嘉年华、休闲农业特色村镇、星级园区、精品线路、农业主题公园等形式多样的推介活动，组织廊坊休闲农业与乡村旅游星级园区参加全国创意农业精品大赛，积极谋划"春节到农家过大年""早春到乡村去踏青""初夏到农村品美食""仲秋到田间去采摘"等节庆活动，进一步提升廊坊市休闲农业与乡村旅游的知名度和影响力。

发展休闲旅游　助推农业发展

河北省保定市涞水县农业局　张秀莲；
河北省保定市土壤肥料工作站　周彦忠

一、基本情况

在"十二五"初期，涞水县就结合实际编制了休闲农业与乡村旅游发展规划并逐步实施，以农耕文化为魂，美丽田园为韵，生态农业为美，创新创造为径，古朴村落为形，促进农业提质增效，农民就业增收，居民休闲消费。近年来，涞水县在发展有机种养，夯实一产的基础上，增加特色采摘、生态餐饮、休闲农庄、儿童娱乐等休闲旅游元素，重点打造二三产，助推农业向生态、健康、绿色、持续方向发展。探索出了新型经营形式、创新了经营体制、总结了系列可推广复制的经验模式。目前拥有休闲农业产业园5家、休闲农庄10家、民俗村5个、农家乐56家等。

二、主要做法

（一）**发展有机生态种养，保障农产品品质安全**。一产是基础，通过抓园区建设，标准化生产，"三品一标"认证，发展特色有机生态种养，打造品牌，确保农产品品质安全，提高产品知名度。目前涞水县有11个有机认证产品，1个绿色认证产品，1个地理标志产品，拥有河北省名牌商标2个——"沿如意"瓜果蔬菜、"华菇"食用菌，绿色商标——"日久"萝卜，还有"野三坡""民如意""宝尼康""妍蕊"等瓜果蔬菜特产商标，"互祥""明玉""靳老头"等食用菌商标，保障了农产品的品质安全。

（二）**举办特色节庆活动，增加农产品附加值**。休闲园区根据主要农作物生育时期，在盛果期举办"采摘节""蔬菜节""啤酒节""达人秀"等活动。活动期间，游客可免费品尝，观光游乐。品尝之余，产品凭借优良的品质、诱人的口感，赢得了游客，争相采摘购买，采摘价格是市场批发价的2～3倍。国家四星级休闲园区——绿舵首届"蜜桃、草莓采摘节"客流量平均每天可达2 000人，"五一"高峰时期达到过每天5 000人，仅20天的时间销售蜜桃、草莓及蔬菜10万千克，销售额超过300万元，同时还带动餐饮增加收入20万元。每届节庆活动的举办，都会成倍的增加销量，不仅提高了农产品的产出效益，增加了游客休闲体验的乐趣，还为园区带来人气，提高知名度，丰富了周边群众的业余文化生活。

（三）**发展生态餐饮，满足饮食安全需求**。在有条件的园区内发展生态餐饮，满足人们对饮食安全、保健养生的需求。餐桌上主要食材全部是园区自己的产品：生态养殖的猪、羊、鸡、鸭、鹅，水库里天然的鱼，有机的各类瓜果蔬菜，天然的色泽，绝佳的口感让顾客赞不绝口，绿舵休闲园区2016年4 000亩的果蔬高效种植年产值3 000万元，而4家生态餐厅当年就实现销售收入1 100万元；安阳妍蕊生态园，也是以园区内部生产的优质农副产品为主要食材，加以独特的田园生态环境和特色养生保健菜谱，吸引顾客络绎不绝。

（四）**增加休闲娱乐项目，满足各阶层游客需求。**园区可利用原有的资源禀赋，随坡就势建设垂钓园、游泳馆、农耕体验园、民俗文化馆，在大型设施温室大棚内建设室内游泳馆，仅凭太阳能增温可延长游泳馆营业2个月的时间；配备各种儿童游乐设施、体验5D影院、建设武林风综合馆、红色旅游地道战等满足各阶层游客需求。

（五）**打造休闲田园小镇，提升旅游接待能力。**包装具有民俗特色、旅游文化、生态观光、住宿接待的村落，打造休闲田园小镇、特色民俗村、文化旅游街道等，促进农业提质增效，农民就业增收，居民休闲消费。

三、取得成效

2015年涞水绿舵庄园被河北省农业生态环境与休闲农业协会评定为"河北省四星级休闲农业园"，三坡镇松树口村被河北省农业厅评定为"河北最美休闲乡村"，2016年绿舵庄园被评为"全国四星级休闲农业园"，京涞草莓采摘园被评为"河北省四星级采摘园"。目前全县拥有休闲农业产业园5家、休闲农庄10家、民俗村5个、农家乐56家等，直接从业人员2 200人，带动农户5 000户，年接待游客达300万人次，实现营业收入15 000万元，加快了实现涞水县"农民富、农村美、农业强"的步伐。

四、经验措施

（一）**探索新型经营形式。**发展新型农业合作组织，构建集约化、专业化、组织化相结合的新型经营体系，才能有效利用分散的农业资源，提升园区的整体实力。像绿舵庄园采取的"三个整体流转"便有效的提高了农民的组织化程度，实现了多方互赢。

1. **整村土地流转。**由园区与所在村"两委"班子签订土地流转协议，村"两委"负责组织所在村农户的土地流转、募集建设资金，以土地或资金的方式入股，实现规模经营、集约经营，扩大园区规模。这种方式既减少了园区与农户的矛盾，提高了土地的流转效率，也巩固了基层组织，增强了"两委"班子的凝聚力。

2. **整村房屋流转。**园区充分利用农户院内的闲置房、闲置地，统一新建、改扩建成农家院，并与农户签订房屋流转协议，约定收益分成，将整村房屋流转到园区，实现"家家户户开宾馆，人人都能当老板"，不仅农民增加了收入，改善了环境，园区也解决了建设用地的指标限制，又降低了建设成本，增加了收益。

3. **整村村民流转。**在原有土地、房屋流转进园区的基础上，将全村村民流转进园区，将村民变成股民，变身"上班族"，流转进园区的劳动力每月增加200元的工资，60岁以上的低保户、军烈属等老人每月有100元的生活补助，让全村人从小到老都有稳定的收益保障。

（二）一二三产业有机融合。现代农业园区不仅要做好一产"种和养"，还要做好二产"加"，更要做好三产"吃住行游购娱"服务，延长产业链，集生产、加工、流通、销售等环节，推动一产接二连三，一二三产业有机融合。一产是基础，在保障农产品安全放心的基础上，可以上包装，深加工，进入高端市场销售，延长产业链条；还可以发展餐饮业，变农业简单粗放低效的初级产品为最终端的消费品，增加产品附加值；还可以与休闲旅游、观光采摘相融合，发展休闲旅游业。像涞水野三坡药用植物现代农业观光园在园区发展中药材黄芩有机种植的基础上，利用黄芩茎叶炒制加工黄芩茶，分级包装，注册"野三坡山茶"商标，与京东合作进行线上线下销售，开发婚纱摄影休闲观光、茶叶加工体验展示项目，并将茶叶下脚料包装成茶枕等旅游工艺品，尽量延长产业链条，增加产品附加值，年内一产可产中药黄芩1 000吨，产值800万元，采摘鲜茶160吨，二产加工产值2 000万元，三产休闲娱乐、加工体验可创收400万元，二三产业占年生产总值的75%，真正实现了一二三产业有机融合。

（三）改革创新经营机制。按照"政府＋龙头企业＋合作社＋农户＋金融机构"五位一体的股份制经营模式改革创新经营体制，使之常态化，机制化。

1. 政府主导。政府充分发挥主导作用，负责园区整体规划设计，并在项目安排、政策落实、资金整合等方面，集中向各园区的龙头企业投放，避免过去对一家一户撒"芝麻盐"的支持，致使有的农户"吃不了"，而有的农户"不解渴"的现象。

2. 龙头企业引领。龙头企业负责启动休闲旅游项目资金的筹集、投入和使用，负责与科研教学单位对接，进行新品种新技术的研发与推广，引领休闲旅游农业向高精尖端发展。

3. 合作社组织。合作社负责把农户分散的土地流转到一起集约经营，把农户零散的资金整合在一起，把多种人才个体，组织成团队团体，成立合作组织，统一管理。

4. 农户入股。农户以土地、资金和劳务等多种形式入股，与园区合作收租金、分股金、拿薪金，实现多方共赢。

5. 金融机构贷款。由县政府惠农担保公司为园区担保，银行等金融部门贷款做强有力的后盾支持，政府贴息，扶持休闲旅游项目建设发展。

（四）积极引进战略伙伴。通过参加农产品推介会、展销会等方式，扩大园区影响力和知名度，继续接洽县域外企业、省市级龙头企业入驻园区，加快推进园区建设进度。积极探索涉农项目整合机制，全面开展以产权、股权、订单等抵质押贷款为主要内容的金融改革，加大对园区资金支持力度。像绿舵已经与首农集团合作，以部分股权作抵押及北京博道担保有限公司作担保，首期向海尔消费金融有限公司融资5 000万元，为园区的发展壮大注入了活力。

（五）不断强化科技支撑。与中国农业科学院、河北农业大学等科研教学单位长期合作，由专家为园区设计高端设施，引进高端装备、高端新品种、高端新技术，生产高端农产品；制定现代农业生产技术模式，对农业生产中存在的关键性技术难题组织科技攻关，开展高端农业项目和课题研究，为园区培养高端技术人才。

发展休闲农业必须做好养殖污染治理工作

唐山市动物疫病预防控制中心　于冬梅；
唐山市蔬菜质量监测中心　陈贺兵　张艳明　张贺凤；
唐山市农业环境保护监测站　李恩元　赵国玉　王田妹

多年以来，随着唐山市休闲农业不断发展壮大，休闲农业园区的养殖也由单一向多元化发展，养殖品种和数量不断增加，大量废弃物给休闲农业园区及乡村周围环境带来了较大的环境污染，导致农村生态环境问题日益突出，不同程度制约了休闲农业园区持续稳定发展。为实现休闲农业的可持续发展，必须及早采取有效措施，控制休闲畜禽养殖对环境的污染。为促进现代休闲农业发展奠定良好基础，唐山市在做好休闲农业园区与乡村污染综合防治和科学管理的同时，还规范整治休闲农业园区畜禽养殖工作，全市采取深入园区、乡村，跟踪指导，强化措施，全力攻坚，全面加强和规范休闲农业园区与乡村畜禽养殖和污染治理工作。

一、采取定责确职　加强全位指导

（一）**高度重视，责任到人**。根据市政府印发的《唐山市2017年水污染防治工作方案》和《唐山市清理河道畜禽规模养殖场实施方案》，唐山市畜牧部门制定了《科学划片、规范整治城乡畜禽养殖污染工作方案》，成立了市畜牧兽医养殖污染治理领导小组，将目标责任层层分解，全市禁止养殖区、控制养殖区、适合养殖区的规模养殖场，到位现场，认真核查，全面加强和治理城乡及休闲农业园区畜禽养殖和养殖污染。

（二）**全面培训，跟踪指导**。以重点乡、村、镇和重点休闲农业园区单位，分期对唐山市休闲农业园区畜禽规模养殖场户进行畜禽养殖污染治理技术培训，发放《环保应知应会畜禽养殖污染基础知识》，让规模休闲农业园区养殖场户充分认识到养殖污染的危害性和紧迫感，同时，以包保责任制和天天一线工作法，有兽医和技术人员，加强对畜禽养殖场户兽医卫生监管，全面指导休闲农业园区及周边养殖场户养殖污染治理，并指导适合休闲农业园区养殖的场户配套建成沼气池、沉淀池、雨污分离，干粪棚等粪污处理综合利用设施，要求休闲农业园区畜禽养殖规模场户污水达标排放，对环境不造成污染，以生态健康养殖新技术，建设花园式园区、家庭生态园区，走农、林、牧、种、养结合、生态式循环、养殖废弃物综合利用的路子。

（三）**严格治理，加强督导**。要求乡、村、镇和重点休闲农业园区单位，进一步加强属地管理责任，并按要求统筹划定禁止养殖区、控制养殖区、适合养殖区，通过对规模养殖场的规范整治和污染治理，集中关闭搬迁一批不合格的，升级完善改造一批，标准化建设一批，达到水污染防治目标和养殖废弃物的综合利用，禁止养殖区内严禁新建畜禽养殖场（小区），对已建成的养殖场限期进行关闭和搬迁。控制养殖区内严格控制畜禽养殖场（小区）的数量和规模，不得新建、改建和扩建畜禽养殖场（小区），对已建成的应采取对排泄物减量化、无害化、资源利用化措施，逐步削减排污总量，减轻对环境的污染程度。在适合养殖区内大力发展规模养殖、健康养殖、生态养殖，全力推进休闲农业园区畜禽规模化和标准化生产。并按照"谁污染谁治理"的原则，养殖场负责人是污染治理的第一责任人，必须配套建设与养殖规模相适应的废水、异味、畜禽粪便及其他固体弃物综合利用或无害化处理设施，并确保相关设施正常运转、污水达标排放，并充分利用相关奖励项目、大型沼气工程项目等政策性扶持资金以及自筹资金，不断加大粪污处理及设施建设投资力度。使休闲农业园区规模化畜禽养殖业和乡村畜牧业的迅速发展。

二、措施得当，治理全面

（一）**采取有效措施，加大治理力度**。为控制休闲农业园区及周边乡村畜禽养殖对环境的污染，采取各种措施。如：丰润田美农场园区根据自身需要，建立健全养猪沼气池的全套使用制度，并在全市推广。要求各地切实做好农业农村面源污染治理工作，对各级政府及有关部门提出明确目标与任务，要求养殖户，生猪粪尿采用无害化方式处理，其他散养户要以外送或联建治污设施的方式，养殖户必须全部采用无害化处理方式，并落实了行政、法律、技术及资金贴补等有效措施。通过各方协同努力，畜禽粪便污染管理已进入有序状态，对减少农村面源污染，改善投资环境起到了良好的作用。

（二）**增加投入，开展综合治理**。近几年，各级为治理畜禽养殖污染，省、市、县各级多方筹集，增加投入进行污染综合治理，在规模养殖场中全面推广沼气池无害化处理猪粪尿技术，经过近两年努力，使规模养猪场实现粪尿综合利用和无害化处理。

（三）**建立畜牧小区，实行生态养殖**。多年来，在各级政府重视和相关部门的支持下，唐山市畜禽规模养殖发展迅速，已形成了以规模养殖为主体的畜牧生产新格局中。随着畜禽养殖规模的不断扩大，由于部分养殖场畜禽粪尿处理不当，对环境造成了一定的污染，受到了社会各界的广泛关注和重视。为此，市农牧环保部门多次研究如何解决畜牧养殖污染问题，提出了建设畜牧生态小区，以解决农村因畜禽养殖可能造成的环境污染问题，在省财政的大力支持下，开始进行畜牧业小区建设试点工作，实践证明，畜牧小区建设实现统一规划，集中饲养、统一污染处理等方法，不同程度地解决了农村因畜禽养殖可能造成的环境污染问题。

（四）**研究和推广养殖场污染防治综合配套技术**。近几年，不少生产科研单位对畜禽养殖污染防治技术进行了研究，已取得了实用技术，在防治环境污染上产生了积极作用。2016年，为加快配套技术研究，省农业厅和省科技厅联合对畜禽养殖场及畜牧小区污染综合治理工程技术进行了联合招标，目前该项目已组织10多个单位进行联合攻关。其综合配套技术研究从五方面进行，一是从畜禽营养学等角度，研究提高饲料利用率的环保型饲料，减少粪尿的排放量。二是从利用的角度研究畜禽粪尿的综合利用方法如加工成有机肥，使粪资源化。三是研究生物和化学的技术，对污水进行处理，使其达到农用标准或直接排放标准。四是研究畜禽养殖场清洁生产技术，通过对生产过程中主要产生污染的环节实行全程控制，达到控制和防治畜禽养殖可能对环境的污染。五是研究新型的环境保护型的畜禽舍。

三、因势利导建场，治理方式多样

唐山市畜禽养殖场的污染防治基本上以"方便、经济、有效"为原则，以综合利用为主，设施处理为辅的方法，大致可以划分为七类：

（一）"果园养猪"。猪粪尿分离后，猪粪经发酵生产有机肥，猪尿等污水经沉淀用作附近果园的肥料。主要分布在中、大规模猪场。优点是养殖业和种植业均实现增产增效，缺点是土地配套量大，部分场污水处理不充分。

（二）"猪—沼—果"。猪粪污水经沼气池发酵产生沼气，沼液用于果树、蔬菜、农作物。以家庭养猪场应用为主。优点是实现了资源两次利用。

（三）"猪—湿地—鱼塘"。猪粪尿干湿分离，干粪堆积发酵后外卖，污水经厌氧发酵后进入氧化塘、人工湿地，最后流入鱼塘、虾池。但大部分猪场污水未经过人工湿地处理，直接进入鱼塘、虾池。优点是占地较少，投资省，缺点是干粪依赖外售，污水使用不当会影响鱼虾生产。

（四）"猪—蚯蚓—甲鱼"。猪粪尿进行干湿分离，干粪发酵后养殖蚯蚓，蚯蚓喂甲鱼，污水用于养鱼。优点是生态养殖，投资省，缺点是劳动强度大。

（五）"猪—生化池"。粪尿干湿分离后，干粪堆积发酵外售，污水经生化池逐级处理，或经过过滤膜过滤后外排。此类模式占地少，但运行费用高。

（六）"果园养鸡，稻田养鸭"。利用承包的果园、林地放养土鸡，改善肉鸡风味，提高肉鸡售价，鸡粪基本满足果园有机肥需要；肉鸭及青年蛋鸭在早稻收割前野草长籽期、早稻收割后、晚稻收割后这三个时间段养殖，以稻田放牧为主，啄食野草、谷粒等食物为生，鸭粪直接还田。

（七）"牛、羊—牧草"。粪尿进行干湿分离，干粪堆积发酵后还田种牧草，污水厌氧发酵后入田肥牧草。

四、污染综合控制、科学运用对策

从立足生态建市，实现畜禽养殖污染减量化、生态化、资源化目标出发，畜禽规模养殖场污染控制重点抓好以下几方面：

（一）统筹安排、合理规划。畜牧产业区域布局要按生态农业发展的要求，进行统一规划，把畜牧场与农田、鱼塘、园地一并规划。养殖场（或小区）建设提倡与农田（水田、旱地）、养殖水面和山林统一布局，实行农牧结合的生态农业经营模式，力争粪尿全部就近消化。努力实现从传统农业"资源—畜产品—废物排放"的生产过程向"资源—畜产品—再资源化"生产过程转变。

（二）科学合理、应用技术。清洁生产是将畜禽养殖污染预防战略持续应用于畜牧生产全过程。首先采用科学合理的饲料配方，通过生物制剂、饲料颗粒化、饲料膨化或热喷等技术处理，提高畜禽的饲料利用率，尤其是提高饲料中氮的利用率，并抑制、分解、转化排泄物中的有毒有害成分。其次应用科学的房舍结构、生产工艺，实现固体和液体、粪与尿、雨水和污水三分离，降低污水产生量和降低污水氨、氮浓度。

（三）**生态养殖、积极推广。**各地实施表明，畜牧小区的建设对改善农村环境产生了良好的作用。各地要十分重视畜牧小区建设，建设一批配套土地和一定污水处理设施的畜禽养殖小区，以吸引中、小规模户进场饲养，实现养殖场与村庄分离，改善农村环境。小区要选择合适的生态养殖模式，采取农牧、林牧、渔牧、肥牧结合等方式，实行生态养殖，促进农村畜禽养殖场环境综合治理。

（四）**加大宣传、培训教育。**为把清洁生产的思想贯穿到现代农业产业化过程中去，强化清洁生产的宣传、培训十分必要，这样才能使全社会都认识到控制畜禽养殖污染的重要性，为实施畜牧业清洁生产营造良好的社会氛围，同时，提高广大饲养场（户）生产经营者的科技水平，掌握畜牧业清洁生产技术、真正按照畜禽清洁生产的要求组织生产。为加快畜禽养殖场污染治理，实现畜牧清洁生产，促进现代休闲农业持续健康稳定发展。

固安县休闲农业发展概况

固安县蔬菜服务中心 李江峰

随着农村经济社会的快速发展和城乡居民生活的不断改善，人们对休闲旅游越来越重视。农村天地广阔、自然环境优美、山村野趣浓厚、绿色食品多样、农事活动新奇、乡土文化丰富，休闲农业园区是人们外出休闲旅游的理想选择。发展休闲农业，对于转变农业发展方式，促进农民就业增收具有重要的意义。

一、固安县休闲农业发展现状

多年来，在固安县委、县政府的正确领导下，在省、市农业主管部门的关怀指导下，固安县蔬菜服务中心按照上级相关部门的统一安排部署，把休闲农业作为农民要富、农业要强、农村要美的一项战略产业来抓，大力发展休闲旅游农业，着力培育了一批主题鲜明、特色突出的休闲农业示范园。

截至目前，全县在建休闲农业园区共有15个，规划用地3.2万亩，计划投资32亿元，已完成投资5.66亿元，年接待人数达15万人，直接或间接的带动从业人员3 000余人，实现年营业收入2亿元。先后获得国家级和省级荣誉的园区和村街达9个，农博园被评为河北省十佳现代休闲农业园（2015年）、河北省休闲农业示范点（2016年）、全国四星级休闲农业园（2015年）和河北省五星级休闲农业园（2015年），盛世农合生态农业园被评为全国四星级休闲农业园（2016年）和河北省五星级休闲农业园（2015年），兴芦现代农业园区被评为全国三星级休闲农业园（2016年）和河北省五星级休闲农业园（2015年），顺斋现代农业园被评为国家三星级休闲农业园（2013年）和河北省四星级休闲农业园（2015年），昊缘生态农庄被评为河北省五星级休闲农业采摘园（2016年），侬人农庄被评为河北省三星级休闲农业园（2016年），林城村被评为河北最美休闲乡村（2015年），屈家营村被评为河北美丽休闲乡村（2016年），知子营梨花景观被评为河北美丽田园（2016年）。

二、典型经验

（一）夯实工作责任。近年来，固安县蔬菜服务中心把休闲农业作为一项重要工作来抓，确定专门领导分管、明确专人负责。作为休闲农业主管部门，统筹协调休闲农业企业（村街）的园区规划、企业运作、政策支持、项目申报、招商推介等工作，把休闲农业管理工作列入年终目标考核范畴。

（二）加强规划引导。为了规划实施，组织专门人员进行深入调研，在充分论证的基础上，立足县情，于2012年聘请农业部规划设计院编制了《固安现代农业园区建设总体规划》，其中明确了休闲农业发展的总体目标、产业目标、规模目标和空间目标。坚持农业产业与休闲产业的融洽，不断丰富和拓展休闲农业综合功能和文化内涵，重点推广休闲农业园区发展模式，提升休闲农业发展水平。

（三）加大投资扶持。近几年固安县紧抓"工业反哺农业""技术服务下乡"等一系列扶农惠农政策，政府积极倡导，投入超过千万元资金扶植休闲农业产业。2017年将进一步加大休闲农业的资金扶持力度，对规模化的休闲农业园区大力扶持，特别在基础设施、环境改造、品种引进、新技术开发、标准化管理和经营水平培训等方面加大扶持力度，拉动群众自筹资金，促进休闲农业发展水平，提升休闲农业产业化进程。

（四）创新经营方式。休闲农业的经营项目综合化成为一种发展趋势。在集餐饮、住宿、培训、会议、垂钓、采摘等项目为一体的传统经营方式基础上，以农业产业为支撑的休闲农业经营成为发展主流，农业产业为休闲产业提供了蔬菜、水果、体验、手工DIY等各具地域特色的农业休闲体验观光资源，进一步延伸了农业产业链，增加了农业产业附加值，提高了经济效益。

三、存在问题

尽管固安县休闲农业呈现出了较好的发展态势，取得了一定的成效，但毕竟处于起步摸索阶段，因此，在休闲农业发展过程中必然会存在着一些问题。主要表现为：

（一）开发建设缺乏整体规划性。固安的休闲农业起步较晚，缺乏整体规划，在开发建设上随意性较大，存在着一定的无序性和盲目性，造成发展休闲农业目标不明确。个别投资大的休闲农业园区照搬其他休闲经营项目，脱离了朴素、自然、农家风味等基本原则；而相当一部分农业园区开发层次较低，品位不高，在经营时间、经营方式上也存在很大随意性，缺少统一管理。

（二）产业规模受到土地制约。土地是制约休闲农业发展的主要政策性因素。随着近几年土地管理力度的加大，农村建设用地控制十分严格，加之土地流转程度还没有达到最大化。随着农业产业链条的延伸，农产品加工车间、餐饮住宿、办公接待等项目都需要建设用地指标，很多有意于投资休闲农业产业的资本无法放心投资，投资者的积极性受到影响，出现投资难、经营难的双重现象。土地制约因素导致的结果直接表现为农业休闲产业规模小、投入少、品位低，目前，固安县休闲农业主要以自发的、分散的、粗放的小农、个体、私营等经营形式为主。

（三）基础设施建设有待加强。休闲农业基础设施不全，存在着很多游客"吃过不回头"的现象，严重影响了客流量增加与知名度提高。主要问题包括：部分休闲农业园区可游玩景点少，休闲娱乐的场所不多；特色休闲体验项目缺乏。游客只能是采摘、垂钓等，根本无法享受真正的农家风情，无法满足外来游客所需的标准房、取暖、降温、洗澡、水厕等要求，在饮食卫生环境等方面也难以适应现代城市人的生活习惯。

（四）休闲旅游宣传力度薄弱。固安县休闲农业规模较小，还处在低水平发展阶段，对外宣传推介与旅行社联系接洽能力等明显不足。同时，大部分休闲农业园区推介意识不浓，在推销景点、推销农产品方面的表现也远远不够出色。少数园区投入资金借助报纸、电台、发布广告、网络论坛，其余几乎没有任何宣传措施。

（五）经营管理人员素质薄弱。固安县大部分休闲农业园区均存在从管理到服务人员素质不高的问题。从学历看，大专以上学历的仅约占从业人员总数的5%。目前，休闲农业经营管理人员，绝大多数不是正规的高校毕业生，大多是原来从事农业生产的种植户、私营个体户，整体素质偏低，除了"顺斋""农合""兴芦""昊缘""农博园""侬人"等几个规模较大的单位，其余的均存在经营过程中既是管理员，又充当服务员的现象。从经济效益最大化这一目的出发，经营者多雇佣低廉的劳动力，由于缺乏必要的休闲从业技能，导致服务人员不能提供给游客高质量的服务享受，造成经营管理上的诸多问题，既直接影响经济效益，又影响了旅游形象。

四、发展对策

（一）提高思想认识。休闲农业已成为发展前景良好的新型产业之一，它为新农村经济的发展创造了新的增长点，有利于推动城乡一体化的进程，能促进农业的可持续发展，可有效地促进农业资源要素的整合，是较理想的农业转型升级目标模式，符合当前建设社会主义新农村的实际。特别是发展休闲农业，可以充分利用现有良好的各方面资源优势，取得双重效益。因此，我们必须从战略的高度认识发展休闲农业的重要意义，进一步以改革开放为先导，解放思想，转变观念，形成共识，把发展休闲农业作为一项系统、长远工程抓好抓实。

（二）合理土地规划。发展休闲农业，要从长计议，系统筹划，科学制定发展规划。一方面要因地制宜，突出特色。充分利用现有资源，根据自然、人文、农业资源和经济状况，合理划定休闲农业类型，以"农"为景，注重特色，充分挖掘文化内涵，使休闲农业发展与旅游规划相协调。利用当前土地规划的机会，适当地调整部分土地供休闲农业开发使用。同时，在政策许可范围内，以农业生产活动为主体的休闲农业项目给予土地政策倾斜。

（三）加强基础建设。在休闲农业基础设施建设方面，要坚持"软硬"设施两手抓两手硬。一要加强休闲观光点的硬件设施建设，加强休闲农庄或农家道路、通讯、水电、环保等基础设施建设，将各级农村基础设施和生态农业发展、村庄整治等项目与休闲农业园区建设有机结合起来。二要加强休闲农业园区的软件设施建设，积极引进适合观光休闲农业发展、品质优良的特色蔬菜品种、水果、花卉和其他观赏性动植物。

（四）加大宣传力度。宣传服务方面，要借助各种行之有效的方式，提高休闲农业园区的知名度。一是广泛利用新闻媒体进行推介。利用互联网、报刊、电视、广播等多种新闻媒体，开发市场资源，挖掘和激发游客的消费潜力和兴趣。二是借助特色农业产业活动进行推介，扩大固安县休闲农业园区的知名度。

（五）加快产品开发。特色是休闲农业发展的生命之所在，愈有特色其竞争力和发展潜力就会愈强。结合本地资源特点，打造一批"端得出来、走得出去"的精品项目。近年来，涌现了一批特色蔬菜品牌，如"普春""顺斋""铁营""丰久盛""兴芦""天绿食""昊缘"等都已经进行了商标注册，并获得各类奖项，深受旅客青睐，具备了较好的市场美誉度和竞争力。要改变传统农产品销售方式的弊端，以农业旅游促农产品销售，借助农业旅游放大品牌知名度，让游客尽兴游玩，满载而归。

（六）提升经营水平。要利用当前固安县农业领域人才队伍的优势，加强农业的相关研究和人才培养，重点加强休闲农业园区负责人、经营管理人员的培训，培养一批发展休闲农业的带头人，为休闲农业发展提供持续动力。组织成立休闲农业协会，进一步加强行业规范管理，提升经营水平。行业协会加强调查研究，探索制定行业标准和运行规则，重点要在经营规模、从业资格、经营设施、环境保护、服务质量、经营项目等多方面提出具体的标准和要求，使休闲农业走上健康有序可持续发展之路。

唐山市加强休闲农业园区产品品牌化建设浅析

唐山市蔬菜质量监测中心　陈贺兵　张艳明　张贺凤；
唐山市农业环境保护监测站　李恩元　南男　乔晗

休闲农业园区农产品品牌化是休闲农业现代化的核心标志，园区农产品品牌化建设对农产品价值提升、平衡市场供需、提升休闲农业农产品竞争力以及市场占有率等起到至关重要的作用。随着京津冀休闲农业协同发展战略的推进，唐山市凭借区位优势为休闲农业发展带来更好的发展契机。但在竞争激烈的状况下，如何加快休闲农业农产品品牌化建设，转变农业增长方式，加快传统农业向现代农业转变进程，是当前和今后一个时期推进农业供给侧改革、加快休闲农业现代化建设的重大战略举措。

一、唐山市休闲农产品品牌化现状

唐山市农业资源丰富，特色农产品品种繁多。近年来，唐山市把休闲农业园区农产品品牌化建设作为振兴农村经济、促进农业升级、增加农民收入、发展现代休闲农业的战略性举措，大力推进农业品牌建设工作，取得初步成效。休闲农业园区品牌数量稳步增加。培育了"乐丫杂粮""胡子板栗""高氏蔬菜""亚太产品"等一批价值大、市场广、特色明显的区域公用品牌等一批品质优、影响大、带动力强的休闲农业企业品牌，有力地带动了唐山市现代休闲农业园区的发展。同时积极探索和推广了园区多种品牌推介模式，充分发挥了休闲园区示范带动作用，有力促进了休闲农业增效和农民增收。

二、休闲农业农产品品牌化建设存在问题

唐山市区域休闲农业特色农产品品种非常丰富，涵盖粮食、畜牧、蔬菜、果品四大产业，但纵观优势产业中有较大品牌影响力的农产品却是少而又少。唐山市休闲农业农产品品牌化工作虽取得了一定成就，但与先进省、市相比在政策支持、资金投入及企业品牌意识培养上差距较大。制约唐山市休闲农业农产品品牌化建设的因素有以下几点：

（一）品牌观念淡，品牌意识弱。当前唐山市休闲农业各类农产品近百种，但绝大多数没有品牌。在休闲农业农产品生产中，大多数的生产者缺乏品牌观念，仍然以洁净、新鲜、质量好作为消费者选择农产品的标准，忽略品牌的创立。而大多数的经营者在宣传产品时常混淆品种和品牌的概念，认为品种的更新就可以替代品牌的创立。有些产品经营者虽意识到品牌的重要性，但在创立品牌时多以"产地＋产品"的形式进行命名，缺乏自主知识产权，品牌辨识度太低。

（二）生产组织化程度低。休闲农业园区农产品生产以小规模的园区为主，但是辐射分散到农户的产品在一定程度上制约了农产品生产经营的标准化与科技化。现在发展形成的一些休闲农业合作经济组织，主要还是以园区经营为主，组织化生产程度较低。在一些地区虽有相当数量的休闲农业企业，但是大多数园区企业的生产规模较小，经济实力不强、技术和管理水平相对落后，难以形成竞争优势；休闲农业园区企业各自为战，不能组团联合，严重影响了其带动农民进入市场的能力。

（三）缺少有效的品牌经营与管理。产品销售与推广渠道单一受休闲农业农产品生产者和经营者文化、创新水平的制约，休闲农业农产品品牌化经营与管理理念都比较落后，在商标注册中缺少自主知识产权而没有可靠的法律保护，在品牌的孕育过程中，常因标准化生产的弱化而使品牌的市场竞争力不强。在产品的销售和推广中还是偏向传统的报纸、电视、户外广告牌等区域化明显的媒介，没有把"互联网+"、移动网络与现代休闲农业结合起来，对各种新媒体的利用度比较低，造成产品品牌影响范围不大。

（四）技术支持力度不够，资金支持不足。唐山市休闲农业农产品加工企业技术装备老化、落后是制约品牌发展的重要因素。据调查，约有80%企业技术装备现在还处于20世纪七八十年代水平，约有15%居90年代末水平，只有5%左右达到国际先进水平，比其他先进省、市低10个百分点。另外，唐山市各级财政支持休闲农业农产品加工业技术资金虽然逐年有所增长，但相比快速发展的休闲农业和休闲农业农产品加工业需求，还存在支持力度不够，资金严重不足，无法满足对新技术装备更新换代的需要。

（五）农产品质量安全标准有待统一提升。休闲农业园区标准化生产体系不健全，检验检测体系不完善，直接影响休闲农业农产品的质量和品牌的发展。休闲农业农产品质量问题已成为提升现代休闲农业亟待解决的问题。

三、对休闲农业品牌建设的几点建议

当前，全市农业经济工作的主线是大力推进农业供给侧结构性改革，把增加绿色优质农产品供给放在突出位置。依市场需求变化，从生产端、供给侧发力，围绕休闲农业特色和优势，加快培育形成一批产业关联紧密、带动能力强、辐射范围广、标志性明显的休闲农产品著名商标和品牌。构建以休闲农业园区企业为主体，政府引导扶持，行业协会为辅的品牌运营策略，共同推进休闲农业品牌化建设的机制。

（一）休闲农业园区企业增强品牌意识，提升产品质量，实施品牌营销。休闲农业园区企业作为主体，一方面需要强化品牌意识，依靠科技提高品牌的价值，增加农产品附加价值，构建核心竞争力；另一方面将休闲农业企业品牌与区域品牌相融合，充分利用移动互联网、自媒体和电子商务平台，深挖当地的历史、文化资源，从而提升品牌知名度、美誉度，实现唐山市休闲农业产品与各级市场的有效对接。

（二）政府积极引导，建立有效的政策支持体系和制度保障。政府加大引导和扶持的力度、构建有效的政府支持体系，培育更多更安全更优质更知名的拳头产品，继续完善农产品标准化建设，使唐山市和京津冀的农业合作由此得到进一步深化；加快品牌相关法律制度建设，建立多元投资体系以确保资金需求。建立健全农产品品牌创建奖补制度，对休闲农业农产品加工企业、休闲农业农民专业合作社等取得"三品一标"认证、农交会金奖、国家名牌、省名牌、中国驰名商标和省著名商标、QS认证、质量管理体系认证等品牌创建的，给予政策扶持和资金奖励，促进休闲农业农产品品牌创建工作深入开展。

（三）**充分发挥行业协会服务和监管职能，规范休闲农业农产品市场。**休闲农业农产品质量安全不仅是品牌的生命力，更是发展唐山市休闲农业品牌的根本保障。对于协会而言，加强农业质量标准体系、农产品质量监督检测体系和农业标准化技术推广体系建设，大力开展安全产品推荐工作，促进品牌整合，培育市场主体。

（四）**加快休闲农业标准化生产。**以建立健全休闲农业质量标准体系、农产品质量安全检测体系和农业标准推广应用体系为重点，加快推进休闲农业生产标准化。广泛采用国际和国内先进标准，做到休闲农业产前、产中、产后各环节都有技术要求和操作规范。加强农产品质量安全建设，按照《农产品质量安全法》的监管要求，结合优势农产品布局，以优势主导产业为重点，建成布局合理、职能明确、专业齐全、功能完善、运行高效的农产品质量安全检测体系。

（五）**培育壮大品牌休闲农业主体。**围绕优质粮食、有机蔬菜、健康养殖、生态林果、特色农产品加工五大主导产业，加快实施农产品品牌主体培育战略，积极争取休闲农业产业化发展的一系列优惠扶持政策，大力培育和扶持具有较强开发加工能力和市场拓展能力的休闲农业产业化龙头企业、农业专业合作社等休闲农业品牌经营主体。引导休闲农业龙头企业、合作组织、行业协会与农户之间建立更加稳定的产销合作网。

（六）**强化休闲农业农产品质量安全体系建设。**增强休闲农业品牌经营主体自律意识，切实加强质量保证体系与诚信体系建设，不断提高农产品质量和经营管理水平。突出抓好体系建设、源头监管、质量监测和标准化生产四个重点。推进检验检测体系建设，加强产地环境检测，为农产品生产基地和企业提供快捷、高效、准确的质量安全服务。深入推进农资打假、种子执法等活动，加强化肥、农药、种子等农资市场监管工作。

（七）**加大营销推介力度，提高品牌农产品市场占有率。**休闲农业农产品要建立完善销售渠道，扩大销售规模。围绕休闲农业农产品展示展销，继续组织参加各类大型休闲农业会展活动，利用电视、广播、报纸、网络等多种媒体，推介和宣传品牌，让广大消费者了解产品、使用产品，提高休闲农业农产品市场影响力和市场占有率。进而打入农产品高端市场，促进休闲农业农产品出口。

（八）**自觉维护品牌形象，确保休闲农业农产品品牌健康发展。**休闲农业农产品要加强品牌保护，努力维护品牌的质量信誉，保障休闲农业农产品品牌健康发展，对恪守信用者要予以宣传表彰。品牌主体要强化自律意识，切实加强品牌质量保证与诚信体系建设，提高休闲农业农产品质量和经营管理水平，依法经营品牌，自觉维护品牌形象。

（九）**加大宣传引导力度。**休闲农业农产品要加大对品牌农业创建工作的宣传力度，营造有利于品牌成长的社会环境。要通过各种报纸、广播、电视、网络等媒体推介休闲农业农产品品牌，宣传品牌，扩大休闲农业农产品的知名度。要强化品牌对外宣传工作，积极组织龙头企业、专业合作社、行业协会、家庭农场等农业品牌经营主体参与各种休闲农业农产品品牌展销会、对接会，为产销双方搭建流通平台，努力提高唐山市休闲农业农产品品牌的知名度和美誉度。

邯郸市休闲农业发展现状与对策

邯郸市农牧局　韩玉红　石占飞　贾志忠

邯郸市是一个农业大市，有着丰厚的农耕文化和丰富的农业资源，发展休闲农业逐步成为推动农业供给侧结构性改革、带动农民就业增收和产业脱贫的重要举措，是传统农业走向现代农业的重要渠道。

一、邯郸市休闲农业发展现状

邯郸市休闲农业的发展起步较晚，但是发展迅速，逐步成为促进农民就业增收、农业供给侧结构性改革的重要抓手。"十二五"以来，休闲农业的发展经历了从简单的"吃农家饭、摘农家果"向休闲、养生、体验、健身、度假等功能多样化、服务综合化、产业融合化方向转变。从规模上看，已逐步从一家、一户、一园经营向一沟一谷、一片一带规模化发展。西部的涉县、武安等县结合自身丰富的旅游资源优势，打造精品休闲农业和乡村旅游线路，引导休闲农业和乡村旅游多样化发展。东部的馆陶、成安、永年、邱县等结合美丽乡村建设、现代农业园区建设和本地"三农"特色产业逐步发展休闲农业和乡村旅游。据调查，目前邯郸市休闲农业与乡村旅游经营主体个数289个，其中农家乐168家、休闲农庄（休闲农业园）107家、休闲农业专业村（民俗村）14家。休闲农业与乡村旅游从业人数13 194人，其中农民就业人数11 724人，带动农户23 771户；接待游客约343万人次，营业总收入达7亿多元。

涉县井店镇王金庄一街村、广平县胡堡村分别在2014年和2016年被农业部评定为"中国美丽休闲乡村"，标志着邯郸市休闲农业的发展逐步和美丽乡村建设实现完美结合。

二、休闲农业发展中存在的问题

虽然邯郸市休闲农业的发展取得了初步成效，但是还存在一定的问题，在休闲项目的开发上不能充分挖掘游客的消费潜力，特色产品价值得不到提升，经济效益不好，影响了休闲农业的可持续发展。

（一）缺乏科学的规划。据调查，目前邯郸市还没有制定休闲农业发展规划。20个县（市、区）只有涉县编制了《涉县休闲农业与乡村旅游总体规划（2011—2020）》，5个示范点中只有武安白沙编制了《白沙村旅游总体规划》和《白沙休闲农业与乡村旅游提升规划》，馆陶以特色小镇为单位制定了美丽乡村建设规划。另外，复兴区、鸡泽县是在园区规划中增加了休闲农业内容，全市大部分县（市、区）和90%的休闲农业园都缺少发展规划。由于缺乏发展规划和科学的论证，在开发上随意性较大，存在着无序性和盲目性，没有形成比较完整的产业体系和丰富的产品链条，内容比较单一，严重影响了其可持续的发展。

（二）**缺乏文化内涵和特色**。据调查，目前邯郸市绝大多数休闲农业经营主体在经营发展缺少文化底蕴，没有灵魂，没能将深厚的历史文化资源和独特的民风民俗融入到休闲农业发展当中去，多数休闲农业园甚至没有一个响亮的名字和一个体现自己特色的门面，游客来了就是看景、采摘、吃饭，休闲项目档次不高、品味偏低，不能给顾客留下什么想头，达不到身心愉悦的目的，缺乏持久的市场魅力、生命力和竞争力。

（三）**管理粗放，软件、硬件质量不高**。现在较为普遍的现象为休闲农业经营服务理念落后于休闲农业项目的开发，虽然休闲农业是第一产业向第三产业的直接转变，但这种转变是表面的，相关单位还未摆脱传统农业经营服务的思维方式。此外，休闲农业的规章制度和管理机制不健全，农业部门、旅游部门与其他相关部门在管理上还不够协调。休闲农业地区的道路建设、配套设施建设、管理服务用房等方面比较散乱，没有统一的标准和要求，各行其是。游客的餐饮、住宿、娱乐在安全、卫生等方面还不规范。

另外，各相关专业从业人员没有经过专业化的培训，缺乏专业管理知识，人员素质较低，造成企业管理水平差、营销技能低，难以满足不同类型的消费需求，严重制约了休闲农业的发展。

（四）**土地流转难度大、资金短缺，制约了休闲农业的发展**。据调查，目前大多数农民仍然把土地作为最基本的生活保障，特别是东部平原地区对土地的依赖更强，即使长期外出务工，也不愿把土地流转出去，造成土地流转困难，进而制约了休闲农业的规模化发展。还有休闲旅游项目占地较多，市区周边在休闲农业发展中土地指标异常紧张，土地瓶颈制约亟待打破。另外，休闲农业是综合产业，投入高，收效慢，在前期建设过程中需要大量的资金投入。目前休闲农业项目的开发主要是依靠自筹资金（工商资本和农民自筹），资金不充足，导致很多休闲企业缺乏合理规划，甚至没有形成一个完整、详细的总体规划。

三、休闲农业发展目标与对策

（一）**发展目标**。力争利用3～5年的时间，在已有休闲农业经营主体示范点的基础上，不断扩大产业规模，逐步提升服务水平，实现规范化管理，把休闲农业培育成为居民消费、娱乐、休假的首选，从而达到提升农业、美化乡村、富裕农民的目的。

（二）**发展对策**。

1. 政府引导，政策支持。休闲农业是一项新兴产业形态，投资大、收益慢，为了能健康持续发展，需要政府的引导和支持。各级政府通过制定辖区内休闲农业中长期发展规划、出台优惠政策，引导休闲农业发展方向营造休闲农业发展环境，充分调动社会力量，积极投入。同时，加大招商引资的力度、拓宽融资渠道，鼓励工商企业或个人投资兴业，集中力量上项目，升档次、提水平。为休闲农业与乡村旅游创造优良的发展环境，不断培育扶持壮大休闲农业产业。

2. 科学规划，区域化发展。从山区到平原，各有特色，在休闲农业发展中要科学规划、取长补短，不能千篇一律。利用现有的旅游资源和农业园区优势，借鉴外地成熟经验，加大投资力度，增加硬件建设，完善基础设施，提升服务水平。

西部山区利用自然和旅游线路多的优势，结合《河北省太行山区休闲农业发展规划》，利用"最美休闲乡村（涉县王金庄）""中国重要农业文化遗产（涉县旱作梯田系统）""国家历史文化名镇（村）（峰峰矿区大社镇、涉县固新镇、武安市冶陶镇和伯延镇、涉县偏城镇偏城村、磁县陶泉乡花驼村）"等名片，全力打造农业与旅游相结合的个精品线路。另外，对民俗村、古村古寨进行有规划有目的改造，达到原汁原味与时尚相结合的目的，提升休闲项目的档次和品味，满足高层次消费人群的需求。

东部平原地带要利用自己的优势产业、历史人文、特色品牌，不断探索新模式，把自己的特色农业做活、做大。一是在现代农业园区建设过程中增加休闲功能，争取建设成以生产做后盾、以休闲做引领的集生产休闲于一体的现代农业庄园，如峰峰众怡、馆陶月清黑小麦农场目前建设已有雏形。二是尝试农业主题公园建设。在东部农业生产大县，在现有农业园区的基础上或利用沙滩荒地，增加城市公园化的设计内容，通过栽果树花卉、挖鱼塘、种特色农作物或中药材等内容设计，引导消费群体进行农事体验、观赏休闲，起到让人们了解农业、亲近自然、享受生活的目的。

3. 增加文化内涵，提高品味。目前邯郸市休闲农业经营主体大部分还停留在观光采摘为主的初级阶段，增加文化底蕴，是休闲农业提质、升级的根本途径之一。邯郸市历史遗址、文物和典故传说众多，农产品种类丰富，为提升休闲农业品味奠定了基础，成安的草莓、鸡泽的辣椒、磁县的白莲藕、永年的大蒜、大名的花生、武安的小米等，都是发展休闲农业的宝贵的文化财富，对于游客有着强烈的吸引力。各休闲农业经营主体在规划和建设过程中，要在经营主题和经营理念上做文章，增加休闲农业的文化内涵，使得农业品牌、历史文化实现完美结合，使游客在体验美味的同时，享受到文化的熏陶，从而提高休闲农业的品味。

4. 加强宣传，示范带动。酒香也怕巷子深。各级政府部门应搭建宣传的平台，充分利用网络、电视、报纸、培训等形式，对已有的休闲农业示范县、示范点、星级企业、最美休闲乡村等休闲农业主体进行宣传，向社会推介一批涵盖不同区域类型、不同经济发展水平的休闲农业典型模式。发挥示范带动作用，通过点创新、线模仿、面推广相结合的方式，以点带线促面，形成串珠成线、串线成面的规模效应，努力实现休闲农业的全面发展、协调发展、持续发展。

5. 规范管理，提升水平。在休闲农业发展中，要逐步加强休闲农业的规范管理，结合新型职业农民培育工程，加强对从业人员农业基础知识、休闲农业的营销和管理等相关知识和技能的培训，帮助农民提高经营管理水平和服务规范化程度，以标准化推进休闲农业产业升级。

河间市休闲农业实践与探讨

河间市农业局环保站　刘书运　张红英　李焕芝

一、河间市休闲农业管理及发展

（一）休闲农业取得的成效。随着我国经济的快速发展和人民收入水平的不断提高，城镇居民回归自然、体验民俗风情和感受农耕文化的需求迅猛增长，农业的生态保护、观光休闲和文化传承功能日益彰显，农民增收愿望强烈，休闲农业、旅游农业呈现出巨大的发展潜力和广阔的发展前景。河间市在这个大背景下也涌现出了大大小小、不同规模、不同形式的休闲农业企业。

河间市兴丰农作物种植专业合作社（以下简称兴丰农场）和河北省紫樱园旅游开发有限公司（以下简称紫樱园）目前是河间市休闲农业企业中最突出的两个企业。

兴丰农场成立于2009年，起初流转土地500亩，采用传统农业生产模式，以玉米、小麦种植为主。在各级领导的支持和帮助下，经过8年的努力，目前，已经流转管辖土地1.2万亩，总资产超过2亿元。合作社成员由原来的6人发展到现在的65人。

兴丰农场按照现代化农业产业要求，改革传统种植方式，实行机械化、规模化、集约化、标准化、购置大型农业机械，与农业高校和科研院所紧密合作，发展绿色、生态、优质、高效农业8 000亩。同时立足本地资源优势发展集旅游、观光、体验、娱乐等于一体的休闲农业，打造"兴丰花海""蜜蜂园""孔雀园""恐龙园""良种马繁育基地""小小动物园""儿童游乐场"等特色景点项目。

兴丰农场获得了沧州市农业龙头企业、先进农业合作社等荣誉称号，其美丽的油葵及一望无际的油菜花2016年被评为河北省美丽田园。

截至2017年3月1日兴丰农场总投资超过2.5亿元，扩建标准化养殖暖棚为10排（30间）共7 200米^2。存栏猪100头，鸡80 000只，鹅5 000只。扩建蜜蜂园基地，增加蜂群60箱，主要以意大利蜂为主；扩建国际良种马繁育基地室外跑马场20 000余米^2；改建200米^{2}产品展示大厅，建设150米^{2}西餐厅，200米^{2}标准公共卫生间；铺设水泥、砖面道路20 000余米^2；修建10 000米^{2}广场一个。目前客流量高峰时期日流量超过1万，主要集中于节假日，周末客流量2 000人左右。预计到2020年，年接待客流量超过100万；客流量主要以京津冀游客为主。

河北紫樱园旅游开发有限公司成立于2016年8月，注册资金8 000万元，公司坐落于省级河间市现代农业产业园区，公司是在种植发展油用牡丹的同时将旅游观光等项目共同开发打造，公司成立之前以油用牡丹种植为基础，是河北省首家引用选育油用牡丹的企业，目前油用牡丹种植已投资1.5亿元，流转土地12 000余亩，已完成种植面积9 200

多亩。

为了让更多的人群了解油用牡丹，种植油用牡丹的同时满足人们对观赏牡丹的热爱，基地于2015年7月开始设计、规划800余亩京南樱花牡丹观光园，目前一期400亩已完成种植、道路铺装、功能区建设等主要工程，园内共建设了主路樱花大道、樱花品种观赏区、牡丹品种观赏区、百年牡丹区、主题婚纱摄影区、儿童游乐区、科普教育区、商业文化区、美食广场等主要功能区。园区内樱花共有2万余株、北方易成活品种14个，种植集九大色系72个小观赏区230多个品种的观赏牡丹，分别种植于菏泽品种牡丹区、洛阳品种牡丹区、紫斑品种牡丹区、进口品种牡丹区、牡丹科普区，同时每区配植精品芍药共4万余株，品种达130种，百年牡丹园区内有原国家林业部李育才部长辗转陕西、甘肃多地发掘而来的56株百年以上紫斑牡丹，韵意56个民族大团结。二期建设已开始土建动工，目前完成地下预留预埋给排水、堆坡造景放线等工程，6 600平方米室内婚纱摄影、百亩花海、室外婚礼主题广场、儿童拓展培训基地以及文化休闲区等2017年将全部建成，公司计划2018年4月下旬举办中国首届"樱花牡丹双花节"。京南樱花牡丹观光园的建成将能更迅速的拉动本地区旅游产业发展，同时成为河北省对外宣传的又一美丽名片。

另外，以种养为特色的河间市堪泰园，以休闲采摘为特色的西九吉采摘园，正在建设中的意馨生态园，以采摘餐饮为特色的润和农场等。

（二）河间市休闲农业未来发展思路。

1. 休闲农业。古洋河贯穿城市南北，周边农业资源和产业基础条件较好。未来开发策略：一是大力提升现有休闲农业园区，完善其内部旅游配套设施及功能；二是利用农业发展优势，培育一批新的特色休闲农业园区；三是促进休闲农业与诗经文化、红色文化、名人文化等资源特色的结合开发，提升综合开发潜力和竞争力。

2. 河间乡村民俗游憩环。范围主要为城区周边区域，涉及瀛州镇、果子洼回族乡、龙华店乡、西九吉乡、沙洼乡等乡镇。未来发展定位于河间乡村休闲和民俗文化体验集聚区，河间市民假日休闲度假首选地。应大力推进城市周边生态农业与乡村旅游融合发展，开发一批农业休闲庄园、休闲果园、农家乐、农业示范旅游基地等乡村旅游景区景点；近期重点扶持丰伟生态园等一批乡村旅游景点的发展；推动刘守庙片区发展，依托刘守庙及神医文化，整合周边果林、农业及村落，打造一个集神医文化、中药养生、乡村旅游、民俗体验等功能于一体的旅游片区；以冀中根据地为依托，发展红色文化旅游。

3. 生态农业组团。范围主要包括子牙河沿线及其以东区域。未来发展定位生态农业休闲旅游区和农业旅游示范区，河间旅游发展的后备组团。在河间城市规划里面主要发展生态农业，因此在本组团主要是依托农业，在不影响农业生产的前提下，与旅游结合发展，增加农业的附加值，发展生态农业旅游和休闲农业旅游；借鉴台湾休闲农业发展的成功经验，培育一批生态农园、休闲农业园、休闲牧场，培育一批省级、市级生态农业休闲旅游示范基地。

4. 河畔生态休闲庄园。结合古洋河开发建设，整合农果业与旅游业，增加产业附加值。依托区域民俗文化、生态文化和特色产业，将两岸乡镇打造成集生态旅游、休闲度假和民俗体验为一体的绿色原野休闲旅游区。采用产业联动策略，合理开发滨水区域，完善滨水休闲设施，开展水上休闲运动，注重生态保护，形成集观光采摘、休闲垂钓及餐饮住宿于一体的综合型乡村旅游区。

河间市休闲农业大发展，吸收了大量的游客。对照休闲农业示范点的申报条件，如果条件成熟，兴丰农场计划申报2017年河北省休闲农业示范点。

二、发展规划

（一）休闲娱乐系统规划。按照"京津冀曲艺娱乐中心"和"产品层次化、项目特色化、内容健康化"的方向，政府主导推进文化体制改革，使文化产业接轨旅游业，以旅游为载体传承和发展河间文化，深入挖掘河间文化内涵，开发河间特色娱乐活动，要求旅游演艺产品要与河间文化接轨，从河间文化中汲取营养，创造出具有河间特色的旅游娱乐活动。由企业主导推进休闲娱乐场所的建设，建设一批主题丰富、档次齐全的休闲娱乐场所系统，推进休闲娱乐全民化和日常化，将河间打造成一个充满休闲文化氛围的城市。

（二）"回乡花海"项目策划。

1. 回乡人家。结合果子洼回族乡社会经济发展情况，依河而建具有回族特色的乡村民宿，主要包括回族特色餐饮、回乡风情主题客栈、回乡风情文化活动。营造回族风情文化氛围，并设置回族特色民俗、音乐、歌舞、服饰等文化体验区，满足游客求新、求奇的多样化休闲需求。

2. 回乡民俗文化苑。依托民俗旅游村，以餐饮美食为主吸引物，建设回乡民俗文化苑。将回族节日（古尔邦节、开斋节等）办成河间地方文化节、美食节、旅游节，与其他旅游商贸活动合并。除介绍文化外，还应设置参与体验项目，举办回族民俗节庆活动，丰富旅游产品体系。

3. 花儿旅游村。依托柳林花卉资源基础，扩大种植规模，打造集培育种植、观光游览、旅游体验、文化休闲于一体的综合型花卉特色旅游村落。扩大花卉培育种植规模，引进优质品种，提高种植科学性和效益性，保证花卉产品品质。利用古洋河水系和回族文化特色，结合花卉景观，建设区域旅游休闲设施，促进花卉产业化、规模化、品牌化发展。结合各种花卉打造主题花村民宿如东篱菊园、月季人家等，配套乡村美食、田园风光产品，增强区域旅游吸引力。

（三）"景和三园"乡村生态旅游集群概念规划。

1. 发展条件。景和镇域内的华奕、兴丰、意馨三大休闲农业园区项目，将农业生产与制造业和服务业深度结合，具备了规模经营和附加值提升的一定基础。三个项目各有特点，产业互补。目前都已完成所用土地流转，通过农业产业深度挖掘，有望逐步形成特色的农业科技示范园、旅游观光新景区，支撑起河间东部生态农业观光组团的发展。

2. 总体构想。引导集群发展，形成合力。以景和三园为整体品牌，引导错位发展、共同发展。政府提供整体规划、共建基础设施、实施整体营销。景和三园，依据项目基础和潜力，分别建设"芳香世界"——华奕生态休闲园，"私家农园"——兴丰生态休闲园，"五色森林"——意馨生态休闲园。

3. "芳香世界"——华奕生态休闲园。以牡丹园为主打形象，以牡丹种植、观光、休闲为基础产品,以牡丹植物精油加工、体验、销售为核心竞争力,逐步展开购物、餐饮、住宿、商务服务、地产等外围业态,支撑多样化的农业生产和加工产业。 切实抓好牡丹精油加工、销售环节,逐步拓展玫瑰、薰衣草等种植和加工,形成多色彩长花期的特色观光功能。依托植物精油加工,开发养生美容休闲项目,或与市内其他商务、休闲、温泉类项目合作开发经营高端休闲项目。

4. "私家农园" ——兴丰生态休闲园。基于有机品牌优势与农业空间潜力,发展创新型的农业旅游,实现从有机养殖农场到现代私人度假农场的转变,实现从传统人文理想向当代生活梦想的转变。 项目应建成具有家园意义的农业体验与乡村生活之未来社区,呼应现代城市人的田园梦,构建"有家·有园·有生活"的生活园区。 引入CSA农业模式,在本区域将形成一份农田上果蔬种植和禽蛋生产组合化产品,每个会员家庭都将拥有这样一份果林农田自由的生产耕种。

5. "五色森林" ——意馨生态休闲园。基于林业发展基础,除向外延伸花木苗圃、生态种养殖、有机农业加工的一产二产链条外,通过休闲产业的附加,为本区域提供更加直观和亮丽的整体形象,为企业品牌加分。 以"五色森林"为品牌,将色彩体验最大化发挥出来。 同时开发十分丰富趣味盎然的林下活动,包括林下营地、林间住宿设施、林木主题休闲设施、林间康体活动和节目等。

(四)主题休闲产品规划。乡村休闲度假主题产品,要抓观光,促休闲,亮乡村。依托古洋河沿岸生态及乡村资源,大力发展乡村生态旅游和乡村滨水娱乐等产品。依托城郊周边乡村,以标准化、特色化为理念,建立一批乡村旅游名镇、乡村旅游名村,重点开发乡村民俗娱乐、乡村美食等产品。依托东部生态农业,在保障农业生产的基础上,顺应现代创意农业发展趋势,结合大地艺术理念,开发一批农业大地艺术景观、特色花卉艺术观赏等农业生态观光产品。

(五)市域自驾线路安排。市区—丰伟农业合作社—毛公书院—冯国璋故居—齐会战役纪念遗址公园—贺龙指挥部—白求恩手术室旧址。南线:市区—冀中根据地—左敬祖墓—刘完素乡村养生度假区。东线:市区—古洋河公园—河间第一党支部。

怀来县休闲农业发展规划及建议

怀来县农牧局　　张利霞

一、发展现状

2014年，怀来县被河北省农业厅、河北省旅游局认定为全省休闲农业与乡村旅游示范县，到目前为止，怀来县已取得国家及省级休闲农业荣誉称号9个，名列张家口市第一。全县已创建休闲农业与乡村旅游景点106个，培育葡萄酒庄、酒堡、生态园37家，乡村农家乐350户，果蔬采摘园12家。惠及乡村旅游服务从业人员36 000人，其中80%是农民。初步形成了春赏花、夏观景、秋采摘、冬泉浴的休闲旅游格局。

二、发展目标、总体部局

到2020年，培育3条特色休闲农业观光带、打造10条休闲农业观光线路、创建20个星级休闲农业园区、1个河北省现代十佳休闲农业园区、1个最美休闲乡村、2个美丽田园，基本建成集科技示范、生态保护、休闲观光、文化传承等功能于一体的都市休闲农业示范县。

一是打造三条休闲观光带。环湖特色果品和葡萄酒庄休闲观光带、西部河川区绿色蔬菜休闲观光带、北川有机蔬菜特色果品休闲观光带。

二是打造10条休闲农业观光线路。分别是"东八里—鸡鸣驿"绿色蔬菜观光采摘线；"存瑞—王家楼"有机蔬菜和冰葡萄观光采摘线；"炮儿村—东沟"特色果品观光采摘线；"卧牛山—天黄山"特色果品原生态观光采摘线；"北宗黄酒—长城桑干酒庄—中节能太阳能光伏农业科技大棚"精品农业休闲观光线；"温泉小镇—双龙山"双阳河谷葡萄观光采摘线；"桑园—东花园"葡萄酒庄酒堡休闲观光线；"小南辛堡—官厅—桑园"特色果品休闲观光线；"官厅—旧庄窝"永定河峡谷特色果品观光采摘线；"瑞云观—镇边城"特色果品古村落休闲观光线。

三是休闲农业与乡村旅游星级创建。休闲农业和乡村旅游日益成为富裕农民、提升农业、美化农村的朝阳产业，怀来在取得全省休闲农业示范县的基础上，全县荣获省级以上休闲农业荣誉称号数量达到9个，名列全市第一。

全县还继续培育打造达华农业园、上谷水郡农业园、存瑞国光苹果、老君庄草莓、炮儿草莓、大黄庄民丰农业园等20多家企业（园区）、景观、村落成为新亮点，使怀来县的星级农业园、美丽田园、休闲农庄、美丽乡村成为首都周边度假天堂、养老圣地。

三、存在问题

怀来县休闲农业虽然势头较好，取得了一定成效，但从整体上看尚处于起步发展阶段，与北京、河北省内兄弟市县相比仍有较大差距。

盲目建设，缺乏统一的规划管理。从休闲农业发展来看，怀来县休闲农业和乡村旅游没有进行过专项的休闲农业旅游规划，发展盲目性很大；从营销来看，许多休闲农业与乡村旅游点产品尚未形成品牌，也没有系统的营销战略。从旅游知名度方面，"有点缺线"（有观光点而缺精品旅游线路），尚未融入京津冀旅游市场、旅游线路中，亟待开发知名景点一体化消费线路。

季节性强，旺季过旺，淡季过淡。怀来县休闲农业与乡村旅游的季节性很强，普遍存在淡季过淡，时间过长，一年中淡季持续约6个月，大量旅游设施闲置，乃至于停业，出现了"淡季时没东西吃、旺季时没地方吃"的尴尬局面。

经营水平参差不齐，有待提高。由于大部分休闲农业与乡村旅游从业人员以当地农户为主，其从业素质和旅游服务质量普遍较低，致使乡村旅游经营规模较小，档次较低，经营效益也难以得到提升。

重视程度不够，运作资金缺乏。对休闲农业发展认识不足，对星级评定工作不重视，宣传力度不够。休闲农业申报需要一定的经费，而企业申报积极性不高。各个休闲企业资金投入力度大，回收期较长，经营效益不理想，影响休闲农业的发展。

主管休闲农业部门无合法身份，无编制、无经费、无固定人员，给工作带来一定的难度。

四、发展政策建议

一是加强规划引领，推进科学发展。结合环首都绿色经济圈、申办冬奥会和社会主义新农村建设为契机，对休闲农业与乡村旅游作出总体布局。引导和鼓励乡村旅游线路开发和乡村旅游精品项目建设，提高休闲农业、乡村旅游产品的参与性和文化含量。休闲农业的发展要促进当地农业产业的发展，有利于当地农业的转型升级，有利于农业与农村一二三产业融合发展，有利于农民收入的提高。

二是突出乡土特色，打造知名品牌。食住行游购娱各个旅游要素上突出乡土特色，鼓励在荒山、荒坡、荒滩进行休闲农业与乡村旅游开发，支持村民在自己承包土地上开展农家风情和民俗旅游，走差异化发展道路。休闲农业是农业产业功能的拓展，要有产业支撑。增强品牌意识，突出"葡萄和葡萄酒之乡"特色品牌，树立了崭新的形象。

三是加强规范管理，提升产业品质。管理和服务是发展休闲农业与乡村旅游发展的两个短板，需要加强管理；加强示范引导，继续开展休闲农业与乡村旅游示范点和乡村星级创建评定工作，对进入"省级""国家级"的示范点给予适当的奖励和各方面支持。

四是加大政策扶持，强化措施保障。加强政府部门对休闲农业的重视，休闲农业主管部门要有合法身份，有编制有人员有经费。休闲农业与乡村旅游的发展需要强有力的政府引导，特别在发展阶段，需要在政策资金、公共设施等方面加大支持力度。

黄骅市休闲农业实践与探讨

黄骅市农业局环保站　于荣艳

一、黄骅概况

黄骅是一座以英雄名字命名的城市，位于河北省东南部，地处环渤海经济圈中部位置和环京津枢纽地带，是河北省东出西联的出海口和桥头堡。黄骅市处于暖温带半湿润季风气候区，因靠近渤海而略具海洋气候特征，季风显著，四季分明，夏季潮湿多雨，冬季干燥寒冷。黄骅市境内自然和人文旅游资源较为丰富，有比较多的自然文化遗址。

二、黄骅休闲农业发展过程

（一）休闲农业现状。自2014年以来，黄骅启动美丽乡村建设，市委、市政府按照省委、省政府的工作部署，统一思想，顺势启动，拓宽思路，真抓实干出真招，把此项工作作为提升农民幸福指数的重要抓手，加快推进农村洁净化、田园化、休闲化进程，全力打造美丽乡村。借助"黄骅市第12届冬枣节暨第一届美丽乡村旅游节""黄骅首届旅游采摘节"活动开幕之际，面向京津市场，以"游遍了名山大川，再来看看田园空间，陪家人农事游玩"为主题，正式推出"黄骅美丽乡村一日游活动"，来自北京、天津、山东的游客携亲带友，络绎不绝，当地冬枣、金丝小枣、萝卜、土鸡蛋等初级农副特色产品供不应求，全市秋季旅游总人数突破10万人次，带动交通、餐饮、住宿、购物等综合收入突破8 000万元。到目前为止，黄骅市冬枣采摘节已成功举办14届，旅游采摘节已举办2期。另外，每年乡村农民趣味运动会、全民运动会、文化物资交流大会在各休闲乡村的举办，增加了村庄的收入，提升了休闲乡村的知名度，扩大了其吸引力。

（二）休闲农业取得成效。近几年，黄骅市特别注重美丽乡村、休闲农业的建设和发展，每年推出最美休闲乡村、美丽田园推介活动，以此促进休闲农业发展，树立休闲农业品牌。到目前为止，全市共创建三星级采摘园两个，中国最美休闲乡村一个，挖掘农业名特旅游产品两个。截至2016年底，全市休闲农庄和农家乐旅游点12个，从业人员800余人。其中2015年黄骅市齐家务镇东聚馆村被河北省农业厅誉为"河北省最美休闲乡村"称号，该村宝诚冬枣种植专业合作社被挂牌"河北省三星级采摘园"；2016年旧城镇小堤柳庄柳堤古枣观光园被挂牌"河北省三星级采摘园"；2016年黄骅市齐家务镇东聚馆村又被授予全国最美休闲乡村荣誉称号。2016年共接待游客13万人，直接经济收益1.1亿元。

2014—2015年黄骅市连续两年被评为"河北省美丽乡村建设先进县"，继而对有基础、有条件、有特色、有历史的村进行深入挖掘、重点打造：东常庄、李子札、李家堡成为"省级旅游示范村"；东聚馆、小堤柳被评为"国家级旅游示范村"；孔店被誉为市级生态农业示范村；沿海贝壳堤旅游，"两河"村庄生态游相继展开。

（三）采取的政策与措施。一是夯实工作责任。近年来，市政府把美丽乡村、休闲农业作为一项重要内容来抓，确定专门领导负责抓此项工作，并将此项工作作为乡镇年度考核的一项重要考核内容，全市各乡镇及办事处都进一步明确了工作职能，夯实了工作责任，积极认真抓休闲农业的发展。二是加强规划引导。为了规划实施，组织专门人员进行深入调研，在充分论证的基础上，立足村情，在明确休闲农业发展的总体目标、产业目标、规模目标和空间目标的基础上，做到因势利导，突出彰显各村特色。三是加大投资扶持。近几年紧抓"工业反哺农业""资金整合运用""农技人员服务农村"等一系列扶农惠农政策，做到先美丽后休闲，投入几十个亿的资金扶植美丽乡村建设。四是创新经营方式。休闲农业的经营项目综合化成为一种发展趋势。在集餐饮、游园、棋牌、表演、培训、客房等项目为一体的传统经营方式基础上，以农业产业为支撑的休闲农业经营成为发展主流，农业产业为休闲产业提供了蔬果、面花、盆景、野菜、特色小杂粮等各具地域特色的农业休闲体验观光资源，进一步延伸了农业产业链，增加了农业产业附加值，提高了经济效益。

三、2017年黄骅市休闲农业发展规划

提质美丽镇村建设。围绕"四美"目标，坚持规划引领，连片打造，健全美丽乡村卫生保洁、设施维护、绿化管护长效机制，保持沧州第一、全省先进。挖掘东常庄剪纸艺术、小堤柳生态休闲等旅游资源，打造古贝壳堤、聚馆、"两河"等5个乡村游精品片区。

摘自《黄骅市政府工作报告（2017）》

京津冀协同发展背景下保定休闲农业研究

河北省保定市原种场　　冯浩；

河北省保定市土壤肥料工作站　　周彦忠；

河北省保定市原种场　　沈铭伟

休闲农业工作是国家正在实施的现代农业建设、生态文明建设、城乡一体化发展、美丽中国建设等战略中不可缺少的环节。河北省保定市农业文化底蕴丰富，具环京津地理位置优势，发展休闲农业与乡村旅游前景广阔。

一、发展现状

"十二五"以来，河北省保定市休闲农业从无到有，逐步形成新的产业。截至2014年12月，全市共有休闲农业和乡村旅游企业283家（其中：休闲农庄5家，休闲农业园区26家，民俗村6个，农家乐246家），主要分布于易县、涞水、涞源、阜平、顺平、满城等太行山区和环北京县市，从业人员1.45万人，直接吸纳农民工1.27万人，带动农户4.34万户，年接待游客632.94万人次，营业收入12.9亿元（其中：农副产品收入2.9亿元），利润总额1.8亿元。全市共创建全国休闲农业与乡村旅游示范点1家（唐县秀水峪旅游开发有限责任公司）；休闲农业与乡村旅游全国星级企业3家（涿州市润生生物技术有限公司、满城县龙门山庄生态园、易县狼牙山中凯集团）；省级星级休闲园（采摘园）7家（望都县嘉欣果蔬种植专业合作社、唐县华峪山庄、唐县晨泽农业生态园、满城县龙门山庄生态园、易县狼牙山中凯集团、河北润雅农业科技开发有限公司、河北屯园农业开发有限公司）；全国"美丽乡村"3个村（博野县大北河村、易县于家庄村、高碑店市平辛庄村）；顺平县桃花景观和易县牡丹花景观认定为2014年中国"美丽田园"。全市每年开展以休闲农业为主要内容的节（庙）会达28场次，接待（参与）250余万人次。

二、制约因素

通过发展集"吃、住、行、游、购、娱"旅游六要素于一体的休闲农业，带动农副产品加工业、餐饮业、旅馆业、交通运输业、零售业、文化娱乐业、建筑业等相关产业的发展，进而拉动农业产业的转型升级。保定市的休闲农业与北京、天津、省内其他环京津的城市相比发展较缓，与建设旅游大市的要求差距很大，制约因素主要有以下几点：

（一）起步晚、规模小、硬件不足。 与周边城市相比，休闲农业从业企业的数量、规模和接待能力等方面都存在很大差距，没有充分发挥保定市环京津的区位优势。在283

家休闲农业与乡村旅游企业中，以家庭为主的农家乐就有246家，占总数的86.9%，其他一些较大规模的企业，也普遍经营面积小、游乐项目少、设施不完备，来客而留不住客。在经营项目上基本多为观光、采摘、垂钓、餐饮等，同质化严重，而农事教育、现代农业科技展示、传统农业发展史等农耕文化和民俗文化方面的内容很少。

（二）服务质量参差不齐，软件有待提高。目前，全市仅满城县青山绿源荒山开发有限公司的龙门山庄生态园、易县狼牙山中凯大酒店集团有限公司被评定为全国四星级休闲农业与乡村旅游示范创建企业（园区），管理、服务比较规范；而多数企业的管理、服务人员接受过专业培训的比例低，管理水平、服务质量参差不齐。特别是以餐饮、住宿为主业，以家庭、夫妻为主要管理服务人员的农家乐，各种管理制度很难规范，随意性较大，环境卫生、服务质量有待改善和提高。

（三）宣传不够，客源不足。保定市旅游资源丰富，一些新开发的休闲农业景区或乡村自然风光其实更适合短线度假，既不会出现游客"人满为患"的情况，又避免了知名景区交通的拥堵，但由于宣传力度不够，导致出现了城市游客不知到哪儿游，而休闲农业与乡村旅游企业又争取不到足够客源的现象。

三、对策与建议

根据保定市休闲农业发展实际，统筹考虑京津冀协同发展的规划布局，为服务城市需求、富裕一方农民、提升保定形象，提出以下对策和建议。

（一）加强行业指导。一手抓宣传推介，一手抓政策扶持。把发展休闲农业做为各级政府、农业主管部门转变工作作风、调整农业产业结构、提高农业效益、增加农民收入的重要内容来抓。加快制定休闲农业发展规划，积极引进休闲农业开发项目。筹备组建保定市的休闲农业协会，指导其与中国旅游协会休闲农业与乡村旅游分会、北京观光休闲农业行业协会、天津市休闲农业协会的对接。搞好休闲农业的策划、组织、包装，创新营销方式，广泛利用门户网站、报刊杂志、广播电视、官方微博、微信公众号等媒介和区域性、专业性会展，有计划、有重点、多渠道地宣传推介保定。要因地制宜，精心筹划和举办农事节庆、节会活动，如白洋淀荷花节、狼牙山山花节、顺平桃花节、满城草莓节、神星镇柿子节、阜平红枣节等，扩大休闲农业的知名度和群众参与度。结合不同休闲农业企业（园区）的特点，分类指导、强化管理、合力打造，使休闲农业企业（园区）的硬件和软件明显提高，接待能力上一档次。休闲农业涉及多领域、多部门，要树立"一盘棋"思想，以我为主，主动作为，加强与财政、国土、旅游、金融等部门的沟通协调，研究制定推动休闲农业发展的财税、融资信贷和土地流转等支持政策，协调交通、水利、电力、通讯等部门搞好基础设施建设服务，休闲农业发展到哪里，基础设施建设就服务到哪里，多部门互动协作，形成发展休闲农业工作的合力。

（二）注重提升内涵。既要鼓励创意设计，又要注重文化传承。坚持以农业为基础，农民为主体，农村为特色，围绕农业生产过程、农民劳动生活和农村风情风貌，统筹规划设计，强化特色创意，抓好示范基地创建、知名品牌培育、服务体系建设、乡土文化挖掘，着力培育一批主题鲜明、特色突出的休闲农业示范点和集聚村，开发一批具有地方特色的休闲商品，推进农业与文化、科技、生态、旅游的融合。建立特色精品农业区，发挥鲜活农产品的供应功能；建立参与体验农业区，发挥休闲观光功能；建立生态景观型农业区，发挥生态平衡功能；建立现代农业区，展示新品种、新技术、特色作物和高标准现代农业设施，发挥农业的文化科普功能。加大农业文化遗产历史、文化、景观价值的发掘，把其作为休闲农业的重要资源来传承利用，推动遗产地经济社会协调可持续发展。

（三）优化产业布局。丰富类型和形成产业集聚区。在产业布局上，要立足当地特色和现有旅游资源，以农业功能的拓展、农耕文化的传承为思路，提供农事体验、度假休闲服务，让游客摘点新鲜菜（果），钓点鲜活鱼，吃吃农家饭，睡睡农家炕，参照保定市编制的《环首都休闲度假旅游总体规划》和《古北岳大茂山历史文化旅游产业聚集区总体规划》，逐步形成环京津和沿京港澳、荣乌、保阜、张石、张涿高速公路等几条各具特色的休闲农业精品线路。在产业类型上，要进一步创新发展形式，促进休闲农业多样化、个性化发展。特别要重视支持农民以自家庭院为载体发展农家乐，鼓励发展农家乐聚集村。支持经营主体协作联合，打造精品线路，推动休闲农业产业集聚。鼓励企业（园区）参加全国和河北省休闲农业与乡村旅游示范点、星级示范创建以及休闲农业创意精品大赛等活动。鼓励有条件的县参与全国休闲农业与乡村旅游示范县创建、中国最美休闲乡村和中国美丽田园推介活动。

（四）提升休闲农业软硬件水平。不断提升从业人员素质和改善服务设施。要着力培养一批规划设计、创意策划和市场营销人才，为休闲农业发展提供智力支撑。要充分利用新型职业农民培育平台，加强对休闲农业经营管理人员农业技术、接待礼仪、游客服务等相关知识和技能的培训，引导休闲农业经营管理者更新发展观念，分层次、分类别开展业务培训，不断提高从业人员素质。同时，注重规则、规范制定，强化监督管理，完善退出机制。引导各休闲农业经营主体在统筹考虑资源和环境承载能力的情况下，加大生态环境保护的力度，结合正在开展的农村面貌改造提升（基层建设年）活动、美丽乡村建设活动，推动休闲农业经营场所的基础设施建设，完善路标指示牌、停车场等辅助设施。

四、结语

休闲农业是新形势下转变农业增长方式，增加农民收入，缩小城乡差别，建设和谐社会的一项重要工作。在京津冀协同发展大背景下，保定休闲农业要主动"走出去"，一方面学习借鉴京津先进经验，另一方面要吸引京津投资，大力开发京津客源市场，将休闲农业与现代农业园区、生态环境保护、农业产业化建设融为一体，进而带动保定农业经济全面发展。

参考文献

宗锦耀.2014.努力构建促进休闲农业持续健康发展的长效机制[N].农民日报，10-30（3）.

王克柱，赵英杰，文庆.2011.保定市休闲农业对接京津发展研究[J].安徽农业科学，39（5）：2954-2957.

上海市农业委员会.2013.依托都市现代农业发展上海农业旅游[J].农业工程技术（17）：53-55.

京津廊休闲农业与乡村旅游考察报告

廊坊市休闲农业管理站　刘宝会

为加快廊坊市休闲农业发展，借鉴京津休闲农业与乡村旅游的成功经验，2016年5月17～20日，廊坊市农业局组织各县（市、区）休闲农业工作的主要负责人12人，赴北京、天津学习考察了休闲农业与乡村旅游工作。先后对武清君利现代农业示范园、武清津溪桃园、滨海新区茶淀葡萄科技园、宁河县齐心现代农业园、蓟县下营镇郭家沟村、北京欧菲堡酒庄、顺义区双河果园、顺义区意大利农场、昌平区御林汤泉、昌平区洼里乡居楼、通州区金福艺农番茄联合国、大兴区融青生态园进行了学习考察。

一、启示与借鉴

（一）用足政策，项目资金扶持力度大。所考察的园区，当地政府对现代农业园区建设及新农村建设，通过出台相关政策均给予了大量的资金扶持。天津市在现代农业园区建设方面政策，市级补助3 000万元，区、县级支持2 000万元，滨海新区又单独支持3 000万元，连续支持3年，对重点地区还会额外增加支持补助资金。天津实施的"9123工程"市财政每年有2 000万元扶持农业项目，用来支持载体建设、节庆活动、体系建设等。如蓟县郭家沟村自2011年起，市、县两级政府总共拨付资金近1个亿，完成了村落的整体规划，对农户住宅进行了穿衣带帽、通信网络等地下线路改造、污水处理、改造村容环境死角，建立了游客服务中心等。北京自2006年以项目扶持为主，每年约6 000万元支持郊区休闲农业的发展。

（二）创新理念，用工业思维发展农业。当前，农业发展正处在转型的关键时期，与工商业相比，更需要发展方式的转变和生产力水平的不断提升。天津君利现代农业园、齐心现代农业园、北京金福艺农番茄联合国、融青生态园等园区将工业理念引入农业，用建设工业园区的理念和方法抓农业园区建设，在规划设计、管理模式、服务理念、营销手段等方面，拓展了农业的内涵外延，提高了劳动生产率和土地产出率，为农业的转型升级提供了一种崭新的思路。

（三）精耕细作，休闲农业产品丰富。休闲农业与乡村旅游是为满足市民的需要而出现的，而市民的需求是动态的、变化的，这就决定了休闲农业与乡村旅游是发展的、开放的，业态是丰富多样的。在考察的各个休闲农业点中，北京金福艺农番茄联合国以番茄为主题，形成集观光采摘、科普教育、科技示范、餐饮住宿、休闲会议、文化艺术于一体的大型都市休闲创意农业旅游景区。天津滨海茶淀葡萄科技园通过葡萄主题带动旅游，投入巨资建设了温泉洗浴、游泳健身、餐饮住宿、休闲木屋、房车营地、儿童娱乐等吸引客人、留住客人的项目。

（四）主题突出，注重品牌效应。休闲农业与乡村旅游的发展已进入品牌化时代。经营者建立自己的商品品牌，可以使自己的产品便于经营管理，有利于建立稳定的顾客群，有助于利用品牌强化产品形象，提高竞争能力，促进销售，增加利润。天津滨海茶淀葡萄科技园，主打葡萄品牌，"科技引领，示范带动"作为科技园宗旨。目前，各品种葡萄种植137种，"茶淀牌"玫瑰香葡萄是天津农业名牌产品，也是全国知名品牌，具有鲜明的地域特色，多次在全国鲜食葡萄评比上获奖，产品在国内享有较高的声誉。

（五）强化宣传，推介力度大。休闲农业是信息带动型产业，信息宣传至关重要。对休闲农业的宣传主要体现在3个渠道：一是开展大型的产业宣传促销活动。北京举办了3届全国休闲农业创意精品展、5届北京农业嘉年华活动，金福艺农举办了6届番茄文化艺术节、津溪桃园举办桃花节等；二是有计划地在电视台、广播电台等媒体上打宣传广告。顺义区在《北京日报》《北京晨报》等报刊上推出观光休闲度假工作专访和广告专版，同时向城四区定投宣传插页；三是通过网络平台宣传。

二、与廊坊市现状比较

自2011年起，经过6年的引导和培育，把休闲农业与乡村旅游这个涵盖一二三产业的新型业态，从自发状态已逐步发展成廊坊"三河一带一纵深"的休闲农业总体布局，成为支撑现代农业、农民增收、美丽乡村的朝阳产业。"三河"指潮白河、永定河、大清河三大河系流经区域，"一带"指"环首都绿色休闲农业带"，包括三河、大厂、香河、安次、广阳、永清和固安7个县（市、区），"一纵深"为文安、大城休闲农业纵深拓展区域。

到目前为止，全市共有休闲农业经营单位112家，其中农家乐33家，休闲农业园区61家，休闲农庄15家，民俗文化、美丽乡村旅游模式3家。从业人数2万人，其中农民就业人数1.6万人，带动农户6万户，年接待644万人次；规划总面积16万亩，已建设面积4.5万亩；计划投资246亿元，已投资41.4亿元；年营业收入14.8亿元，实现利润1.8亿元。国家级休闲农业星级企业9家，河北省休闲农业星级企业17家；国家休闲农业与乡村旅游示范点1家，省休闲农业与乡村旅游示范点5家；中国美丽休闲乡村1家，河北省最美休闲乡村4个，河北省美丽田园3个；中国最美休闲农庄1家；河北省十佳现代休闲农业园区1个。

（一）廊坊市的不足。

1. 扶持政策欠缺。廊坊市休闲农业的几个规模型园区都是企业老板投资兴建，而休闲农业园的建设需要大量的资金支撑，有的企业在资金上出现了困难，有的景点建设处于停滞阶段，建设速度减缓，大部分园区处于维持现状阶段。农民发展旅游农业的资金极其匮乏，发展后劲严重不足。从政策方面来看，缺乏资金支持和优惠政策。市、县两级均没有设立专项扶持基金；在税收、贷款、用地、工商管理、食品、卫生、安全保证等政策尚无明确规范。

2. 自然资源匮乏。廊坊市的休闲农业是在农业结构调整过程中发展起来的新兴产业。

在进一步发展过程中，传统生产型农业园区吸引力不足逐渐凸显，需要借助自然景观、历史古迹等旅游资源聚拢人气。但廊坊市地处平原，自然资源匮乏制约了休闲农业的进一步发展。

3. 配套设施不完善。大多数园区为传统的生产型农业园区，温室大棚、节水灌溉、虫害防治等生产设施比较完善，农产品质量也较高，但园区道路、标识系统、停车场、公共卫生间、交通等休闲配套设施不尽完善，只能提供单一的采摘、垂钓等体验式农业项目。有的园区不具备简单的餐饮住宿条件，其周边又没有形成民俗旅游村、户，不能满足游客的多层次需求。另外，除个别园区外，大部分园区在旅游咨询、信息发布、导游解说等各类服务系统需要开发、提升。

4. 缺乏特色品牌产品。全世界消费者都能读懂的语言是知名品牌。随着乡村休闲旅游产业进入成熟期，市场竞争越来越激烈，市场的决定权正由生产者向消费者转移。在这个时期，休闲旅游产业的品牌建设显得尤为重要。廊坊市大多数园区没有形成规模和品牌，且形式单一，内容雷同，服务缺乏特色，吸引力不强。

（二）廊坊市的优势。

1. 区位优势。廊坊市位于环渤海经济圈、京津冀都市圈中心地带，域内京秦、大秦、京沪、京九4条铁路和京沈、京沪、大广、津保4条高速公路通过。在京津冀一体化发展的大背景下，交通更加快速、便捷，三地人员工作、生活交流日益密切，建设多类型休闲农业产品，发展旅游、休闲、培训、科普教育等都具有得天独厚的条件。另外，首都二机场的建设，在吸引农业产业化投资企业具有明显的地理及区位优势。

2. 市场客源充足。廊坊市毗邻京津两大城市，百千米圈内拥有几千万人的市场，同时北京、天津的人均收入均排全国前列，为发展"采摘、品果、赏花、观光、体验、度假、休闲"于一体的休闲旅游农业提供了客源保障。

三、发展廊坊市休闲农业的建议

（一）发挥政府的扶持引导作用。发展休闲农业既符合廊坊市推进城郊—都市型现代农业建设、发展"环首都绿色休闲农业带"总体发展基本要求，顺应京津冀城市居民休闲旅游需求的形势，又符合农业产业结构调整的基本方针，符合新农村建设的具体要求。政府及职能部门要在休闲农业产业化进程中积极推动休闲农业的发展。在发展休闲农业与乡村旅游时，休闲农业主管部门要将休闲农业纳入调整农业产业结构、促进农业转型范畴，统一规划。有必要的政策和资金扶持。充分协调旅游、财政、交通、工商、税务、环保、城管、国土、卫生、规划、物价、公安、科技等相关部门，积极为休闲农业发展创造良好的发展环境。

（二）开创多元化的融资体制。资金短缺是发展乡村休闲产业面临的最大瓶颈。解决资金问题的途径是创新投融资体制，建立投资主体多元化、融资方式多样化、运作方式市场化的新体制。联合有经济实力的投资者参与休闲农业，通过企业筹措、农户自筹、政府扶持等方式筹措建设资金，鼓励和引导工商资本、民间资本投资休闲农业，采取"公司+农户"的形式投资开发乡村休闲产业。有了可持续发展的后劲，投资方的正规企业管理和我们的新型农业管理经验有机结合，使得服务功能不断优化，各种休闲项目互相带动，休闲农业经营体才会不断壮大。

（三）解决品牌定位趋同化问题。休闲农业旅游品牌，应当是一个持久而稳定可靠的品牌形象。在旅游消费者心中，树立对其的认知，进而形成一种差别。也正是这种差别才能吸引旅游者的兴趣，提高其消费欲望，最终凝聚成休闲农业品牌的无形资产。因此，休闲农业项目的布局应注重与客源市场的联系，考虑项目所在区域的交通区位，还应考虑与其周围的其他休闲项目及名胜古迹等风景区的关系。廊坊市农业资源十分丰富，经过20多年的农业结构调整，已形成由单一的粮食生产转变为蔬菜、瓜果、花卉、水产等支柱产业，经过开拓与积累，已拥有相当数量的农业品牌。如永清蔬菜基地、香河韭菜、文安小杂粮、大厂洼子西瓜、固安豌豆与糯玉米、广阳甜瓜、大城金丝小枣等。与此同时，传统文化积淀深厚，既有京东文化，又有运河文化，还有永定河的宋辽文化，以及大清河流域的洼淀文化，悠久的传统文化也为发展休闲农业奠定深厚的根基。各地应结合本地资源特点，发展有本地特色的休闲农业项目，避免区域间的雷同，力求与周围其他休闲项目相互协调、优势互补、相互促进；同时，通过延伸农产品深加工等产业链，形成特色，避免千篇一律。

（四）完善休闲农业管理服务体系。休闲农业是一种新型的、农游结合的观光、游览、度假、体验的形式，旅游者是以体验农业生产、农村风貌和农民生活这种特殊的方式来消费，而不是一般地到农村去观光或学农；尤其"农家乐"，是旅游者直接深入到农民家里，吃住在农家，面对面地感受农村文化和农耕文化。所以，一方面不应该游离于农民家庭之外，把城里的宾馆、标房简单"克隆"到农村；另一方面，作为一种休闲度假，必须对环境、接待、服务提出相应的要求，诸如环境整洁、居住干净、餐饮卫生、安全方便、基本设施保障等，以及接待人员自身的健康、礼仪和素质，让旅游者在农民家里既享受到规范的服务，又感受到宾馆旅舍所没有的家庭式温馨，因而能够充分放松、尽情休息。休闲农业要在服务上下大功夫，提高休闲农业档次和从业人员素质，这也是一个地区休闲农业能否取得成功的关键因素之一。

（五）加强农业和旅游实用人才培训。观光农业要得到顺利发展，对人才有其特殊的要求，需要既懂旅游开发、营销，又懂农业生产的复合型人才。各级政府可联合京津冀各农业院校与旅游院校，发挥两者的优势，联合培养，也可利用培训班、专题讲座、学术会议等各种形式及请进人才、派出学习等办法培养。观光农业的一般从业人员，目前大部分来自当地农村，对这些人员的培训非常有必要加强，可建立专门的观光农业服务培训机构、进行定期或非定期的学习、培训，全面提高其从业的素质、服务的意识和服务的技巧，更好地为旅游者服务。

（六）加大休闲农业宣传推介力度。休闲农业是一项新头的农业业态。加强宣传有助于扩大影响和提高知名度，加快休闲农业发展。一方面各级政府和相关部门要借力毗邻首都的区位优势，利用广播、电视、报纸开辟休闲农业宣传专栏，印制画册、制作DVD、媒体报道、活动宣传、产品推介、广告设置等宣传工具，加大对休闲农业的宣传促销，为休闲农业营造良好的发展环境。同时，在京津冀一体化的背景下，加强与北京、天津的合作，与周边景点、景区、温泉、商务休闲等相结合，拓宽休闲农业旅游销售渠道，以吸引更多的游客，提升休闲农业整体的市场化程度。另一方面，要加强休闲农业与旅游业的有机结合，充分挖掘民族民俗、乡土、农耕、农事节庆、饮食、作物等文化资源，对现有的休闲农业进行打包整合，对规划新建的要高标准打造休闲农业品牌，利用中国休闲农业网、365960电子商务平台、去农庄网站、河北休闲农业微信公众号，重点推介区域内的休闲区(点)和休闲资源，发布资源及旅游信息，增加京津冀休闲信息系统的数据共享及系统兼容性，培植休闲农业产业群。通过行业服务、文化营销、品牌整合，提高廊坊休闲农业的整体优势，增加知名度、关注度和美誉度，做大、做精、做强休闲农业。

（七）**领导要重视，借势京津促发展。**供给侧结构性调整，提出农业实现一二三产业融合，提速增效扩内需，休闲农业被推向潮头，给休闲农业园区建设带来前所未有的发展机遇，特别是京津冀一体化协同发展的大背景下，廊坊市休闲农业发展有广阔的空间和条件。近期正在谋划成立的京津冀休闲农业联盟，三地基本达成共识落户廊坊。联盟将由京津冀出资设立休闲农业发展基金，必将推动休闲农业有一个大的发展，要抓住这一发展机遇。各级领导要给予重视，政府各部门也要共同协作，把廊坊市休闲农业这个"棋子"真正摆进京津冀一体化协同发展的"棋局"中，实现农业结构性调整和产业融合的增效和增收。

如何提升张家口休闲农业的竞争力

张家口市农业环境与农产品质量管理站　仇海红　闫春雷

张家口有着得天独厚的地理优势，交通便利，夏季气温适宜，北京、天津、保定、石家庄等地的游客络绎不绝；冬季崇礼滑雪也吸引了很多滑雪爱好者的青睐。这两年张家口休闲农业园区如雨后春笋般涌现，但是良莠不齐，规模小，特色不突出，很难形成规模化产业化。形式上也缺少创意，在品牌建立、产业创意整合上还有很大提升空间。如何进一步提升张家口休闲农业的竞争力，在整体规划和品牌推广上政府应起主导作用。

一、品牌建立和推广

品牌是一个企业的特色，也是企业的名片，代表了独一无二有别于其他企业的特殊性，没有品牌就很难在市场上存活下去。这就要求企业提升自身服务品质，建立自己叫得响的品牌，品牌壮大就是企业自身的壮大发展。休闲农业企业必须在研究和挖掘特色的基础上，不断开拓更大的市场。

二、产业创意整合

传统的休闲农业主要是农业与服务业结合，表现方式以采摘和农家餐饮为主，而现代都市休闲农业的发展离不开时尚元素及相关产业与农业生产相结合的新型农业产业化运作方式。为实现这种运作方式，就必须要以农业产业化发展为起点，运用创意来改变农业生产结构。例如金坤生态产业园，将农业和创意结合发展，即可采摘火龙果、草莓，又可开展科普活动、DIY创意工厂，将新颖的创意农产品作为升级特色，进行农业产业结构升级，从而达到休闲农业体验的最大化。

三、养生创意提升

农业休闲活动本身就有使都市人群放松身心，回归自然的效果，但是如果将休闲农业采摘与温泉等自然资源相结合，就会起到事半功倍的效果。例如帝曼温泉度假村，以温泉健康养生、康体保健为主题，兼有葡萄采摘、酿酒、住宿餐饮，同时衍生出葡萄籽油和面膜等加工产品，大大提高休闲农业的经济效益，将目标客户群定位在中高端上，打造集温室大棚和温泉资源的创意形式的温泉欧式古堡花园，在创意产业结合上下功夫，达到休闲农业园区的多元化。

四、时尚浪漫创意提升

现在大众的农业体验仅停留在采摘与参与农事劳作等比较简单的表层活动上，随着人们体验需求的不断深入，将新奇动态的体验活动加入到静态的农业景观中显得非常重要。两者的结合，使得休闲农业不再是单纯的乡土资源观光，更是一种对新鲜奇特事物的特别体验。

在农业园区整体规划上，可种植大规模的薰衣草，大片杏树，万亩海棠，万亩油菜，形成壮观的农业景观。结合时尚创意，打造浪漫主题，可吸引婚纱拍摄，也可围绕"爱的表达"通过表达爱意，求婚求爱等动态新奇的体验吸引年轻人。结合有特色的建筑物通过动静结合多种体验方式打造园区的特色。目前怀来南辛堡的万亩海棠花每到4月会吸引大量游客观光，但是在整体规划和多种创意经营模式上还需进一步提升。

五、农业科普展览创意提升

农业园区游览多以家庭团体为主，这就在采摘主题上，增加对幼儿的农业科普教育活动，让孩子从书本中走出来，亲身体验农业劳动增加对各种农作物的认识。还可增加深层次加工，让孩子了解农作物是怎样从田间走到餐桌做成各种美味食物。

六、多样需求的提升

现在大众特别是年轻群体需求多样化，走出钢筋水泥的城市，渴望一种亲近自然的体验，这就要求在园区餐饮食宿上独出心裁使客人感受与自然人文融为一体的亲近感觉。例如在现有农业园区的基础上发展房车露营基地，野外烧烤住宿帐篷小木屋等，结合现有农业自然景观、特色建筑物，和当地特色农产品，让游客体验回归自然融入本土的新鲜感受。

深度发掘优势资源 打造京西休闲游品牌

张家口市农业环境与农产品质量管理站 黄晓燕 闫春雷

休闲农业是利用农业景观资源和农业生产条件，发展观光、休闲、旅游的一种新型农业生产经营形态。也是深度开发农业资源潜力，调整农业结构，改善农业环境，增加农民收入的新途径。在综合性的休闲农业区，游客不仅可观光、采果、体验农作、了解农民生活、享受乡土情趣，而且可住宿、度假、游乐，休闲农业与乡村旅游是当今旅游发展方向之一。张家口市农业地域辽阔，自然景观优美，具有独特的地理和环境优势，是京西优秀的农产品产区，农业经营类型多样，农业文化丰富，乡村民俗风情浓厚多彩，发展休闲农业具有优越的条件、巨大的潜力和广阔的前景。在过去的几年，张家口市休闲农业呈现出良好的发展态势，产业规模不断扩大，形成了丰富多样、形式各异、功能多元、特色鲜明的休闲农业产业类型。在增加农产品附加值、拓宽农民增收渠道、吸收农村剩余劳动力就业、实现农业生产的高效增值、丰富城乡居民生活方面起到了重要作用。

一、地理气候优势

张家口市地处河北省西北部，位于东经113°50′ ~ 116°30′，北纬39°30′ ~ 42°10′。东临首都北京、西连煤都大同、北靠内蒙古高原、南接华北平原，全市南北长289.2千米，东西宽216.2千米，总面积3.68万平方千米，是连接首都经济圈、晋冀蒙经济圈、环渤海经济圈的重要枢纽，具有十分明显的经济发展潜在优势。全市地势西北高，东南低，阴山山脉横贯中部，划分为坝上坝下两个自然地理区域。坝上地区海拔最高1 600米，地势平坦，多草原和内陆湖泊、岗梁、滩地、草滩相间分布，是典型的波状高原景观，坝上地区高温高湿天气极少，全年平均温度2.1 ~ 4.0℃，无霜期短，年降水量少，昼夜温差大，农作物病虫害少发，特殊的气候环境造就了本地农作物的极高品质，为张家口市以农为本大力发展休闲农业提供了周边其他地区无法比拟的自然条件。崇礼县、赤城县是坝上坝下地区过渡的山区，全年降雪量大，雪期长，但气温适中，是华北地区最大最优质的天然滑雪场，有"东方达沃斯"的美誉。坝下县区是高原和华北平原过渡带，海拔500 ~ 1 200米，山峦起伏，丘陵河谷相间分布，桑干河、洋河流域土壤肥沃，光照时长，雨热同季，是华北地区非常优质的水果产区。宣化是我国最古老的葡萄产区之一，也是著名的牛奶葡萄原产地，相传由张骞出使西域时引入，距今已有1 300多年的栽培历史，其采用的传统漏斗架式种植方式被联合国粮农组织正式批准为全球重要农业文化遗产保护试点，这在全国乃至世界是独一无二的，适于庭院种植。怀（来）涿（鹿）盆地位于北纬40.4′~40.35′，东经115.16′~115.58′，是世界上葡萄种植的黄金地带，也是华北地区最大的葡萄种植区域，迄今已有1 000多年的葡萄种植历史，赤霞珠、霞多丽等世界名种，能够在本地种植表现出特有风味和理想品质，被郭沫若同志誉为"北国明珠"的张家口龙眼葡萄肉嫩多汁，酸甜可口，无论鲜食还是酿酒均深受国内外消费者青睐，怀（来）涿（鹿）盆地以其优质的葡萄种植条件吸引了做多国内外知名酿造企业落户当地，以葡萄酒为主题的庄园最近几年发展势态良好，为当地休闲农业发展提供了优秀的载体。近年来，全市林地面积达1 930万亩，湿地面积达345万亩，占全省湿地面积的24.5%，位居全省第二位。2012年建成国家园林城市，2014年建成国家森林城市，跨入全国75个森林城市之列，成为河北省首个获得此称号的设区市。在环保部监测的74个城市中，张家口市空气质量一直保持在北方受监测城市的最优水平。良好的地理环境优势和气候条件，为大力发展休闲农业产业提供了良好的基础。

二、历史和民俗文化优势

张家口市历史悠久，早在原始社会末期，黄帝部落联盟"与蚩尤战于涿野之郡"，而"邑涿鹿之阿"（建都于今涿鹿县矾山镇古城附近的"黄帝城"），开创了中华文明史。此后张家口历来为汉与少数民族杂居地，各民族政权更替频繁。春秋战国时北为匈奴与东胡居住地，南部分属燕国、代国。秦时南部改属代郡、北部属上谷郡。汉时大部分属幽州地界，小部分属乌桓、匈奴、鲜卑。隋时东为涿郡，西属雁门郡。唐时北属突厥地，桑干都督府，南多属河北道妫州、新州，少属河东道蔚州。北宋时全市皆属辽之西京道。南宋时皆属金之西京路。元全市皆属中书省。明全市除蔚县一带属于山西大同府外，其他皆属京师（治顺天府，今北京市）。清时北属口北三厅（多伦诺尔厅、独石口厅、张家口厅），南属宣化府（治今宣化）。民国二年（1913年）属直隶省察哈尔特别区兴和道和口北道。民国十七年（1928年）设察哈尔省，张家口为省会。抗日战争时期，全市多个县成立抗日民主政府，直到抗日战争胜利后，重设察哈尔省建制。张家口还是有着"北方丝绸之路"之称的古商道张库大道的源头，从张家口出发，通往蒙古草原腹地——乌拉巴托（当时的库伦），它始于明，盛于清，衰于民国，被誉为"草原丝绸之路"和"草原茶叶之路"，在国内外具有重要的整治、经济、文化影响和历史地位。这些特殊的历史背景，使得张家口拥有众多独特的文化艺术特色，汉文化中的晋、京、冀文化通过张库大道交汇于此，既带有中原文化的鲜明特色，又不失独具一格的文化情调。来张家口，不得不听的是口梆子，不得不看的是二人台，不得不买的是蔚县剪纸（全国唯一的一种以阴刻为主的点彩剪纸），不得不品的是坝上莜麦，另外，张家口因自古依托三省（冀、京、晋）一坝（坝上草原，蒙古草原），其文化中自然少不了三省文化的烙印。河北梆子、山西梆子、京剧、相声等在张家口也有相当的发展和传承。其中2006年5月20日，二人台、蔚县剪纸经国务院批准列入第一批国家级非物质文化遗产名录。

三、机遇优势

　　国家将实现京津冀协同发展作为一个重大国家战略，包括北京市、天津市以及河北省的保定、唐山、石家庄、邯郸、邢台、衡水、沧州、秦皇岛、廊坊、张家口和承德，涉及京津和河北省11个地级市，区域面积约为21.6万平方千米，人口总数约为1.1亿人，其中外来人口1 750万。国家把京津冀协同发展列为国家战略，目的就是要打造中国新的经济增长点，张家口市借助这一发展的大好时机，充分利用地域与自然资源优势，加速休闲农业品牌建设，"十三五"期间，北京、天津两地休闲旅游人口预计达到3 600万，张家口市的休闲旅游市场游客将提升至少1倍。北京携手张家口成功获得2022年冬季奥运会的主办权，为张家口提升了更加响亮的知名度。在接下来的几年，张家口市必将加快基础设施的建设，随着高速公路的增加，高铁民航的开通，不仅缩短了游客到张家口市的距离，而且每条线路沿途环境的美化，也同时吸引着游客的眼球，也为张家口市休闲农业发展增添了更多花滩草海，美丽田园的内容。

　　立足区位优势，拓宽休闲农业载体，将张家口市休闲旅游打造成京津周边新的旅游名片，通过发展休闲农业，使农民收入显著提高，农产品安全水平大幅提升，农村面貌明显改善，让百姓最大限度地共享休闲农业旅游发展的成果。

探析县域休闲农业发展的现状

——以三河市为例

三河市农业局　贾雪莉　张鼎　王红梅　刘艳平　周海涛

作为第一产与第三产业的连接点，休闲农业以其独特的种养结合、生态休闲、餐饮娱乐、文化传承等模式，顺应人们返璞归真的心理，成为现代农业发展的新形式之一。一大批休闲农家、休闲农家明星村、休闲农庄、休闲农业示范园应运而生，呈现出蓬勃发展的态势。发展休闲农业是挖掘农业潜在优势资源，转变农业增长方式，提高农业经济效益，增加农民收入的重要途径，也是改善农村环境，促进农村发展，推进社会主义新农村建设的重要载体。

一、三河市休闲农业的发展现状

三河市西北紧邻北京市，东与天津接壤，具有发展休闲农业的区位优势，同时三河市具有平原、山地、河流等多种地理环境，为发展休闲农业提供了环境资源优势。在此基础上，三河市休闲农业发展迅速，以休闲旅游市场的发展需求为导向，以农业旅游资源的合理开发和充分利用为基础，大力发展特色休闲观光农业，既推动了优势特色产业发展，又促进了地方经济繁荣，呈现出村庄美化，农民增收的双重效应，一大批重点企业、镇、村在休闲农业与乡村游方面形成了自己的品牌与特色，成为带动这一产业快速发展的龙头。同时，为深入贯彻落实廊坊市国家现代农业示范区建设发展规划，按照"三河一带一纵深"的总体布局，围绕打造"西优、中强、东绿、南美"的空间发展格局，全力打造"环首都绿色休闲农业带"。

截至目前，三河市具有规模及特色的休闲观光农业园5家，占地面积10 868亩，总投资额99 896万元，年接待游客112 680人次；具有规模及特色的休闲采摘园10家，占地面积8 450亩，总投资额6 050万元，年接待游客157 960人次；具有规模及特色的垂钓园4家，占地面积215亩，总投资额410万元，年接待游客16 500人次；获得旅游三星级生态农家院有2家，占地面积63亩，总投资额540万元，年接待游客64 900人次。目前该市共有3家企业获得2016年河北省休闲农业星级企业称号，分别是三河市璞然生态园获评为"河北省五星级休闲农业园"、三河市蔡营旅游观光休闲园获评为"河北省四星级休闲农业园"、三河市金天地采摘园获评为"河北省四星级休闲农业采摘园"称号。

二、三河市休闲农业发展存在的问题

（一）**思想观念陈旧，产业意识不强**。目前，传统农业在三河市经济中占主导地位，休闲农业发展基本上属于自发状态，"小打小闹，小步慢跑""农业不能搞旅游，农民不会搞旅游，农村没有条件搞旅游"的观念在农民甚至有关政府官员的心目中根深蒂固，休闲农业充其量不过是旅游业的"副产品"。观念落后阻碍了休闲农业的纵深发展，使其处在低位徘徊状态，产业化运作明显滞后。

（二）**科学规划缺乏，项目建设重复**。目前，三河市休闲农业基本上是以乡村企业、农民自主开发为主，缺少整体规划和科学论证，项目设计雷同，布局不尽合理，功能不配套，市场地位不明，简单仿效，粗放经营，在开发建设上随意性较大，存在着一定无序性和盲目性。

（三）**管理部门模糊，管理体制不畅**。三河市休闲农业涉及农业、旅游、工商、质检、环保以及公安等部门，需要一个权威的协调管理机构进行统一的管理。但目前三河市无一个健全的管理机构对休闲农业进行统一的协调管理，政府主导作用没有充分发挥，宏观管理力度差，造成许多休闲农业在利益方面多头管理各自为政，在问题方面无人管理、互相推委，经营者的利益、游客的问题政府职能部门无力解决，从而严重影响了休闲农业的顺利健康发展。

（四）**品牌化程度不够**。目前，三河市休闲农业多为规模小、档次低、品牌单一，而高品位、高档次、多功能、知识型的较少，多数观光休闲农业区设施简陋、内容不够丰富，生态文化内涵不高，社会影响力不大，知名度相对不高，缺乏吸引力，市场认识度和竞争力不足。

（五）**从业人员素质有待提高**。目前三河市休闲农业经营管理人员，大多是原来从事农业生产、加工、经营的工作人员，对旅游缺乏管理经验，没有受过良好的业务培训。旅游服务人员多不是正规职业学校的毕业生，有的虽然进行了短期培训，但时间短、不够规范，从整体上来看素质仍然偏低，严重影响了休闲农业的服务和管理质量。

（六）**政策法规滞后，资金投入不足**。政府对发展休闲农业尚未制定优惠政策，税收、贷款、用地、工商、食品、卫生、安全等政策尚无明确规范，也没有制定相应的管理办法。经营者经营无法可依、游客的权利无法得到保护、政府行政部门管理无章可循。此外，政府对休闲农业的扶持资金不到位，农民资金缺乏，使得休闲农业发展受阻。

三、休闲农业的发展措施

（一）**坚持政府引导，做好科学规划**。政府引导主要体现在以下几方面：（1）政策引导。在政策上给予进一步的扶持和引导，为其提供较为宽松的政策，特别是在土地利用、土地流转、减免税收、资金投入、劳动力使用等方面，积极引导甚至直接参与经营，为其他经营者的投资起到示范引领作用。（2）管理导向。通过设置休闲农业理事委员会，除了行使直接的管理职能外，还要健全服务性和组织性职能，帮助休闲农业市场主体建立起科学高效的管理体制。（3）发展导向。组织大型宣传活动，大型的旅游节事、节庆活动吸引游客前往，加强对休闲农业的从业人员培训等。政府应根据当地农业的资源禀赋、现状及发展方向，积极研究制定好适合本地区的发展规划。

（二）提升休闲农业产品的开发层次。休闲农业不能停留在春天看花、秋天采果的低层次产品上，而是要不断提高休闲农业的层次，具体措施包括三个方面：

1. 大力提高休闲农业的可参与性。参与性强是休闲农业的特点之一，游客可在农园或休闲农业区参与农业生产过程，亲自制作食品、礼品、艺术品。租赁农场自己经营管理，根据爱好设计个性化的游憩活动，实践环境保护和绿色生活理念，开展农业知识科普和相关研究活动等，让参与者更加珍惜农村的自然文化资源，激起人们热爱劳动、热爱生活、热爱自然的兴趣。

2. 增加休闲农业的科技含量。在保持农村特色的基础上，加大科学技术在休闲农业项目上的应用。依托生物工程、计算机等科学技术，让同品种的水果、蔬菜有不同的外形和品质，同样的农业过程以不同的手段实现，开阔游客的视野。

3. 丰富休闲农产品的内容。尽可能多地综合粮、果、蔬、畜、渔、草、花等农业资源要素，以更丰富、个性化的产品组合吸引客流，延长停留时间，提高游客消费水平。

（三）提高休闲农业景区（点）总体服务水平。良好的服务是沟通游客和休闲农业经营者的必要渠道。相关人员提供服务的好坏，直接影响人们对于旅游过程体验的评价。休闲农业服务是农民以往未从事过的工作。应当树立其为游客提供优质服务的意识。通过组织专业化培训活动，如聘请老师讲授知识、技巧；搭建平台，组织从业者相互交流、学习；重点培育若干个休闲农业示范基地，形成具有示范作用的发展模式，采取多种方式提高服务水平。同时，还应制定相应的服务标准以监督服务质量，规范休闲农业服务市场，使休闲农业活动有序进行。

（四）拓展宣传渠道，扩大影响力。一是充分利用媒体网络，加大对特色观光园和民俗户的宣传，营造适宜观光休闲农业发展的氛围。二是开展文化旅游节、民俗艺术节等特色活动，搭建宣传推介平台；同时组织参加农博会、农展会等，有效展示当地休闲农业的风采，提高知名度，吸引游客前来消费。

（五）加强宣传引导，营造良好的休闲环境。保持环境既是休闲农业兴起和发展的源泉，也是休闲农业赖以生存的根本，因此，休闲农业的发展不能破坏或污染农业资源。要加强宣传教育，增强环保意识，消除休闲农业对生态环境的负面影响。充分利用现有的自然资源（如太阳能、风能、沼气等），增加景观和培训教育内容。结合农村文化活动，挖掘当地丰富精致的文化资源，在尊重和保持当地历史文化传承的基础上，树立当地特色文化品牌，营造良好的休闲环境。

唐山市休闲农业发展现状、存在问题及对策

唐山市蔬菜质量监测中心　南男　赵国玉　陈贺兵；
唐山市农业环境保护监测站　李恩元　赵海涛　史海涛

　　唐山市休闲农业是利用农业景观资源和农业生产条件，发展观光、休闲、旅游的一种新型农业生产经营形态。也是深度开发农业资源潜力、调整农业结构、改善农业环境、增加农民收入的新途径。在综合性的休闲农业区，游客不仅可观光、采果、体验农作、了解农民生活、享受乡土情趣，而且可住宿、度假、游乐。唐山市拥有得天独厚的自然环境和丰富的乡村人文资源，她环渤海、靠燕山、踩平原，为休闲农业的快速发展提供了基础保障。

一、休闲农业发展现状

　　（一）基础条件好，起步发展早。唐山市属暖温带半湿润季风气候，气候温和，全年平均日照2 605小时，年平均气温11.5℃，无霜期200天，常年降水532毫米，降霜日数年平均10天左右。地貌多样，土质肥沃，是多种农副产品的富集产区，被称为"京东宝地"。

　　从农业资源方面，北部山区盛产板栗、核桃、苹果、红果、栗蘑、梨等干鲜果品，"京东板栗"驰名中外；中部平原盛产玉米、小麦、水稻、花生等农副产品，素有"冀东粮仓"之美誉；南部沿海既是渤海湾的重要渔场，又是原盐的集中产区，南堡盐场是亚洲最大盐场。沿海陆域海岸线较长，滩涂和浅海开发潜力很大。矿产资源品种多、储量大、质地优良、分布集中、易于采选。

　　从交通方面，唐山市地处交通要塞，是华北地区通往东北地区的咽喉地带。铁路、公路、高速公路、港口相互交织。京哈、通坨、京秦、大秦四条铁路干线和京山、大秦、七滦、迁曹、滦港铁路纵横穿越全境。京沈、津唐、唐港、唐承、沿海高速公路与环城高速公路、国道相交连接，形成网络，四通八达。唐山港、京唐港区东望秦皇岛港，曹妃甸港区西邻天津港，位居天津港、秦皇岛港之间，为国际通航的重要港口。铁路、高速公路、公路、港口交织成网成为唐山市出行十分便利的重要条件。

　　从起步发展方面，唐山市地处京津秦三角区，发展休旅农业较早，其雏形起步于20世纪80年代末。大体可以分为三个发展阶段：一是自我发展阶段。从80年代末到90年代末，随着城市居民到农村休闲需求的增加，利用农户自家条件，纷纷创办"农家乐"，以遵化东陵林场、迁西旧长城区、乐亭海滨区等为主。二是转型发展阶段（2000—2005年）。以遵化尚禾源、迁安瑞阳、丰南绿水等为主。三是规范发展阶段（2006年至今）。

各县（市）区不断加强对休旅农业发展的规范管理，从建园开始就按规划高起点严要求，涌现出丰南惠丰园、迁安瑞阳、遵化尚禾源等典型园区。

此外，唐山还有好多历史典故（如不食周粟、老马识途、寻蚁求水），还有古长城、道教名山等人文古迹，这些都是唐山发展休闲农业的优越条件。

（二）发展前景好，可持续性强。目前，唐山市已发展观光休闲农业企业582家。其中，省级以上星级企业32家，年接待游客537余万人次，产业收入达2.58亿元。明确了"一心、两带、三区、多园"的休闲观光（生态）农业发展空间布局。"一心"即以唐山城区的6个行政区为核心的农业高新技术展示、城市生态园林和田园农业采摘区；"两带"即以遵化、迁西、迁安为核心的山区生态农业和自然历史观光农业带，以唐海、乐亭、滦南为核心的滨海特色养殖、精品果菜、海岛湿地休闲农业带；"三区"即北部燕山生态农业区、中部平原集约农业区和南部滨海特色农业区；"多园"即在各县（市）区因地制宜建设农业生态园、农业观光采摘园、农事活动体验园、民俗旅游村等。特别注重北部山区休闲，中部平原观光，南部沿海旅游的休闲农业已成为唐山市农村经济新增长点，成为优化农业结构调整的重要途径，是现代农业的核心部分。

（三）项目品种多，形式丰富多样。近年来，休闲农业从过去农家乐的餐饮、垂钓和采摘等简单形式，不断地提升，挖掘文化内涵，增加体验项目。休旅农业主要有4种经营模式：

一是参与体验型。主要是在城郊或景区，利用山塘水库、果园菜地等开辟的休闲农庄，吸引游客入内体验农家生活、感受农家气息，经营内容以传统的垂钓、棋牌、餐饮为主，目前唐山市大多规模以下休闲农庄都属于这种模式，如景忠山景区的纺线织布、磨豆腐、拓展训练体验活动和召开商务会议，喜峰口京东板栗大观园的低碳生活体验、CS真人实战和爱国主义教育活动。

二是休闲度假型。依托山地、森林、湖泊、水库等优美的自然风景，通过兴建较高档、齐全的休闲娱乐设施，吸引游客前去度假观光、健身游乐等活动。如迁西"渔夫水寨"、迁安瑞阳生态农业大观园、丰润燕东等。

三是复合经营型。以农业园区、农业产业为载体，集生态旅游观光、农业科技示范与推广，以遵化尚禾源农业开发有限公司、乐亭赵蔡庄等为代表。

四是民俗风情型。一些民族风味浓郁的庄，通过挖掘传统文化、民俗风情、民间歌舞等开发的具有鲜明地域特色的休旅农业，以丰南惠丰园、白羊峪长城景区、山叶口国家地质公园等为代表。

二、休闲农业发展存在的问题

近年来，唐山的休闲农业如雨后春笋般涌现，这有利于农村经济发展，能够增加农民收入，优化农业产业机构，但客观地看，也还存在一些亟待重视和解决的问题。

（一）思想认识的制约。从调查的情况看，目前对休旅农业的认识没有统一，发展还很不平衡。比如有的认为休旅农业是社会公益事业，有的认为是吃喝玩乐、不务正业，有的认为休旅农业属于旅游业范畴等。

（二）**土地流转的制约。** 目前唐山市尚未建立相关发展休旅农业的针对性土地流转机制和管理服务体系，流转程序不够规范，存在很大的随意性和不稳定性，影响了农庄发展。此外，业主在租用大片土地发展休旅农业后，建设加工、住宿、餐饮等配套设施需要一定的建设用地指标，要求把一定的农业用地转为建设用地，而现行政策却没有相关扶持。据调查，休旅农业主要是利用荒山废地发展高效生态休旅农业。

（三）**发展环境的制约。** 对这样一个新兴产业还有许多政策的缺失和执行不到位的问题：法律的缺乏、税率偏高、水电费收取等，各种检查、罚款也增加了农庄负担。

（四）**基础设施建设滞后。** 尽管休旅农业企业大都布局在城市周边，但水、电、路等基础设施却比较落后，交通并不十分方便。到目前为止，通公交线路的很少，坐公交到不了农庄。

（五）**产业规模需扩大。** 虽然唐山市有休闲农业企业558家、从业人数6万多人，有规模上档次的不多，从总体上来说，还远远满足不了不同消费者的需求。如果休旅农业发展得好，人们还可能拿出更多的时间到农村休闲旅游。

（六）**传统文化和乡村习俗挖掘、纳入不够。** 唐山市还有许多传统文化和乡村习俗非常有地域特色，游客需要的正是这些地方特色浓、文化习俗迥异的内容，有关部门和休闲企业应组织挖掘、开发、利用。

（七）**特色上有趋同现象，参与项目少。** 调查发现很多休闲项目相似，游客感觉不到新鲜，且游客自己动手或协同参与活动少，应设置一些简单实用趣味性强，游客能参与的娱乐项目，来吸引更多游客，特别是适合中小学生和孩子的农事、生活制作、民间工艺品等参与项目。

三、对策与建议

目前，我国有114天法定假日，旅游休闲空间巨大，前景广阔。特别是就休旅农业发展而言，唐山市具有得天独厚的区位优势，经济发展与人民生活收入水平也较高。我们完全有基础、有条件、有能力将唐山的休旅农业打造成为资源节约、环境友好的优势产业，建议从以下方面继续加大工作力度。

（一）**提高思想认识，营造发展氛围。** 发展休旅农业作为推进农业产业化的重要内容。全市各级各部门要认真落实省政府《关于加快发展休旅农业的意见》，把发展休旅农业放在解决"三农"问题的战略高度考虑，进一步提高对发展休旅农业的认识，建议市政府组建全市性休旅农业发展组织协调机构，并由市农牧局牵头，研究制定唐山市加快发展休旅农业的意见，从而更好地发挥休旅农业在统筹城乡发展、拓展消费空间、增加农民就业等方面的积极作用，促进休旅农业持续健康发展。

（二）**加大资金投入力度。** 当前休旅农业开发建设的资金投入不足，主要还是依靠政府组织投入，因此，要广开资金投入门路，加大旅游投融资体制的改革力度，实行多元化的投资渠道，要政府投入、群众投入、社会投入相结合。

（三）**加强政府引导，强化政策扶植。** 进一步加强对休旅农业发展的研究，配套出台扶持政策，设立发展专项资金，引导休闲旅游农业走规范发展之路。把休闲农业列入新农村建设公益设施投入的支持范围，对经营起点高、带动就业多、市场前景好的品牌休旅农业企业，探索从税费、土地、水电、信贷、配套建设等方面给予支持。特别是要加大对休旅农业企业周边的水、路、电、交通等基础设施的建设发展。区县（市）和乡镇（街道）要加强对休旅农业发展的组织、指导和协调，形成工作合力。

（四）精心规划布局，建立示范基地。按照建设两型社会和推进城乡一体化的要求，研究制定市、县（区、市）、乡镇（街道）三级休旅农业发展规划。坚持生产、加工、观光、休闲、体验互动发展的思路，因地制宜深入挖掘乡村民俗、手工艺、农事活动等，丰富内容，突出特色，完善全市休旅农业规划布局。着力延伸休旅农业产业链，大力培育龙头企业，带动种养业的标准化、集群化、规范化生产，提高农产品的附加值和市场竞争力，促进农业产业结构向高产、优质、高效、安全和深度加工方向发展，为当地农民创造更多的就业机会。

（五）理顺管理体制，完善服务体系。目前休旅农业发展多头管理，县（市）区可探索建立休旅农业建设会审制和经营共管制，即项目建设由农业、旅游、规划、国土、林业、交通、环保等部门会审，生产经营由农业、旅游、卫生、工商、税务、公安、消防等部门共管，制定统一的政策标准和管理办法，加大教育培训、信息交流、创业辅导、融资贷款、管理咨询、宣传推介、卫生监管等工作力度，确保休旅农业健康有序发展和依法规范经营。

献县发展休闲农业初见成效

河北省沧州市献县农业局　高凤玲

近年来，献县始终把发展休闲农业作为破解农业产业化发展和助农增收的重要引擎加以推进，并取得了初步成效。休闲农业日渐成为了提升农业品质、美化乡村、助农增收和推动旅游业发展的支柱产业，走出了一条农村、农业工作的创新之路。

一、政策文件

献县制定出台的支持休闲农业和乡村旅游的相关文件有：《关于2016—2017年"子牙花海"旅游项目景区油菜生产实施办法》的通知（献政办发〔2016〕6号）、《献县人民政府关于打造"魅力献县一日游"促进旅游业发展的实施方案》的通知（献政办发〔2015〕4号）、献县人民政府办公室关于成立献县旅游工作领导小组的通知（献政办字〔2015〕75号）。

二、管理发展

（一）休闲农业取得成效。

1. 全县休闲农业游客数量明显增多。全县休闲农业游客数量由2015年、2016年每年的两万多人增加到2017年的5万余人（小屯美丽休闲乡村一个村2、3、4、5月份游客数量达32 000余人，带动了多个行业发展，旅游带动营业收入达110余万元），营业收入增加到260余万，促进了多个行业的发展，增加百余个工作岗位，解决百余个人员就业问题，带动了农业种植结构调整，供给侧改革。

2. 全县休闲农业经营主体数量明显增多。目前献县有7家休闲农业经营企业，其中小屯2015年获省级"美丽乡村"称号和AAA级旅游景点、孔献山庄观光旅游度假村2016年获省级"美丽田园"称号，其他5家规模较小还在发展中。

3. 解决了部分就业工作岗位。据统计直接参与休闲农业经营的农民数量有300余人，同时，休闲农业带动了农业种植结构调整、供给侧改革，促进了农民增收。

4. 休闲农业使美丽乡村迸发新活力。时代在变，游客对乡村游的理解和需求也在变。为加快"生态乡村""美丽乡村"建设，坚持从环境整治做起，以开展"村屯绿化""饮水净化""道路硬化"三个专项活动，突出政府引导、群众主体、社会参与，力争把美丽乡村建成生活宜居、环境优美的生态乡村。依托美丽乡村，以休闲农业为载体持续为其注入新元素，恰与中央深入推进农村一二三产业融合、发展"第六产业"的要求不谋而合，路畅、街洁、树绿、花艳，游人络绎不绝。

5.休闲农业的观光旅游促进了农村的发展。近年来，越来越多的城里人喜欢远离城市的喧嚣，到乡下去感受乡村生活的淳朴之美、宁静之美。乡村游的兴起给农民带来了发展机遇，农家乐应运而生。景观飘带、绿道、乡间小路、民居驿站……从这些词汇中，我们能从中"窥"得乡村游已经不再是过去单纯的意义，而是赋予了它利用农业景观资源和农业生产条件，发展观光、休闲、旅游的一种新型农业生产的新意义。在综合性的休闲农业区，游客不仅可观光、采摘、体验农作、了解农民生活、享受乡土情趣，而且可住宿、度假、游乐。

（二）做的主要工作。献县始终坚持"政府推动、政策扶持、企业主体、市场运作、多元投入"的发展思路，遵循高起点规划、高标准实施、高速度建设的原则，加快推进现代农业园区建设。积极开展园区调研，突出优势特色产业，科学制定园区规划；坚持生态循环战略，全面实施绿色标准；加大品牌建设力度，提高产品附加值，带动形成特色农产品优势产业带。积极引进龙头企业，完善加工、储运和信息服务功能，争取将园区建成产业特色化、生产标准化、技术集成化、作业机械化、经营规模化、服务社会化的现代农业园区，全面推进园区各项工作开展。

（三）下一步发展思路。

1.坚持政府引导、市场导向，加强休闲农业发展的政策与资金支持。

2.坚持以农为本，彰显文化，深入挖掘休闲农业发展的文化内涵。

3.坚持因地制宜、突出特色，推进休闲农业发展的营销与品牌建设。

4.坚持创新服务，规范培养，提升休闲农业发展的水平与经营机制。

5.加大宣传力度，对做得好的休闲农业主体适时适度宣传，让更多的人知道休闲农业主体在哪儿，有哪些休闲娱乐内容等。

三、发展规划

加快以果品和蔬菜采摘、苗木花卉观赏、休闲娱乐为主的休闲农业旅游观光园建设，助力休闲农业观光旅游业发展。至2020年，建设现代农业园区6个、观光园6个。

休闲农业的发展，提升了农业产业的内在品质，推动了旅游业的进步，增加了农民收入，部分贫困家庭因此得以脱贫致富。休闲农业的创新之路必将为农业生产带来更大的活力，给农村带来更大的吸引力。

休闲农业发展中的技术支撑体系探究

河北迁安市农业畜牧水产局　侯勤　陶海滨

伴随我国城乡经济和社会发展，一个以农村田园景观、自然生态及人文环境资源为依托，以农业产业、乡村文化产业及农家生活为载体，以农民或农民与企业、专业合作组织相结合为建设主体，为人们提供休闲娱乐、体验"三农"的新型农业产业形态和新型消费业态——休闲农业快速发展。特别是2017年中央1号文件要求"推进农村生态文明建设，大力发展休闲农业和乡村旅游"，以及"家庭农场"概念的提出，对未来休闲农业的发展迎来新的大机遇。然而各地休闲农业建设速度呈加速状态的同时还面临着一些问题，尤其是休闲农业规划设计、生态保护、特色产品开发、持续发展、文化创意等方面技术支撑体系建设相对滞后、应用不到位或者不配套，已经成为休闲农业进一步健康发展的制约瓶颈。

一、规划设计技术支撑

"规划就是财富，环境就是资本，结构就是效益"，因地制宜、科学规划是发展休闲农业产业的关键，因此，各地在大力发展休闲农业产业中应积极推进休闲农业规划技术支撑。首先要加强对发展休闲农业的统筹规划。在深入调查分析区域自然景观、地理地貌、农业资源、民间风俗基础上，从统筹城乡发展、开发农业的多种功能、建设社会主义新农村的高度，按照开发与保护相结合、生态效益与经济效益相结合、突出特色的原则，科学编制休闲农业的发展规划，使之纳入当地经济社会发展总体规划中去，并与土地利用总体规划、农业发展规划、城镇发展规划、新农村建设规划、城市旅游规划等相衔接，确保规划的整体性、前瞻性和延续性，确保各类休闲农业园区合理布局、有序发展，实现点线面相衔接、大中小相配套，防止一哄而上、小打小闹，避免重复性、同质化建设。同时立足资源特色和比较优势，引导生产要素向优势区域集聚，推进休闲农业产业集群发展和产业优化升级，促使休闲农业产业步入良性发展轨道。其次，休闲农业园区（企业）单体设计起点要高。充分考虑交通区位、休闲农业资源条件和休闲农业园区（企业）的空间布局密度，准确选址，掌握规模，确保特色鲜明，功能定位准确。充分利用田园景观、自然生态等资源，开发生态功能和社会功能，将农业生产、生活、生态进行有机融合，融现代农业、科普教育，以及环保、农事体验于一体。第三，要加强规划引领和规划控制。凡是列入政府扶持或财政奖补的休闲农业项目，必须聘请具有良好资质的规划设计单位进行规划设计，并报当地规划委员会审批后方可立项实施。对于自行开发建设的，各级政府部门也要纳入统筹管理，注重引导、强化指导，使其把握好

河北省休闲农业实践与探讨

区域定位、功能定位、形态定位，将各地自发的休闲农业项目纳入区域发展规划。

二、农业生态技术支撑

　　休闲农业是结合生产、生活与生态三位一体的农业拓展和旅游延伸，乡村中最宝贵的资源是生态，纯净的土地、空气等生态环境加上亲近自然的人的天性和本能需求，促进了休闲农业的蓬勃发展。以传统精耕细作为基础的生态农业技术可以更好地将休闲农业的多个目标结合在一起，创造更大的综合效益。以生态农业技术为支持的生产体系能保护生物的多样性，提供更丰富的生物景观，承载更多的农耕文化，让游客更多地参与体验，能够更好地保护与优化生态环境，更多地提供农民的就业机会，也能够更好地与农村劳动力的技术水平相适应。通过农业生态技术对休闲农业发展提供技术支撑，遵循"在保护中开发、在开发中保护"的原则，促进农业资源的集约持续利用、促进农业生态系统经济生产力水平的提高、推动生态农业模式的优化与创新，才能实现经济效益、社会效益和生态效益的统一，才能实现科学、可持续发展。农业生态技术支撑总原则是为有效满足市场对优质化、多样化、无公害、营养保健农产品的需求，大力改善农业生产生态环境，增强休闲农业园区农产品的竞争力。例如，利用生物共生原理的间作套种技术和模拟生态系统的立体结构、充分利用立体空间营养生态位的立体种养技术等种养优化技术；推广水肥一体的喷灌、微灌、滴灌系统等节水灌溉技术，配方施肥及精确施肥等科学施肥技术以及病虫害无公害综合防治技术等田间管理技术；采用废物再生利用方式，在休闲农业发展中开展农林结合、林牧结合、农林牧渔结合等生态农业模式的相关技术，将彼此不相关联的生产形式整合为循环式无废物生产的多级有效利用技术；利用现代生物基因工程技术和常规育种技术，充分利用生物界的种质优势，提高作物抗病虫害性能的良种良法技术；提倡使用固氮植物，通过施用腐殖质肥料、实行作物轮作以及施用农家肥等技术来保持土壤肥力；发展多种经营，使农业生态系统增加稳定性，并保证最大生物量的生产，使农业生态体系变得更稳定，使乡村特有的美丽景观给人以愉快之感等。总之，休闲农业园区建设和农业生产经营、休闲体验活动等要与自然和谐共存，在保护、开发、培育资源和环境的过程中实现提高农业的开发利用，将资源节约和环境友好的理念贯穿于规划始终，实现人与自然和谐发展，尽量避免原本是城市的一些生活垃圾、环境压力转嫁到农村，确保园区景观的完整性、原始性和生态性。

三、特色产业、产品开发技术支撑

　　休闲农业在经营上表现为产、供、销及观光、休闲、服务等产业于一体，其生命力在于它的特色，小到一村一园，可以是一村一品、一园一品、一村一乐、一园一乐，各得其乐。在休闲农业项目开发中，要特别重视特色产业、特色产品开发的技术支撑，挖掘、培育、提炼出特色来，针对不同的消费人群，开发个性的休闲旅游产品，最大限度地满足不同消费者的消费需求。一是要努力挖掘区域特色。结合地理特点、乡村景观、人文风情、民俗特色等现有基础上，深入挖掘农耕文化、乡土文化、民俗文化内涵，开发、培育一系列差异化、有特色、受游客喜爱的休闲农业特色产品，让休闲服务体现区域特色，让服务对象深刻体验当地自然人文氛围，并通过与服务对象的互动，加大对休闲农庄所在地人文自然资源的宣传。二是要努力培育产业产品特色。发展休闲观光农业必须坚持以农业为基础、农民为主体、农村为特色，把农业产业发展、扶持农民增收放在首位，以农业产业发展为核心，重视土地资源和生物多样性的保护，充分发挥设施栽培、生态养殖、立体种养、种养加一体化、有机农业等高效生态农业模式的功能拓展，打造精品，将农业特产融入一年四季的休闲农业中。利用消费者求变、求异、求新、求特、求美的消费心理，创新休闲农业新型业态产品，构建一个不断推陈出新、特色不断的休闲农业产品生产和销售体系。三是要提炼服务特色。树立服务也是产品的观念，不断扩大休闲农业服务功能，实现服务内容由常规化向多样化转变，服务形式由提供式向互动式转变，策划出一批有地方风俗特色、游客参与性强的休闲、娱乐、体验等品牌服务项目，实现特色化经营。四是要引导休闲农业向产业化方向发展，培育龙头企业，通过推广休闲农业标准化、规范化生产，特色品牌创建，提高特色农产品的附加值和市场竞争力，带动周边休闲农业产业集群发展，提升休闲农业产业凝聚力和影响力。

四、清洁生产和无公害农产品生产技术支撑

休闲农业生产、生活、生态高度融合的特性和现场游憩、参与、体验的功能不仅更加注重农产品质量安全，而且对产地环境也提出了更高的要求。实施清洁生产技术不仅是生产无公害农产品保证农产品质量安全的关键环节，也是优化休闲农业园区环境的重要措施。以"减量化、再利用、再循环"的清洁生产理念为指导，通过建立清洁的生产和生活方式，资源化利用粪便、污水、垃圾、秸秆等生产、生活废弃物，把"三废"（畜禽粪便、作物秸秆、生活垃圾和污水）变"三料"（肥料、燃料、饲料），产生"三益"（生态效益、经济效益、社会效益），以"三节"（节水、节肥、节药）促"三净"（净化园区、净化田园、净化水源），实现"生产发展、生态良性循环"的目标。

（一）加强农产品产地污染源头预防。各级农业和环境保护部门要加强监控，控制城市和工业"三废"排放，严防休闲农业园区及周边地区大气、土壤和水源污染。

（二）推进农业生产过程清洁化。加强农业生产投入品管理，以"两减一控一提高"（即减少农药和化肥用量、控制高毒高残留农药的使用、提高秸秆资源化利用水平）为手段，大力推广无公害标准化生产技术。

（三）推进农业农村废弃物资源化利用。通过对相关休闲农业园区调研，发现很多园区在建设、生产、发展过程中废弃物产生量惊人，如园区蔬菜在生产过程中产生的废弃物分别达到：黄瓜16吨/亩、甜瓜13吨/亩、西红柿8吨/亩、叶菜类14吨/亩。由于这些废弃物因缺乏经济适用的处理技术，废弃物利用转化率和无害化处理率低，这些废弃物常被当成垃圾，未经任何处理，随意倾倒、堆积于田间地头、路旁、沟渠内，腐烂变质后，既造成了资源浪费和环境污染，也极易使病虫害继续传播为害，又滋生大量蚊蝇，影响园区观赏质量和农业生产健康发展。以园区配套大中小沼气工程、农村配套户用沼气工程为重点，推进人畜粪便、生活垃圾、污水、农作物秸秆的资源化利用。发展种植

业—养殖业—沼气池—种植业，即"猪—沼—果""猪—沼—粮""猪—沼—菜"等生态模式，带动休闲农业产业可持续发展。

（四）建立健全农产品质量安全体系。实施无公害农产品生产基地环境控制技术、生产过程控制技术、质量控制技术，实现休闲农业园区食用农产品无公害生产。建立农产品质量安全监测制度，完善检验检测体系，推广速测技术。健全标准体系，加强技术研究与推广，建立信息服务网络、加大宣传培训力度，积极发展绿色食品、有机食品和无公害农产品认证。实施标识管理，创建专销网点，推行追溯和承诺制度等市场准入制度，促进休闲农业园区提质增收。

五、文化创意技术支撑

目前在相当一部分休闲农业产业发展过程中都遇到了游客数量增长缓慢、重游率不高的问题。深入调研发现，很多地方休闲农业园区、农家乐、采摘节、民俗节等功能雷同，定位不明、品位不高，还容易受农业季节性瓶颈制约而造成资源闲置，利用率不高，效益低下。因此，在休闲农业发展中推进文化创意支撑至关重要。乡土民俗文化是传统文化的瑰宝，也是休闲农业持续发展的灵魂。要注重文化创意，挖掘乡土农耕文化、民俗文化内涵，弘扬地方文化特色，不断丰富休闲农业内涵，形成一批充满艺术创造力、想象力和感染力，在群众中"叫得响、传得开、留得住"的创意精品（如麦秸画、草编、竹刻、葫芦雕刻、盆景、插花、特型瓜果、特型食品、手工艺品、蔬菜花篮、特色广告语等），使其成为休闲农业产业持续发展的活力源泉和满足城乡居民精神、文化与艺术享受的重要载体。按照资源产品化、产品乡土化、市场差异化、运营规范化、服务组织化的理念，加大创意农业设计、节庆活动策划、休闲产品开发力度，把休闲农业作为旅游宣传促销的重点，纳入旅游总体营销计划，制定促销方案，搞好休闲农业产品的策划、组织、包装和推介，拓宽市场渠道，更好地满足城乡居民休闲消费和文化生活新期待。

盐山县休闲农业现状分析及发展对策

河北省盐山县农业局　李汉杰

休闲农业是利用农村的田园景观、自然生态资源、现代高效特色农业示范园区，结合农业生产经营、农村文化及农家生活，经过科学规划和开发，为广大游人提供休闲、观光、度假、体验、娱乐以及农业科普教育等多种服务，以促进农民就业增收和新农村建设的一种新型产业。休闲农业是结合生产、生活与生态三位一体的农业，在经营上表现为产供销及旅游休闲服务等三级产业于一体的农业发展形式，是现代农业发展的一个重要途径。休闲农业是符合经济发展规律、有市场需求、蕴藏着巨大发展潜力、有助于解决"三农"问题的朝阳产业，是利国利民、一举多效的新兴产业。2016年，全国休闲农业和乡村旅游接待游客近21亿人次，营业收入超过5 700亿元，从业人员845万，带动672万户农民受益。2017年将以贯彻落实农业部等14部门《关于大力发展休闲农业的指导意见》为契机，抓住机遇、乘势而上，充分发挥乡村各类物质与非物质资源富集的独特优势，以农耕文化为魂、以美丽田园为韵、以传统村落为形、以生态农业为基、以创新创造为径，利用"旅游+""生态+"等模式，拓展农业多种功能，推进农业与旅游、教育、文化、康养等产业深度融合，发展创新农业、观光农业、体验农业、创意农业等新产业新业态。为加快推进盐山县休闲农业产业的发展，使休闲农业产业成为盐山县解决"三农"问题的一个重要切入点，县农业局组织相关科室人员对盐山县的休闲农业情况做了较为深入的调查研究。

一、盐山县休闲农业的发展现状和作用

盐山县休闲农业从2010年开始，起步较晚，在县委、县政府正确领导下，通过各部门的密切配合共同努力，使休闲农业产业日趋壮大，产业类型多样，发展方式逐步转变，效益不断上升，初步形成了以观光、采摘、体验、休闲、度假为主的产业格局。现在发展势头良好的主要有：（1）韩集镇美丽乡村薛堂村百果园"金牌采摘农家乐"；（2）盐山农梦种植专业合作社发展的"稻麦轮作田园风光秀"；（3）盐山万亩现代农业生态观光园；（4）盐山县源农农业开发有限公司。

休闲农业通过对土地、生态、劳力、资金等要素进行的整合，优化了产业结构，延伸了农业产业链，加快了盐山县传统农业向现代农业的转变，初步形成了多元化的产业形态和多功能的现代产业体系。增加了就业岗位，促进了农民增收。据不完全统计，去年全县休闲农业产业实现销售收入800多万元，利润120万元，常年直接就业和间接就业人数为220人，并带动了众多农户间接从休闲产业中获益。休闲农业的发展，不仅提高了

农产品的商品转化率，而且还把农业的生态效益和民俗文化等无形产品转化为了合理的经济收入，拓宽了农民创收的渠道，增大了增收潜力。拓宽了休闲旅游发展空间，扩大了农产品的销售渠道。通过开展的无公害果品采摘、向日葵之恋、农家土菜及新鲜美食等活动，共接待超过5万人次的游客消费，良好的效益，让当地农户和龙头企业充分尝到了休闲农业带来的甜头。

二、休闲农业产业发展中存在的问题分析

（一）缺少全县整体规划，园区特色不明显，政策支持力度小。到目前为止，盐山县还没有制定出一个与美丽乡村和新农村建设、小城镇建设结合起来，尤其是与京津冀的"大旅游"格局有机结合的高起点、高标准的休闲农业产业发展规划。因为对休闲农业的认识还不到位，政府还缺乏对全县休闲农业资源开发的宏观控制和引导，扶持力度还不够，从而在一定程度上影响了盐山县休闲农业产业的持续快速发展。当前盐山县大多数休闲农庄特色不够明显，缺少名园、名品、名菜、名项目等，生态、文化内涵不高，社会影响力不大，知名度不高，缺乏吸引力。经营的项目绝大部分都是果蔬采摘、农家餐饮、观光、休闲，简单仿效，各农庄有不少雷同之处，农庄之间不能有效地实现协调发展。虽然也有少数投资者制定有长远的发展规划，但是，一方面因为缺乏周密的市场论证，另一方面也缺乏政府的引导与扶持，从而造成不少投资决策的随意性和开发的盲目性。

（二）缺乏高端科技项目和人才支撑，经济效益低下。发展休闲观光农业是手段，其目的是带动相关产业，致富一方百姓。盐山县的大多数休闲农业带动产业的项目还比较少，即使有带动的，作用也比较有限。而且大多数休闲农业在经营活动中科技含量不高，农业科普教育功能几乎没有开发，还主要停留在"春天看花，秋天收果"的传统低层次经营层面上。大多数休闲农庄缺乏产业支撑，需要加大"三品一标"的理念来助推休闲农业产业的发展。一方面因品种少，出现受农业季节性瓶颈制约而使资源闲置；另一方面因档次低而造成吸引力、影响力不大，游客停留时间过短，消费减少，造成园区效益低下。

（三）丧失农味特色，缺少政府组织和行业协会的引导。盐山县有相当部分休闲农业在开发建设上脱离了朴素、自然、协调这些基本原则，忽略了原有宝贵的自然资源及特色，扭曲了休闲农业的本质，脱离了"农"字，"农"味不足，失去了特色，也就没有了生命力。盐山县休闲农业由于缺少正确的引导鼓励支持政策，缺少整体规划，且多为点状布局，组织化程度不高，整体意识不强，相互之间缺乏有机的联系与组合，各自为政，缺乏与大环境的协调性，与新农村建设和"大旅游"脱钩，没有融入到新农村和"大旅游"的整体布局中去。

三、促进盐山县休闲农业健康发展的对策建议

休闲农业是以农业活动为基础，农业与旅游业相结合的一种新型的交叉型产业，也

是以农业生产为依托，与现代旅游业相结合的一种高效农业。作为一种新兴的产业，休闲农业具有广阔的发展前景。应抓住机遇充分利用得天独厚的自然资源优势，加强休闲农业、乡村旅游与农业产业化、旅游业的结合，树立大产业、大基地、大品牌、大市场发展理念，充分整合农业、林业、牧业、渔业、旅游、文化、交通等资源，实现差异对接、优势互补、合理组合，构建功能完善、形式多样的产业布局，推动休闲农业与乡村旅游及其他旅游业态融合发展。

（一）加强完善组织建设，高起点科学统一规划。 加强组织队伍建设，设立省市县一条线的专职专责专人组织，县政府成立县级主要领导为组长的领导小组，吸收发改办、农开办、农工部、农业局、科技局、重点项目乡镇等有关单位为小组成员，县休闲农业领导小组，主要负责高起点高站位抓好全县休闲农业的规划、调控、指导、协调、服务工作，县级领导分包重点乡镇，做好督促并指导乡镇抓好落实。各乡镇和相关部门也要成立相应的领导小组并落实专门的分管领导，配备专职工作人员，安排专门的工作经费，切实推进休闲农业产业的发展工作，将全县发展休闲农业产业的任务一一分解落实到对应的部门和乡（镇），并将任务落实情况纳入年度目标考核和县重点督导事项，确保全县休闲农业的整体快速稳步发展。

以"全县一体、景区多元"为框架，按照"适度超前、科学规划，分步建设、持续发展"的思路，将休闲农业发展规划与新农村建设、小城镇建设以及全县、全市的"大旅游"规划结合起来。聘请或组织一批农业经济、旅游经济、休憩产业等方面的专家，开展深入的调查研究，全面了解休闲农业发展的基本情况，高起点、高标准的研究制定发展规划，引导发展方向。一方面全面考虑全县休闲农业发展统一规划、统一要求、统一布置、统一实施；另一方面充分考虑各地的主导产业、人文景观、自然生态、民俗文化、交通条件等因素以及投入能力、市场容量和环境承载能力等因素，合法、合理地开发利用，做到量力而行、适度开发、突出特色，避免结构雷同，实施错位竞争，确保盐山县休闲农业的永久和持续发展。

（二）加强综合宣传报道，提高休闲农业园区知名度。

1. 综合利用相关媒体，强力形成共识，持续不间断大力宣传。充分利用电视、广播、报刊、新媒体方阵等新闻媒体的舆论导向作用，大力宣传发展休闲农业的重要意义、重大作用、经济效益和社会效益，进一步提高干部职工和群众的思想认识，使其解放思想，转变观念，形成共识。

2. 利用会议扩大影响。积极参加各类农产品展示展销会，举办采摘节等主题鲜明的节庆活动，宣传推介休闲农业成果和品牌优势，促进休闲农业做大、做精、做强。

3. 利用网络提高知名度。在盐山县政务网、盐山快报等设立休闲农业栏目，构筑乡镇、县、市及全省等多层次的休闲农业信息网络体系，宣传休闲农业发展的整体风貌、特色产品、休闲农业示范村、明星农庄等好的做法和成功经验，提高休闲农业的知名度、影响力和社会地位。

（三）大力倡导休闲农业和乡村旅游经营主体多元化发展。 农民是农村的主人，是休闲农业和乡村旅游发展的主体。坚持以农为本、农民主体的原则，有利于拓宽农民就业增收渠道，有利于更好地保护农村生态环境。休闲农业和乡村旅游也是一个开放的产业，一个工业反哺农业、城市支持农村的渠道。在目前农民自身发展能力弱，农村资金、技术、人才相对短缺的情况下，也需要工商企业和其他社会主体参与其中，拓宽支持休闲农业和乡村旅游发展的路径，引导更多的现代要素流向休闲农业和乡村旅游，推动其更快发展，更好地带动农民、富裕农民。因此，我们要注入"新元素"。引导和支持社会资本开发农民参与度高、受益面广的休闲旅游项目；允许返乡下乡的创业创新人员和当地农民合作改建自住房，鼓励其从事休闲农业和乡村旅游。要鼓励"互助合作"。鼓励农村集体经济组织创办乡村旅游合作社，或与社会资本联办乡村旅游企业；鼓励农民以承包土地入股等形式与企业进行合作，不断提高农民的资产性收益。要支持"自主创业"。探索农民自组织、自激励、自就业的创业模式，积极培育、创办、领办休闲农业致富带头人，使休闲农业和乡村旅游成为农民就地就近就业的重要渠道。要强化"利益共享"。积极探索建立多方参与、互惠共赢的机制，既促进休闲农业和乡村旅游发展，又让农民利益最大化，不能排挤农民、损害农民，不能让"农家乐"只是"老板乐"。

（四）政府综合项目资金，下大力扶持保产业。

1. 政策扶持。政策是推动休闲农业发展的助力器，在休闲农业项目审批、办证等过程中有关费用收取能减则减，能免则免，如国土、水利、供电等部门为休闲农业在用地、用水、用电等方面给予优惠。同时，建立农民利益保障机制，在休闲农业发展中，要让农民成为受益主体，要按照"自愿、合法、有偿"的原则，鼓励农民以土地（包括果园、池塘、农业生产设施等）和劳动入股，确保农民合法权益和稳定收益，使休闲农业企业与农民心往一处想、劲往一处使，共同以主人翁的姿态促进休闲农业的发展。

2. 项目扶持。各相关部门要积极研究国家政策和资金投向，加大项目资金争取力度，使更多的项目资金落户盐山县。重点整合农业、水利、畜牧、农业开发、农工部、扶贫、交通等项目资金，以奖代补集中优先安排用于休闲农业的发展。

3. 资金扶持。首先，及时出台休闲农业发展的倾斜政策。如财政转移支付、税收优惠、财政贴息、小额信贷、低息贷款等政策。其次，加大招商引资力度。以市场为导向，引导社会资本、民间资本和外地资本以及当地农民投资休闲农业。同时，抓住大力发展休闲农业的机遇，积极申报扶持资金，并在遵守国家环保法律的前提下，加快道路、餐饮、娱乐、食宿等基础设施建设，改善传统农村脏、乱、差等局面，优化环境，避免污染。然后，设立休闲农业引导资金。县财政设立一定金额的休闲农业引导资金，并保持每年一定幅度的增长。引导资金主要用于以奖代补兑现各项发展休闲农业的奖励和优惠政策。引导资金的使用需按照财政专项资金管理办法报批，县纪检、财政、审计等部门要对引导资金使用情况进行监督。

（五）打造特色农业品牌，树立典型示范引导。

1. 要在"特色"上下功夫。重点培育乡村旅游著名、驰名商标和品牌。开发休闲农业离开特色就没有吸引力，没有竞争力。因此，一方面要充分发挥区域特色，与盐山县农业主导产业和美丽乡村建设、新农村综合体建设相结合开发休闲农业，实现"大农业"与"大旅游"有机结合，并结合乡村旅游进行最美乡村评选；另一方面要搞好"三品一标"认证，重点建设农业标准化示范区，尤其是建设绿色和无公害食品生产基地。

2. 要在"样板"上下功夫。将全面推广和示范引导紧密结合，通过提升管理、技术培训、厨艺大赛等活动，把农业科技示范园的核心区建设成观光、采摘、学习、休闲、体验游玩于一体的大规模、高标准、好质量的休闲农业景点。并遴选和认定一批全县示范乡（镇）、示范村和示范户，争取申报省、部有关荣誉，提高知名度，发挥其辐射带动作用和样板作用。

3.要在"模式"上下功夫。创办全县农业节和农业博览园，要以"让下一代亲近农业、土地"为目标，将城市学童的教育旅游作为重要客户群，持续举办亲子采摘节、赏葵花摘甜瓜生态游、向日葵之恋等休闲观光活动。

参 考 文 献

郭焕成，吕明伟，任国柱，等.2007.休闲农业园区规划设计[M].北京：中国建筑工业出版社.

李光跃.2014.休闲农业与乡村旅游概论[M].成都：四川科学技术出版社.

永年区休闲观光农业发展现状和发展设想

邯郸市永年区农牧局　李粉霞　杜丽美

休闲农业的基本概念是利用农村设备与空间、农业生产场地、农业产品、农业经营活动、自然生态、农业自然环境、农村人文资源等，经过规划设计，以发挥农业与农村休闲旅游功能，增进民众对农村与农业的体验，提升旅游品质，并提高农民收益，促进农村发展的一种新型农业。也是深度开发农业资源潜力，调整农业结构，改善农业环境，增加农民收入的新途径。在综合性的休闲农业区，游客不仅可观光、采果、体验农作、了解农民生活、享土情趣，而且可住宿、度假、游乐。休闲农业的基本属性是以充分开发具有观光、旅游价值的农业资源和农业产品为前提，把农业生产、受乡科技应用、艺术加工和游客参加农事活动等融为一体，供游客领略在其他风景名胜地欣赏不到的大自然情趣。休闲农业（又称观光农业或旅游农业）是以农业活动为基础，农业和旅游业相结合的一种新型的交叉型产业，也是以农业生产为依托，与现代旅游业相结合的一种高效农业。

一、永年区休闲观光农业发展现状及特点

（一）休闲农业呈蓬勃发展态势。2010年以来，在广府旅游产业蓬勃发展的带动下，受返璞归真旅游热的影响，永年区休闲农业呈现蓬勃发展的态势，自2011年汇龙湾休闲生态观光园通过第一批休闲农业星级示范点认证以来，永年区休闲农业园逐年增加。2014年现海葡萄采摘园被评为省级三星级休闲采摘园；广府农业产业园被农业部评为四星级休闲农业示范点。2015年，广府东街被评为省级最美休闲乡村。2017年，王边村申报市级美丽休闲乡村，张伊果蔬种植专业合作社、喆兴果蔬采专业合作社申报市级采摘园。此外，白云生态园、陈刘营樱桃采摘园、许庄梨花观赏园、广府垂钓园、西山经济沟、新安村等虽然没有进行星级认证，但也美名远扬，每年吸引大量游客到此休闲观光。截止目前，永年区休闲农业经营组织15家，从业人员约1 000余人，人均收入20 000元左右，年营业收入5 000万元左右，资产总额1亿元左右，休闲农业企业带动农户数约2 000户。休闲农业正在被越来越多的农业生产主体所认可。

（二）果蔬采摘、休闲垂钓发展红火。永年区在发展休闲农业过程中，坚持以特色产业为依托，推动优势互补，避免景点同质化。在广府旅游专线、邯临线公路两侧交通便利的设施农业园区、优质葡果基地、蔬菜生产基地区，发展果蔬采摘，在永年洼淀，依托广府垂钓中心、省级水产良种场等，发展休闲垂钓。目前，果蔬采摘、休闲垂钓是永年区最火的休闲农业项目，现海葡萄采摘园、陈刘营樱桃采摘园、广府垂钓园每当旺季，

游客爆满，带动了周边餐饮住宿业的发展，促进了当地经济的发展。

（三）以民俗、体验为依托的休闲农业正在起步。永年区以美丽乡村建设为契机，因村制宜，充分挖掘文化资源，对太极文化、吹歌文化、古赵文化、孝道文化、红色文化等进行挖掘整理，靠文化统领，体现特色，创建民俗村、特色村，进而开发民俗、体验为主题的休闲农业示范点。如建成的广府东街民风民俗文物展览馆，正在开发的河北铺进士府等。

（四）依靠自然景观的集休闲、度假、娱乐为一体的休闲农业正在开发。近年来，体现自然风貌的原生态游成为休闲旅游的趋势，永年区依托风景独特的新安村及广府古城，大力打造休闲、度假、娱乐为一体的综合性休闲农业产品。

二、永年区休闲观光农业存在的问题和困难

（一）经营模式单一，季节影响较大，产业亟待升级。随着经济社会的快速发展，城市居民的生活品味不断提升，消费结构倾向更深层次的精神需求发展，促使人们渴望多样化的休闲放松方式。目前永年区大部分休闲农业经营模式较为单一，开发模式雷同，配套设施不完善，受季节影响较大，创新项目开发力度不足也成为产业发展面临瓶颈。一方面永年区休闲农业开发项目多为观光采摘、娱乐度假、垂钓园等，基本以采摘、垂钓、娱乐食宿等传统项目为主营业务，模式创新较少，缺乏新鲜感，对游客的吸引力逐渐减退，回头客越来越少。另一方面，受蔬菜瓜果采摘、活鱼垂钓等项目的季节性影响、淡季旅游项目开发滞后、冬季住宿设施较差等因素制约，永年区观光旅游项目存在"旺季过旺，淡季过淡"的现象。旺季时客源过于集中，服务设施和生态环境难以承受游客的需求，环境不堪重负而遭破坏；淡季大量旅游设施长时间闲置，造成资源的浪费，往往出现"淡季时没地方去、旺季时去了没地方"的尴尬局面。

（二）基础设施比较落后。永年区休闲农业园基础设施普遍落后。果蔬采摘园大棚陈旧，构造落后，不能满足全年采摘的需要；主要道路没有硬化，主要道路及路口没有指示牌；园内垃圾箱布局不合理，垃圾没有进行分类收集，处理不及时；没有废弃物处理设施；各种标识牌和景物介绍牌位置不合理、不规范、不明显，造型与周边环境不协调；没有为特色人群（老人、儿童、残疾人等）配备旅游工具、用品等。

（三）经营水平参差不齐，服务质量有待提高。由于永年区大部分休闲农业从业人员以当地农户为主，其从业素质和旅游服务质量普遍较低，致使休闲农业经营规模较小，档次较低，经营效益也难以得到提升。一是经营者由于缺少必要培训，服务程序不规范，文化水平的参差不齐导致经营者管理经验不足、服务理念缺失，小农思想严重，缺乏全局和长远观念。

（四）缺乏市场宣传，系列化深度化不够。虽然近几年全国很多地方休闲农业发展速度迅猛，规模化、市场化、品牌化渐成气候，但在永年区休闲农业经营者的市场促销意识不强，缺乏主动宣传的积极性，仅靠政府和"回头客"宣传，很难扩大客源面。更缺少对项目的精心包装、策划与推介，市场辐射能力较弱，知名度和影响力有限，市场占有率低。

（五）产品营销单一，人才亟待加强。休闲农业产品不够完善和丰富，趋同现象严重，系统性营销策略差，缺乏具有参与性、多样化和市场影响力大、知名度高的休闲农业产品。农业品牌少，尤其是具有市场综合竞争力的品牌更加不多，品牌不突出，效益不明显。休闲农业从业人员素质有待提高，懂生态学尤其是休闲农业学知识，能准确把握生态旅游内涵、休闲农业发展的专业人才和经营管理人才严重缺乏。

（六）土地流转难度大、速度慢制约了规模化发展。目前，永年区大部分农民仍然把土地作为最基本的生活保障，即使长期外出务工，也不愿把土地流转出去，因为担心一旦流转出去后，权属不能回归自己，造成土地流转困难，进而制约了休闲农业的规模化发展。

（七）政策扶持力度小，资金缺乏，各自为政，缺乏统一规划。政府就休闲农业建设没有出台政策、管理措施，没有统一规划，休闲农业发展属于经营主体自发的行为。休闲农业处于无序发展中。永年区休闲农业项目的开发主要是依靠自筹资金和招商引资，自筹资金相当有限。政府在税收、信贷等方面没有优惠，目前为止建设的几家休闲农业除众乐、京山、喆兴依据蔬菜标准园区建设项目有一部分补助资金外，其他几家经营主体均靠自筹资金进行建设和发展。

三、发展机遇

（一）政策机遇。党中央、国务院高度重视休闲农业的发展，国办发〔2015〕59号文件《国务院办公厅关于加快转变农业发展方式的意见》、2016年中央1号文件、2017年中央1号文件、国务院2016年印发的《"十三五"旅游业发展规划》，都对发展休闲农业提出了具体要求，发展思路，指明了方向。

（二）区位优势。永年区主动对接邯郸主城区，构建"多线连接"的区域一体化交通网络，完成了"一环绕城、八路南接、十桥西穿、二十八路延建"的系列工程。目前，永年区已成为与邯郸市干道相连、设施相接、物流相通、人流相汇的卫星城。此外，永年区北距省会石家庄149千米，距首都北京426千米。京广铁路、107国道、石武高铁、京珠高速公路、赵辛公路纵穿区域南北，青兰高速、309国道和邯临、洺李、永河、永峰省道横贯区境东西，形成了以区城为中心，近可通晋冀鲁豫、远可达全国各地的十分便捷的交通网络。

（三）美丽乡村建设全面开启。永年区全面启动美丽乡村建设，在大力搞好综合整治、基础设施和公共服务的同时，充分挖掘文化资源，对太极文化、吹歌文化、古赵文化、孝道文化、红色文化等进行挖掘整理，重新定位，同时把这些文化同美丽乡村建设结合起来，因村制宜，靠文化统领，体现特色，聚集精神内涵，从而涌现出一批特色村、民俗村。因此，美丽乡村建设将成为休闲农业发展的助推器和主抓手。

（四）广府旅游开发掀起高潮。目前广府古城形成一个集水上漂流、古城观赏、太极健身、休闲度假为一体的著名旅游景区，开启了广府文化旅游开发的高潮。民风民俗文物展、甘露寺荷花展、恐龙彩灯文化艺术展、甘露寺冰雕艺术展、古城庙会等一系列旅游体验项目吸引了四方游客，使永年广府知名度越来越大。新建设的从邯郸—广府古城—安仁寺—朱山石刻—明山公园—汇龙湾休闲观光园（南水北调洺河大渡槽、休闲采摘）—佛光禅寺—紫山—陈三陵—黄粱梦（吕仙祠）旅游专线更给休闲旅游提供了便利条件。因此以广府旅游开发为中心，结合蔬菜标准园区建设，发展休闲农业园、采摘园、垂钓园已是必然趋势。

（五）蔬菜标准园建设为采摘园发展提供契机。永年区以省级蔬菜产业示范区建设为契机，投资945.5万元全力支持蔬菜生产和育苗设施建设。全区共改造棚室3万多亩，年育苗能力达到2亿多株，蔬菜生产规模明显提高，基础设施明显改善，原有的中小拱棚被日光温室、塑料大棚、连栋温室取代。到目前，全区10个示范村标准园建设全部完成，共完成标准园建设1.16万亩，设施蔬菜标准园达到9 100亩，露地芦笋标准园达2 500亩。如果在此基础上进行整合、完善、科学规划，会大大加快休闲农业建设的步伐。

（六）休假增多也为休闲农业发展提供了难得的机遇。目前，我国除"带薪休假"外，工薪阶层每年享有的法定假日114天，这为城乡居民增加休闲消费创造了重要条件。

四、永年区休闲观光农业发展设想

针对永年区休闲农业存在的困难和各种现实问题，发展休闲观光农业新设想如下：

以广府旅游和西山经济开发为中心，以洺李线两侧为重点，结合现代农业园区建设，全面推动永年休闲观光农业建设。一是城郊生态景观型农业园区建设。紧紧依靠自然资源、生产资源、历史文化与独特民风，以"城郊型"为定位，以"碧水蓝天、清新怡人、田园风情"为特色，采用设施化、规模化、生态化种植，以高档蔬菜、水果、花卉产品为主体，以果园、菜园、花园、苗园、林园、庄园、耕园、乐园创建为载体，重点发展蔬菜瓜果、经济林果、花卉苗木等高效精品种植业和农家乐、休闲农庄、农业示范园、农业观光园、民俗文化、农事节庆等富有地域特点的休闲农业。既为国内外市场提供名、特、优、新农副产品，又为城市居民提供旅游、观赏、休闲的场所。二是环广府景区的休闲农业与美丽休闲乡村旅游圈，利用广府景区所带来的附属效应，挖掘当地的文化特色，民族特色，完善和丰富旅游产品的内容。

1. 建好现代农业园区，主要有喆兴蔬菜种植园区、三塔农业园区、西沟经济生态农业园、温窑牡丹园、广府休闲垂钓园。

2. 打造美丽休闲观光乡村，主要有王边、河北铺、西洞头、广府东街、新安村、杜刘固、台口村等。

3. 在洺李线两侧建设以观光采摘、种植体验为主题的观光采摘园，主要有张伊果蔬采摘园、现海葡萄采摘园、许庄梨园、陈刘营樱桃园、永健蔬菜采摘园。

参 考 文 献

李光跃.2014.休闲农业与乡村旅游概论[M].成都：四川科学技术出版社.

整合优势资源　突出地域特色
全力建设休闲农业与乡村旅游强市

河北省迁安市农业畜牧水产局　陶海滨

河北省迁安市地处"京津承唐秦"城市圈的中心位置。面积1 208平方千米。全市总人口72万人，2011年，全市地区生产总值达到885亿元，全部财政收入78.2亿元，农民人均纯收入达到12 275元。综合经济实力始终位居河北省县级30强之首，在全国县域经济基本竞争力评比中位列第24位。迁安市历史传承悠远，文化底蕴深厚，矿产资源丰富，社会经济发达，生态环境优美，拥有丰富的休闲农业资源、丰富的乡村景观、悠久的农耕文化，具备发展休闲农业与乡村旅游的得天独厚条件。近年来，特别是2010年迁安市新一届领导班子上任以来，全面实施"四五"转型攻坚计划，以建设"魅力钢城、绿色迁安"为目标，加快推进资源型经济转型，整合优势资源、突出地域特色，全市大力发展休闲农业与乡村旅游，大力实施生态与旅游休闲紧密结合的"三纵一横"四条"绿道"建设，休闲农业与乡村旅游取得了长足发展。目前已经形成观光采摘游、科技体验游、休闲度假游、自然生态游、民俗农家乐等五大类休闲农业与乡村旅游品牌。目前全市涌现了55个休闲农业与乡村旅游园区、景区和特色村，休闲农业与乡村旅游产业收入达到5.1亿元，年接待游客102万人次，从业人员达到3.6万人，其中安排农民就业3万人，休闲农业与乡村旅游已经成为惠及全市15个镇乡25.1万人的支柱产业、富民产业，农民受益面达到40%以上。2010年9月，农业部高鸿宾副部长和农业部乡企局张天佐局长曾专门到迁安就休闲农业与乡村旅游工作进行调研，并给予了充分肯定。2011年3月，农业部、国家旅游局在浙江宁波召开全国休闲农业与乡村旅游经验交流会，会上正式公布了包括迁安市在内的全国32个休闲农业与乡村旅游示范县认定名单，其中迁安市是河北省唯一入选的示范县。

一、"三区、四带、十六园"
——绘就休闲农业与乡村旅游大格局

（一）三区。中部南部都市农业休闲观赏区。在迁安市中部和南部区域，以满足城市建设和人民现代生活多种需求与生态环境优化为主要目标和功能，与城市融为一体，兼顾经济功能、生态功能、示范功能、娱乐功能。发展以传统农业体验、农业生态景观、高科技农业示范等为主的都市农业区。

东部北部高效农业旅游体验区。在迁安市东部和北部区域，针对都市农产品及农业富民需求，以生态高效为主线，发展以设施蔬菜、特色果品、规模养殖、农产品加工、旅游农业、观光农业、体验农业等为主的生态休闲集约农业、高效农业。

西部生态农业地质文化景观区。在西部工业区，以矿山改造、生态保护、生态修复和地质公园文化为主线，通过土地流转、促进适度规模经营，发展经济林、生态林，整合各山区风景区和地质文化公园品牌，打造西部生态农业及地质文化旅游区域。

（二）四带。物华京东，水果采摘带。以西部北部山区为重点，大力发展生态观光农业和参与、体验性强的果品采摘休闲景观群；

诗意滦河，湿地景观带。以滦河两岸为重点，发展疗养度假、采摘垂钓、水上运动为主的集特色体验、观光、保护于一体的休闲基地；

神韵迁安，地质文化带。以山叶口、灵山区域为重点，大力发展森林生态休闲，深入挖掘佛教文化和地质景观，打造户外运动基地和佛教文化基地；

锦绣田园，高效农业带。以东部高效农业区为重点，发展集农事体验、科普教育、观光采摘、休闲娱乐为一体的农业科技主题园。

（三）十六园。现代农业科技园、瑞阳生态农业大观园、白羊峪休闲农业园、成山果品采摘园、山叶口森林地质公园、黄台湖湿地公园等16个主题休闲园区和休闲农庄。科学规划休闲农业企业的空间布局，充分考虑交通区位和休闲农业资源条件，考虑区域内休闲农业企业密度，准确选址。使各园区之间资源和产品优势互补，淡旺季平衡，避免近距离的雷同和重复建设，减少投资失误，提高开发效益。同时做到各休闲农业企业项目设计主题鲜明，功能区分明确，科学规划景观搭配和基础设施建设。

二、"三宝、三山、三礼品"
——塑造休闲农业与乡村旅游特色形象

（一）迁安三宝：安梨、京东板栗、甘薯条。

1. 安梨。安梨是燕山山区的特有资源，迁安的几十万亩沙地和几十万亩山地都非常适合安梨生产。安梨味酸甜，极耐贮藏。迁安市贯头山酒业有限公司与唐山露丰饮品有限公司投资建设了燕山特色精品安梨科技示范观光园，开发了安梨酒、安梨醋深加工项目。

2. 京东板栗。"京东板栗"皮薄，果仁软糯香甜。迁安是闻名中外的"京东板栗"故乡，栽培历史有两千年之久，年产量4 000吨，形成了"阜安""乐丫""富满川""乡香"等品牌。

3. 甘薯。迁安市建立了甘薯产业化生产基地，推广无公害甘薯生产、加工技术，开发变性淀粉、甘薯营养粉丝、甘薯方便粉丝、无矾粉丝等系列食品，组织甘薯精深加工，注册品牌，实现品牌化销售，从而形成了以甘薯精深加工为龙头的产业化经营格局。

（二）迁安三圣山：成山、灵山、龙山。

1. 成山——心想事成上成山。成山位于迁安太平庄乡，这里不仅有成片果园，还有香火盛极一时的成山庙，庙前一井四季不干，当地村民谓为神泉，目前庙宇正在恢复重建。

2. 灵山——心有灵犀到灵山。迁安灵山旅游区位于迁安市蔡园镇灵山村西五峰山下。

1995年蔡园镇政府依托景区的神话传说和历史故事，重修了始建于唐初的白塔寺，恢复了"三步连环井，九步莲花池"等古迹，开发了燕山造山运动形成的地貌景观。

3. 龙山——心旷神怡数龙山。迁安龙山公园景区，有着厚重的历史文化内涵和美丽的传说，而且峰奇石怪，苍松翠柏，郁郁葱葱，如诗如画，向世人昭示其迷人的风采和魅力。战国时，齐桓公纳谋臣公孙隰朋策寻蚁穴得泉水，蚁知泉遗迹尚存；齐桓公纳管仲之方，放老马遁出迷谷，老马识途典出于此。龙山山巅有石城，系唐王征东时行军总管姜行本所筑；山东南有夷齐庙，为纪念孤竹国君二子伯夷、叔齐而建；东侧有曾出土青铜器、陶器之西周古墓群；山西侧，有曾出土打制石器、骨针、骨锥、哺乳动物化石的距今4.2万年爪村旧石器时代遗址。

（三）迁安三礼品：贯头山酒、弘业地毯、迁安书画纸。

1. 贯头山酒。历史源远流长，早在魏晋时期，一代酿酒名师狄戎，踏遍燕山山脉，慧眼识泉，就在此酿酒兴肆。所酿佳酒，以酒质纯净，味美醇甘，誉满京城，红遍北国，有"酒气冲天，飞鸟闻香变凤；糟粕落水，游鱼得味成龙"之赞誉。迁安造酒始于何时，一直说法不一。自从清华大学任重远先生通过对《山海经》的破译，以及对迁安地理天象和地表遗物的综合研究得出黄帝古都在迁安之后，方确定迁安造酒始于黄帝。

2. 弘业地毯。以品质文明于世界，被誉为民族工艺的奇葩，四大系列地毯风格各异，出口欧、美、日三大国际市场。传统地毯古朴自然，庄重高雅；波斯地毯高贵绚烂，富丽堂皇；纯羊毛胶背地毯自然清新，朴素典雅；腈纶地毯自然活泼，清新明快；机织地毯色彩丰富，现代时尚，可与手工地毯相媲美。

3. 迁安书画纸。与宣纸齐名，有"南宣北迁"之誉。主要用于书法和绘画。迁安市位于滦河流域，多贫瘠白沙地，农家素有种植条桑的习惯，自古为我国北方条桑之乡。所产桑皮纤维长，质细密而柔韧，拉力强，为制造书画纸的上乘原材。其生产历史可上溯至500多年前的明朝初期。

三、倾力打造5类个性化休闲农业品牌

围绕满足游客的不同需求，迁安市累计吸引8.1亿元各类资金投资休闲农业与乡村旅游建设，重点打造五类个性化的休闲农业与乡村旅游品牌。

（一）传统观光农业游品牌。依托白羊峪长城景区，以围山转工程为基础，投资2亿元的白羊峪现代休闲农业示范园，已建成集农业观光、果品采摘为一体的四区、八园、十二景，形成具有北方特色的"春观光、夏戏水、秋采摘、冬滑雪"的农业景区。

（二）都市科技农业游品牌。建设了以迁安市农业科技园区为龙头的现代农业园区，引进名特优新品种和高新技术，向游人充分展示现代农业的魅力。

（三）休闲度假农业游品牌。总投资1.6亿元的五重安乡瑞阳生态农业大观园，建有绿色干鲜果品500亩，30亩现代化连栋温室区，杂粮、果品、花生油加工车间，特色养殖场以及集餐饮、住宿、会议于一体的接待中心5 000米^2，具有采摘、垂钓、野味品尝、娱乐观光、休闲度假、会议住宿等功能，年接待游客15万人次。

（四）自然生态游品牌。已经初步形成挂云山云山峡谷森林、山叶口景区国家地质公园等各具特色的景区。国家地质公园、河北省级森林公园山叶口景区总面积14千米^2，森林覆盖率达69%以上，四季分明，季季有景，景景迷人。奇特的地质构造、怡人的生态环境、美丽的民间传说吸引了八方游客。

（五）民俗农家乐旅游品牌。以"吃农家饭、住农家院、摘农家果、体验农家风情"为重点，涌现了白羊峪、徐流口、山叶口、尚庄、红峪口等一批民俗农家乐旅游典型。其中白羊峪长城旅游景区被评为"全国特色景观旅游名村"。

遵化市休闲农业发展研究

遵化市农业畜牧水产局　王辉；
唐山市农业环境保护监测站　南男　陈贺兵　李恩元

一、简介

遵化市位于河北省东北部燕山南麓，北倚长城，西顾北京，南临津唐，东通辽沈，属京津唐承秦腹地，素有"畿东第一城"之称。遵化历史悠久，源远流长，五代后唐时（923—936年）建县，此后很多朝代都在这里设州县，宋代曾改名滦川郡。新中国成立后，遵化县属河北省唐山专区。1960年4月2日唐山专区撤销，遵化县划归唐山市。1992年2月17日，经国务院批准，撤销遵化县，设立遵化市。境内横卧三条山脉，其间夹有两条平川，大自然的神工，造就了全市"三山两川"地貌。在总面积1 521千米^{2}的境域内，山地丘陵占64.4%，平原占35.6%，是个低山丘陵区。人口74万，居住着汉、满、回、朝、蒙等21个民族。

二、休闲农业发展概况

近年来，随着实现京津冀协同发展、创新驱动，推进区域发展体制机制创新，是面向未来打造新型首都经济圈、实现国家发展战略的契机，遵化由一个以钢铁为主的"高污染高耗能"的重工业城市向绿色旅游城市转型。遵化旅游资源丰富，不仅有清东陵、万佛园、禅林寺等国家AAAA、AAAAA级景区，休闲农业势头也发展良好，一直以来，遵化努力把历史文化元素珍藏好、保护好，红色教育持续不断，在红色传统游的基础上，充分利用乡村的山水资源、田园景观、地域文化和人文传统，大力发展农业休闲绿色游，形成了一条亮丽的红绿双色生态旅游风景线。五六十年代，西铺的"穷棒子社"，被毛主席誉为"整个国家的形象"；沙石峪人"万里千担一亩田，青石板上创高产"，被周总理誉为"当代愚公"和"中国北方农业的一面红旗"；抗战时期，冀东军分区在鲁家峪建立冀东抗日革命根据地，被誉为"冀东小延安"，有《救国报》社遗址、洪麟阁故居等景观；富力新村，郁郁葱葱的树木，宽敞洁净的村道，五颜六色的花儿，一幢幢欧式建筑，让人宛如置身欧洲的小乡村；马兰峪官房村，古城墙、古井、古石桥等保存基本完好，村内古建筑遗迹尚依稀可见，村内古建筑风格依然保持着原有历史风貌，沿袭着满族的风俗习惯；兴旺寨乡何家峪村，形成集观赏、采摘、娱乐为一体的现代绿色生态观光农业产业园；团瓢庄乡山里各庄村，发展成为四季赏花、采摘、冬季滑雪的乡村旅游示范点，获"2015年度河北省美丽乡村"。

三、休闲农业发展的意义

　　休闲农业与乡村旅游的发展不仅可以充分开发农业资源，调整和优化产业结构，延长农业产业链，带动农村运输、餐饮、住宿、商业及其他服务业的发展，促进农村劳动力转移就业，增加农民收入，致富农民，而且可以促进城乡人员、信息、科技、观念的交流，增强城里人对农村、农业的认识和了解，加强城市对农村、农业的支持，实现城乡协调发展。可见，对休闲农业和乡村旅游的开发意义重大，影响深远。

　　（一）促进了城市资金向农村转移。资金向农村流动，无论是政府资金还是社会资金，无论是建设资金还是消费资金，休闲农业和乡村旅游就是让社会资本和城镇消费向农村流动的最好载体。目前遵化市的休闲农业和乡村旅游企业，除了小型农家乐是自身投资外，城镇的民间资本是投资主体，也还有少量政府投资建设的基地。这些投向农村的资金，是农村建设的一个重要力量。与此同时，休闲农业和乡村旅游的消费群体不是农村的农民而是城镇的市民，促进了城镇的资金到农村休闲、旅游、购买农产品等等，活跃了农村经济。

　　（二）带动了基础设施建设。休闲农业和乡村旅游景点，基本上是选择乡村较好的环境和资源开发出来的，但并没有现成的公共基础设施，尤其是交通状况不是很好。这些休闲农业和乡村旅游企业，在前期开发的时候，绝大多数都整修、硬化或建设了乡村干道，有的还进行了山地护坡、水渠改造等其他乡村基础设施建设。休闲农业和乡村旅游的开发，大大改善了乡村交通、水利及环境，大大改变了这些景点周边乡村集镇的面貌，使景区和乡村的发展达到了和谐统一。

　　（三）带动了农业结构调整。随着休闲农业和乡村旅游项目的实施，周边农民都以平均每天有几十人、几百人甚至上千人（游客加员工）消费的休闲农庄为市场，相应种植蔬菜、西瓜、果木，养殖鸡、鹅、鸭等，有的休闲农庄旁边还开起了农家土菜饭庄、卡拉OK。有些大的休闲农庄还自身建设了配套的蔬菜基地、养殖基地和腊制房等，吸引和方便城镇游客进行农事体验、果蔬采摘并购买农副产品。这些都促进了农业产业结构的调整。

　　（四）带动了农民收入增加。休闲农业和乡村旅游景点的开发，基本上都是用当地的劳动力建设的，这些劳务收入都留在了当地。在休闲农庄工作的员工至少60%以上（有的达90%）是当地农民。不但解决了当地农村剩余劳动力的就业，而且平均年收入在10 000元以上，大大增加了农民的收入。休闲农业和乡村旅游企业是带动当地农民收入增长的重要力量。

　　（五）带动了农民素质提高。胡锦涛总书记讲，新农村的一个重要特征是新型农民。休闲农庄对当地农村的带动作用，更深层次的意义在于提高了农民素质。凡是在休闲农庄工作的农民都经过了专业培训，他们不但学到了一门专业的技能，而且还培养了良好的礼容、礼仪、礼貌等文明习惯。同时，他们在休闲农庄的企业文化熏陶下，和与游客及外界的交往中，开阔了眼界，增长了见识，启迪了思想。而这些员工在回家、回乡的过程中，又给家人和农民起到了耳濡目染的作用，这大大促进了农民整体素质的提高。

（六）**带动了当地民风改善。**休闲农庄和乡村旅游点已经成为了当地农民休闲的公园，同时，这些农庄的许多项目如卡拉OK、运动设施、娱乐室等，丰富了当地农民的文化活动和业余生活，对当地民风的改善产生了较大的积极作用。

四、休闲农业发展中的困难与不足

（一）**起步较晚，产业总体规模不大。**相对于北京天津周边市县，遵化市的休闲农业起步较晚，产业总体规模不大。缺乏规划，建设起点不高。一是自发式开发、分散式经营多，合理规划开发、集约经营、标准化管理的休闲旅游区域较少。

（二）**低水平重复建设和同质化现象严重，缺乏精品。**以吃、住为主，观光型居多。服务功能不全，缺乏体验休闲项目，不能满足多层次游客的需要，特别是深入挖掘农业产业资源和民俗文化内涵不够，不能适应现代旅游市场的需要。经营档次低，服务不够规范。带动性强的龙头企业少，因为大多自发式开发分散式经营，缺乏合理规划、标准化管理。服务设施和服务人员的素质层次较低，服务人员未经过正规培训。特别是节假日，农庄人手不够，服务跟不上，相当一部分休闲农业企业人员属于留守妇女，不具备基本的服务常识，致使游客满意度降低，失去了游客扩散宣传的作用。产品单一，特色不突出。很多休闲农业企业没有农业主导产品，个体特色不明显，休闲产品单一，同质化趋势严重，难以满足不同层次市民的多元化消费需求。缺乏文化内涵，在科普知识普及、新特产品展示推广方面欠缺。基础设施建设滞后，基金投入不足。休闲农业企业大都布局在城市周边或偏远山区，水、电、路等设施和周边环境大多比较落后，交通也不十分方便。到目前为止，通有公交线路的农庄很少。

五、休闲农业的发展建议

（一）**加大对休闲农业的政策支持。**休闲农业是遵化市转型升级、绿色崛起的一条有效途径，各级应提高认识，加强支持力度，政府层面需规划指导休闲农业的发展。2016年11月，国家旅游局公布了全国238家第二批"国家全域旅游示范区"创建名单，遵化成功入选，借此良机，相关部门应该充分发挥部门的职能作用，协调联动、统一思想、凝聚共识、抢抓机遇、全面突破，加快创建国家全域旅游示范区，全力打造国内一流的休闲度假目的地。全域旅游是将特定区域作为完整旅游目的地，进行整体规划布局、综合统筹管理、一体化营销推广，促进旅游业全区域、全要素、全产业链发展，实现旅游业全域共建、全域共融、全域共享的发展模式。

（二）**加大对休闲农业的资金支持。**加强基础设施建设扶持力度，主要是搞好交通、通讯、供水、排水、供电、网络、环境治理、安全保障等，规范住宿设施。饮食设施、卫生设施、安全设施建设标准和要求，促进企业发展；同时实行奖励机制，以奖代补的方式给予一定的资金支持，按照标准规范，达到标准要求的休闲农业企业或园区给予一定数额的资金奖励。

（三）加大对休闲农业的营销宣传力度。通过包装大品牌，利用大平台，组织大活动，舍得大投入，集中资金，整合宣传资源，优化宣传方案，实现效益的最大化，效果的最优化。重视项目的开发，善于把休闲农业项目与一、二、三产业结合起来，改造提升原有项目，积极谋划新的项目，创优发展环境，引进战略投资者。重视人才的培养与发掘，既注重培养本地懂经营、善管理的人才，更要积极引进国内外高端专业人才，为休闲农业的发展提供智力支持。